Herderbücherei

Band 1354

Über den Autor

Paul Tournier, geboren 1898 in Genf, Medizinstudium in Genf und Praktikum in Paris, 1920 Abgeordneter des Internationalen Komitees des Roten Kreuzes. 1923 Eidgenössisches Diplom für Medizin, Spezialisierung auf Innere Medizin; medizinische Praxis in Genf seit 1928. Erste Veröffentlichung 1940: Krankheit und Lebensprobleme. Initiator der „Semaines médicales" in Bossey seit 1947. Er starb am 7. Oktober 1986 in Troinex bei Genf.

Paul Tournier

Antwort,
die das Leben gibt

Der bekannte Genfer Tiefenpsychologe
zu bedrängenden Lebensfragen

Herderbücherei

Übersetzt aus dem Französischen von Emilie Hoffmann
Buchumschlag: Werner Bleyer

Alle Rechte dieser Zusammenstellung vorbehalten
© Verlag Herder Freiburg im Breisgau 1987
Herder Freiburg · Basel · Wien
Herstellung: Freiburger Graphische Betriebe 1987
ISBN 3-451-08354-X

Inhalt

Vorwort

Ohne Zweifel gehört das Leiden zu den Menschen, seit ihrem Erscheinen auf der Erde. Auch ihre psychische Entfaltung ist mit Schwierigkeiten verbunden gewesen; denn sie wird nicht durch einen so strengen genetischen Code gelenkt wie die körperliche Entwicklung. In früheren Zeiten jedoch waren diese Schwierigkeiten viel weniger groß als heute, da das Individuum damals noch ganz vom Stamm und der Familie abhing. Der Einzelne hatte nur einen sehr begrenzten Spielraum für persönliche Initiative; sein Lebensweg war durch die Sitten vorgeschrieben, und das Leiden wurde als Schicksal angenommen.

Der ganze geschichtliche Verlauf, besonders im Westen, deutet eine fortschreitende Entwicklung zum gegenwärtigen Individualismus an, besonders seit ein einziger Mann wie Galilei alle Autoritäten seiner Zeit herausfordern konnte. Das hat den technischen und rationalen Fortschritt angespornt, die Produktion, die Konkurrenz, den wirtschaftlichen Aufschwung, hat aber keineswegs die Selbsterkenntnis gefördert. Dadurch wurden die Konflikte zwischen den Individuen und den sozialen Gruppen vervielfacht, bis hin zu unserer gegenwärtigen Zivilisation, die durch einen erschreckenden Gegensatz zwischen ihrer technischen Vollkommenheit und der moralischen und seelischen Machtlosigkeit und Blindheit des Menschen sich selbst gegenüber charakterisiert ist. Die Quelle des Glücks liegt viel eher im Gefühlsleben als in den weltlichen Reichtümern. Und ferner haben diese technischen

Siege die Hoffnung erweckt, das Leiden vermindern zu können, anstatt es als schicksalhaft zu betrachten.

Und dann kam Freud, der uns die Macht der unbewußten Triebe offenbart hat, ihre Verborgenheit vor unseren eigenen Augen, so daß sich niemand allein irgendwie von ihnen befreien kann, sondern nur durch ein Bewußtwerden, dann wenn der Betreffende sich einem andern gegenüber eröffnet. Das ist offensichtlich die Ursache des Unvermögens des Menschen, sich selbst zu beherrschen und sein Verhalten zu regeln. Diese Entdeckungen haben zu einer Blütezeit der Psychotherapeuten geführt, von denen es in meiner Kindheit nur eine Handvoll gab, während es heute unzählige gibt. Aber so zahlreich sie auch sind, sie vermögen der Aufgabe nicht zu genügen; denn niemand kann sich von seinen unbewußten Trieben befreien, ohne sich einem andern zu eröffnen. Es ist folglich notwendig, daß wir alle zu Psychotherapeuten werden, der eine für den andern, zwischen Ehegatten, zwischen Freunden, zwischen den Generationen. Es ist eine Popularisierung der Psychologie notwendig, der sich heute so viele Verlagsveröffentlichungen, Schulen, Seminarien, Einführungsgruppen widmen. Und das ist auch das Ziel der Herderbücherei, meines deutschen Verlegers, indem sie ausgewählte Texte meiner Bücher herausgibt.

Aber was versucht man zu unterrichten und zu verbreiten? Es kann sich nicht um irgendeine Entfaltung handeln, wie die der grenzenlosen Macht, wie sie beispielsweise der technische Fortschritt nahelegt. Es handelt sich darum, die Lebensgesetze wiederzufinden, anzuerkennen und anzunehmen. Und was mich erstaunt, ist die in dieser Hinsicht vollständige Übereinstimmung zwischen den Entdeckungen der wissenschaftlichen Psychologie und den Lebensgesetzen, wie diese durch die Offenbarung aller Religionen ausgedrückt worden sind.

Ich gebe ein einziges Beispiel, das mir aber sprechend erscheint. Fast alle ehelichen Konflikte scheinen mir auf der Fortdauer einer moralischen und seelischen Abhängigkeit eines der Ehegatten, wenn nicht von beiden, von ihrem Vater oder ihrer Mutter zu beruhen. Das psychologische Gesetz des Lebens ist die Loslösung von dem durch die Erziehung eingeimpften Modell des psychosozialen Verhaltens zur Umwelt und ihrer Vorurteile, um dadurch fähig zu werden, mit dem Ehepartner eine gemeinsame und selbständige Lebensauffassung zu erarbeiten, jetzt da sie nicht mehr zwei, sondern eins sind. Nun, diese seelische Loslösung von den Eltern, dieses Lebensgesetz, stellt die Bibel als Wort Gottes dar. Es besteht in dieser Hinsicht kein Unterschied zwischen der biblischen Offenbarung und andern Religionen.

Dieser Hang zum Individualismus, der diese letzten Jahrhunderte kennzeichnete, hätte von erwachseneren, in ihrer Gefühlsentwicklung reiferen Menschen vollzogen werden müssen. Es besteht hier ein großer Rückstand, der nachzuholen ist: Das „Erwachsen werden" von Freud, die „Individuation" von Jung, der „neue Mensch", den der Apostel Paulus uns auffordert anzunehmen, sind ebensoviele Ausdrücke für diese notwendige Reife zur Überwindung der Konflikte. Der neue Mensch jedoch weist auf eine neue Geburt geistiger Ordnung hin.

Diese gegenseitige Annäherung zwischen der wissenschaftlichen Psychologie und der religiösen Inspiration wird, wie ich denke, viel zu diesem Fortschritt des Menschen selbst beitragen. Ich trachte nach ihrer Verbindung. Eben habe ich erfahren, daß es in Buenos Aires und in São Paulo je eine Gruppe von gläubigen Psychiatern gibt, die miteinander in Kontakt stehen und danach trachten, diese Übereinstimmung zwischen der Wissenschaft und dem Glauben in der Psychologie ins rechte Licht zu setzen.

Von dieser so erstaunlichen Übereinstimmung sind alle meine Bücher erfüllt, so sehr liegt sie mir am Herzen. Der Leser wird ihre Spur in den hier veröffentlichen Auszügen wiederfinden. Die Titel der Kapitel stammen vom Herausgeber, aber sie entsprechen gut meinen Ansichten. Ich richte an meine Leser einen freundschaftlichen Gruß, verbunden mit dem Wunsch, daß sie aus meiner eigenen Lebenserfahrung etwas persönliche Hilfe finden mögen.

Im August 1986   *Paul Tournier*

Wie können unsere persönlichen Beziehungen unser Leben verändern?

Ich will hier von meinem eigenen Leben, von meiner Kindheit und Jugendzeit erzählen; in meinen Vorträgen habe ich oft darüber gesprochen, sehr wenig aber in meinen Büchern. Ich tue es jetzt, damit Sie, die Sie dieses Buch lesen, mir Schritt für Schritt in meinen persönlichen Erfahrungen folgen können.

Mein Vater wurde 1828 geboren, im selben Jahr wie Henri Dunant, der Gründer des Roten Kreuzes, und wie ich glaube, im gleichen Stadtviertel von Genf, in der Altstadt. Er wäre also jetzt, während ich diese Zeilen im Jahre 1978 schreibe, 150 Jahre alt. Als ich geboren wurde, war er 70 Jahre alt, und da ich nun 80 Jahre zähle, stimmt die Rechnung.

Vor kurzem traf ich eine alte Dame, die in jenem Haus wohnte, in dem ich auf die Welt kam. Damals war sie ein kleines Mädchen von acht Jahren, und man hatte ihr erlaubt, am Tag meiner Geburt in unsere Wohnung zu kommen, um mich zu sehen. Sie erzählte mir, daß sie sich hauptsächlich an meinen Vater erinnere, der außer sich vor Freude gewesen sei, in diesem Alter noch einen Sohn zu haben.

Mein Vater ist jedoch zwei Monate später gestorben. Sie können sich vorstellen, wie sehr meine Mutter an mir hängen mußte, an diesem winzigen Knäblein, das ihr alter Mann ihr hinterließ, und wie sehr auch ich an ihr gehangen haben mußte. Gewiß, es war eine um vier Jahre ältere Schwester da, die aber allen Grund zur Eifersucht hatte, wegen der Vorliebe, die meine Mutter mir entgegenbrachte.

Dies um so mehr, da ich im Alter von sechs Monaten schwer erkrankte. Später kannte ich den Kinderarzt, der mich behandelte, sehr gut. Eines Tages hat er mich in sein Sprechzimmer geführt, um mir die Karteikarte zu zeigen, worauf geschrieben stand: „Dieses Kind ist verloren." Glücklicherweise gab ein alter Professor die Anregung, mich mit Eselinnenmilch zu ernähren. Sofort ging man auf die Suche nach einer Eselin, zur großen Freude meiner Schwester, die im Obstgarten auf ihr reiten durfte. Welch schöner Ausgleich! So verdanke ich mein Leben der Medizin, obwohl ihre Mittel damals weniger wirksam waren als heute, und einer Eselin, dem Tier des Evangeliums par excellence.

Meine Mutter starb jedoch nach langer Krankheit und mehreren Operationen, als ich sechs Jahre alt war. Meine Schwester und ich wurden von einem Onkel und einer Tante aufgenommen, die uns mit der größten Hingabe aufzogen. Ich muß das hier anerkennen; besonders meinem Onkel bin ich zu Dank verpflichtet, der meine Abstammung respektiert hat: Er hat mich nie vergessen lassen, daß ich nicht sein Sohn war; ich sollte ich selbst sein, mich als Sohn meines Vaters fühlen. So hat er mir, als ich ihm von meinem Heiratsplan Mitteilung machte, geantwortet: „Ich habe dir nichts zu sagen; überlege es dir und frage dich, wie dein Vater darüber denken würde."

Folglich habe ich keinerlei Grund, meinen Pflegeeltern, die mich mit so viel Liebe erzogen haben, Vorwürfe zu machen. Immerhin ist für ein Kind entscheidend, was es selbst empfindet. Beim Tode meiner Mutter hatte ich den Eindruck, in ein schwarzes Nichts zu versinken, von nun an für niemanden mehr etwas zu bedeuten. An meine Mutter kann ich mich kaum mehr erinnern, was nicht normal ist, da ich damals schon sechs Jahre alt war. Die schö-

nen Erinnerungen an die Vergangenheit sind wahrscheinlich durch den Kummer verdrängt worden, und es ist nur
dieses Gefühl der Leere zurückgeblieben. Ich habe mich
dann auf mich selbst zurückgezogen, war einsam, schüchtern, ungesellig, unfähig, mich an meine Kameraden an-
zuschließen.

Mit Vorliebe kletterte ich auf einen Baum, um mir dort
meine kleine, abgeschiedene Welt zu bauen, oder ich
machte die Jagdhunde meines Onkels zu meinen Vertrauten. Meine Schulerfolge waren mittelmäßig. In jener Zeit
wußte man nichts über die Rolle, welche der Gemütszu-
stand bei der Entwicklung eines Kindes spielt, und wenn
dieses in der Schule nicht erfolgreich war, schrieb man das
nur seiner Faulheit oder Dummheit zu. Nun, ich glaube
nicht, daß ich faul gewesen bin.

Man weiß übrigens, wie unpersönlich die Schule für einen schlecht angepaßten Schüler sein kann. Erst viel später – ich war damals sechzehn Jahre alt – hat einer meiner
Professoren, mein Griechischlehrer, meine Not verstanden, und er tat etwas Ungewöhnliches, um diese seelische
Mauer, hinter der ich mich verbarg, zu durchbrechen: Er
lud mich zu sich nach Hause ein. Oh, wie war ich einge-
schüchtert, als ich in dieses nüchterne Studierzimmer trat,
dessen Wände ganz mit Büchern bedeckt waren! Ich
wußte nicht, was ich sagen sollte; und später dachte ich,
daß wahrscheinlich auch mein Lehrer verlegen gewesen
war.

Wie dem auch sei, allmählich haben wir uns angefreun-
det. Jemand hörte mir zu, nicht wie einem Schüler, den
man abfragt, sondern wie einem menschlichen Wesen, einer Person. Mein Lehrer interessierte sich für mich; er
gab mir Gelegenheit, mich auszusprechen, mich selbst zu
entdecken, indem ich mich aussprach. Er führte mich in
den Dialog ein und entriß mich meiner Einsamkeit. Erst
viel später habe ich verstanden, daß er für mich ein Psychotherapeut gewesen ist. Und ich fuhr während Jahren

fort, jede Woche zu ihm zu gehen, auch dann, als ich nicht mehr sein Schüler war.

Die Wirkung war wunderbar. Schon im folgenden Jahr gründete ich mit unserer Klasse einen Schülerverein, dessen Präsident ich wurde. Wir führten leidenschaftliche Diskussionen. Es war die Zeit des Ersten Weltkrieges. Die Sympathien der Schweiz waren geteilt; unsere nördlichen Miteidgenossen hielten zu Deutschland und wir zum überfallenen Belgien und zu Frankreich. Ferner veranstalteten wir Theaterabende; in einer dieser Vorstellungen führten wir mit Hilfe meines Lehrers einen Akt von Euripides in griechisch, einen von Plautus in lateinisch und einen von Molière in französisch auf. Bald schrieb ich zusammen mit einem Freund ein historisches Theaterstück über Niklaus von der Flüe, den Friedensstifter der Schweiz.

So begann für mich – und das für viele Jahre – ein Zeitabschnitt sozialer Tätigkeit und intellektueller und politischer Debatten. Es kam die russische Revolution, die im besiegten Deutschland Unruhen zur Folge hatte, die sich in der Schweiz, besonders unter den Studenten, ausbreiteten. Bald wurde ich zum Präsidenten der wichtigsten Studentenverbindung gewählt, die gerade ihre Hundertjahrfeier abhielt: große Festreden in Lausanne, Zürich und Luzern. Zur gleichen Zeit gründete ich die allgemeine Studentenverbindung der Universität Genf.

Dann reiste ich im Dienste des Internationalen Komitees vom Roten Kreuz nach Wien zur Rückführung der russischen, österreichischen und deutschen Kriegsgefangenen in ihre Heimat. Nachher war ich im internationalen Kinderhilfswerk tätig, besonders anläßlich einer Hungersnot im Wolgabecken, und dann kam die Gründung eines internationalen Sekretariats der Jugendbewegung zur Kinderhilfe, später in Genf die Gründung eines Erholungsheims für Säuglinge, deren Mütter an Tuberkulose erkrankt waren. Schließlich noch die Kirche: Ich wurde

Mitglied des Kirchenrates, als Wortführer der „beunruhigten Söhne der Kirche", wie man uns nannte. Wir waren eine Gruppe junger Laien und Theologen, die den Glaubenseifer und die Treue zur Kirche wieder neu anfachen wollten. Ich begeisterte mich für Calvin und polemisierte für die Orthodoxie und gegen den Modernismus.

All das tat ich mit einem Eifer und einer aufrichtigen Überzeugung, die ich nicht verleugne, die aber in der Kirche mehr Trennung als Aufbau bewirkten. Daher empfand ich ein gewisses Unbehagen, das ich mir nicht erklären konnte. Zu jener Zeit begegnete ich meinem zweiten Psychotherapeuten, einem Holländer; er war Finanzexperte und hoher Funktionär beim Völkerbund. Wie mein Griechischlehrer hat auch er mich zu sich eingeladen. Ich war damals vierunddreißig Jahre alt.

Mein neuer Freund war Anhänger einer religiösen Bewegung, von der ich ebenfalls ergriffen wurde. Ihr Gründer war Frank Buchman, ein amerikanischer Pfarrer; sie wurde „Oxfordbewegung" genannt, weil sie unter den Studenten jener englischen Universität ihren Anfang genommen hatte. Diese Bewegung legte den Schwerpunkt nicht auf die Dogmen und die Theologie, sondern auf den konkreten Gehorsam gegenüber der göttlichen Inspiration im privaten oder öffentlichen täglichen Leben. Man legte Zeugnis ab von seinen persönlichen Erfahrungen und sprach sich miteinander offen darüber aus, was man „gegenseitiges Mitteilen" nannte.

Auch mein Gastgeber hat anläßlich meines Besuches sein Innenleben mit einer einfachen Offenheit und einem Mut vor mir ausgebreitet, wie ich es noch nie erlebt hatte. Als er damit zu Ende war, fühlte ich wohl, daß ich ihm nicht so von meinen Tätigkeiten erzählen konnte, wie ich es hier getan habe, sondern daß ich wirklich von mir selbst, von meinem persönlichen Leben sprechen mußte. Hier geschah es, daß ich zum ersten Mal in meinem Leben von meinem Leiden als Waise sprach und das unter Tränen.

Die Gespräche mit meinem Griechischlehrer waren rein intellektuell gewesen. Ich wußte wohl etwas über sein Leben, daß er geschieden war und sich wieder verheiratet hatte, aber nur vom Hörensagen. Nie hatte er zu mir davon gesprochen. Und auch ich sprach nur über Ideen, niemals über Gefühle. Wir konnten zwar sogar über religiöse Probleme diskutieren, aber es geschah nur in philosophischen Begriffen. Ich war gläubiger Christ, er Pantheist. Er glaubte an einen universellen, aber nicht an einen persönlichen Gott. Und weder er noch ich ahnten damals, daß es eben gerade dieser persönliche Gott war, der sich seiner bedient hatte, um mich einen ersten Schritt aus meiner Einsamkeit heraus tun zu lassen.

Nun ließ mich mein holländischer Freund einen zweiten tun: Ich entdeckte eine andere Form des Dialogs, das emotionelle, wirklich persönliche Gespräch. Im Grunde war ich während all dieser Jahre der Diskussionen und des Tätigseins, ohne es zu wissen, seelisch einsam geblieben. So hatte eines Tages beim Nachhausegehen von einem fröhlichen Studentenanlaß am frühen Morgen ein Kamerad sich mir genähert und freundlich gesagt: „Ich habe erfahren, daß du ein Waise gewesen bist." Sogleich spürte ich eine würgende Angst in meiner Kehle aufsteigen und aus Furcht, weinen zu müssen, flüchtete ich mich ins Dunkel der Nacht hinaus, ohne ein Wort zu sagen.

Man kann Reden vor großen Volksmengen halten, Vorträge geben, eine öffentliche Tätigkeit ausüben, ohne etwas von sich selbst zu enthüllen. Wie Sie sehen, gibt es zweierlei Arten der Beziehung zum andern: eine intellektuelle und objektive, und eine emotionelle, persönliche. Ich habe oft von den beiden Ebenen des Dialogs gesprochen, einer oberflächlichen und einer vertieften. Aber es scheint mir jetzt, daß man besser von zwei Polen spricht. Denn der Dialog über Ideen und Begriffe ist ebenfalls bedeutungsvoll; er kann in die Tiefe gehen, die Grundeinstellung des Sprechenden zum Ausdruck bringen. Nichts berechtigt dazu, die eine der Beziehungsarten über die andere zu stellen; sie sind ganz einfach verschieden und ergänzen sich.

Nun habe ich also im Abstand von beinahe zwanzig Jahren nacheinander zwei entscheidende, beispielhafte Erfahrungen gemacht, zuerst von der einen Art mit dem Griechischlehrer und dann von der andern mit dem Holländer; sie unterschieden sich deutlich voneinander, aber beide waren so klar und beweiskräftig wie ein Laboratoriumsversuch. Gerade deswegen hat ein Freund mir geraten, dieses Buch mit der Erzählung aus meinem eigenen Leben zu beginnen. Denn diese beiden Beziehungsarten entsprechen den Haupteigenschaften von Mann und Frau, die objektive Beziehung der rationalen Tendenz des Mannes und die persönliche Beziehung der gemütvollen Einstellung der Frau.

Nun aber wird uns bekanntlich die objektive Beziehung schon vom Kindergarten an beigebracht; sie beherrscht unsere Welt- und Lebensauffassung nicht nur in den Naturwissenschaften, sondern auch in den wirtschaftlichen, sozialen und humanistischen Wissenschaften; sie bildet die universell verbreitete Norm, die auf allen Gebieten anerkannt wird, während die persönliche Beziehung äußerst selten ist und keinen großen Wert besitzt. Daher fühlt sich der Mann wohl in dieser rationalen Gesellschaft; er ist sich sogar kaum dessen bewußt, daß ihm etwas fehlt, während die Frau ein unbestimmtes Unbehagen empfindet. Ihr Gemütsleben und ihr Bedürfnis nach persönlichem Kontakt kommen dabei nicht auf ihre Rechnung.

Wohlverstanden, die Frau ist fähig, sich an diese männliche Welt anzupassen. Sie hat es im laufe dieses Jahrhunderts deutlich bewwiesen, und sie kann heute jede beliebige, früher den Männern vorbehaltene Stelle erfolgreich ausfüllen. Aber damit wird das Problem nicht gelöst.

Die Frau kann nicht zur vollen Entfaltung gelangen, wenn sie nur ihre männlichen Eigenschaften entwickelt, sondern gerade dadurch, daß sie in unsere moderne westliche Welt die ihr fehlende persönliche Beziehung wieder einführt. Aber es ist nicht leicht, in dieser objektiven Umgebung, die ein Merkmal unserer Zivilisation ist, den Schritt in die andere Haltung zu tun, in die des persönlichen Engagements.

Dies habe ich mit vierunddreißig Jahren fast wider meinen Willen getan. Plötzlich bin ich von einem Extrem ins andere umgekippt, und zwar im Übermaß, wie das vorkommt, wenn man umkippt; ich bin mir dessen heute wohl bewußt. Ich entdeckte die persönliche Beziehung und sah, wie fruchtbar sie für uns selbst und den andern sowie auch zur Herstellung einer persönlichen Bindung sein kann, indem man sich über das, was man erlebt und empfunden hat, ausspricht und nicht nur über das redet, was man aus Büchern und dem Schulunterricht oder aus unsern intellektuellen Überlegungen geschöpft hat.

Ich fand neuen und anregenden Kontakt zu den Mitmenschen: zuerst zu Nelly, meiner Frau. Wir verstanden uns gut und liebten uns. Aber bis dahin war ich für sie, wie sie mir sagte, mehr ein Professor als ein Gatte gewesen; ein Professor, ein Psychologe, sogar ein Pfarrer, der sie immer belehren und ihr alles verstandesmäßig erklären wollte, und ich merkte nicht, daß ich im Bereich der echten persönlichen Beziehung alles von ihr zu lernen hatte. Daher ist sie bald mein dritter Psychotherapeut und mein Beichtvater geworden. Die Beziehung zu meinen Kindern und zu meinen Freunden bereicherte sich ebenfalls, dann auch die zu meinen Patienten, was meine berufliche Laufbahn verändert hat.

Meine Beziehung zu Gott wurde ganz anders. Denn bis dahin war die Religion für mich hauptsächlich eine Debatte über Begriffe gewesen, über richtige oder falsche Vorstellungen von Gott, von Jesus, vom Menschen, kurz über Doktrinen. Ich lernte, mich innerlich zu sammeln, auf Gott zu hören, ihm persönlich zu begegnen und meine Vertrautheit mit ihm zu vertiefen. Schlagartig erkannte ich, wie sehr es mir bei so vielen Diskussionen, in denen ich Partei ergriff, an Nächstenliebe gefehlt hatte.

Also mußte ich eine Anzahl Besuche bei ehemaligen Gegnern machen, um sie um Verzeihung zu bitten. So bei einem alten Pfarrer, den ich schonungslos kritisiert hatte, dann namentlich bei meinem eigenen Pfarrer, dem Nachfolger meines Vaters; er hat sich meiner als Waise seines Vorgesetzten in der Jugend gütig angenommen. Damit ist gesagt, wie sehr wir einander hätten nahe bleiben sollen, um so mehr, da wir es auch durch unsere theologischen Überzeugungen waren.

Aber als wir uns beide im Kirchenrat befanden, verkörperten wir dort zwei verschiedene Tendenzen, er die Tradition und die Vorsicht, ich den Fortschritt und die Kühnheit. Und wir wandten uns gegeneinander wie die Anführer zweier entgegengesetzter Parteien. Wir fanden uns wieder, als wir zusammen auf den Knien in seinem Sprechzimmer beteten, um Gott um Vergebung zu bitten.

Was mich aber noch mehr erstaunt hat, ist, daß ich es erlebte, wie andere ehemalige Gegner aus eigener Initiative zu mir ins Sprechzimmer kamen und mich um Hilfe in ihren persönlichen Problemen baten. Ich hatte immer nur ihre theologischen Ansichten gesehen, die ich bekämpfte, ohne dabei je ihre Person zu beachten. Und jetzt enthüllten sie ihr Inneres vor mir, teilten mir ihre Leiden, ihre geheimen Konflikte, ihre verborgenen Dramen mit, die sie früher verschwiegen, wie ich die meinen hinter der Fassade einer intellektuellen Polemik verborgen hatte.

Plötzlich wurden sie zu Freunden. Ich nahm Anteil an ihren Ängsten und verstand ihr Verhalten. Und sie hatten Vertrauen zu mir. Meine neuen Erfahrungen hatten in ihnen die Hoffnung erweckt, bei mir die Hilfe zu finden, die sie sonst nirgends finden konnten. Ich entdeckte ihre

Einsamkeit. Hier habe ich ermessen, wie groß für jedermann der Unterschied zwischen der intellektuellen und der persönlichen Beziehung ist.

Und dennoch gibt es eine Verbindung zwischen unseren Ideen und unseren persönlichen Problemen, eine Verbindung, deren wir uns im allgemeinen nicht bewußt sind, die die andern nicht kennen, solange wir uns ihnen gegenüber nicht über unser Gefühlsleben aussprechen. Die Ideen sind unpersönlich, sie sind wie Dinge, mit denen man spielen und Handel treiben kann wie mit einer Ware. Sie dienen uns sogar als Waffe im Lebenskampf. Und wir bleiben allein, solange wir nicht eine andere Art der Beziehung zum Mitmenschen finden.

Wie gehen wir mit unseren starken und schwachen Kräften richtig um?

Kürzlich ging ich in eine Gastwirtschaft, um mit der Niederschrift dieses Buches zu beginnen. Während ich den sorgfältig ausgearbeiteten Plan aus meiner Mappe holte, spielte sich vor meinen Augen eine banale, aber sehr lehrreiche Szene ab. Da war die Gastwirtin, die sich über ihr 2- bis 3jähriges Bübchen beugte, das stampfte, weinte und schrie. Am Boden lagen zahlreiche Papierfetzen. Die Mutter schüttelte das Kind und wiederholte dabei unermüdlich: „Wirst du diese Papierfetzen auflesen?"

Sämtliche Gäste schauten den Auftritt ruhig mit an. Keiner erwartete anscheinend, daß das Kind zu weinen aufhören und die Papierfetzen folgsam auflesen werde. Wahrscheinlich auch die Mutter nicht. Je mehr sie das Kind schüttelte, um so lauter schrie es. Sie war in sehr gereizter Stimmung. Wären nicht die Zuschauer gewesen, so würde sie höchstwahrscheinlich ihr Kind geohrfeigt haben.

Der Vater befand sich mit Kunden auf der Terrasse. Sicherlich entging ihm nichts von dem Auftritt, scheinbar war er aber in ein Gespräch vertieft. Zur Auseinandersetzung, die sich wenige Schritte vor ihm abspielte, verhielt er sich neutral, so wie viele Väter in ähnlicher Lage sich den Anschein geben, als läsen sie in der Zeitung oder als schliefen sie in ihrem Lehnstuhl. Die Gegenwart von Gästen erlaubte ihm, eine zerstreute Miene aufzusetzen und nicht Partei zu ergreifen. Vielleicht gönnte er seiner Frau eine kleine Demütigung; oder nahm er an, daß sein Eingreifen nicht erfolgreicher sein würde als das der Mutter, und war bestrebt, sich eine öffentliche Niederlage zu ersparen? Wie dem auch sei, die Gereiztheit der Mutter schien durch diese passive Haltung des Vaters noch verstärkt zu werden und richtete sich ebenso gegen ihn wie gegen das Kind.

Weinen und Schreien sind die Waffen der Schwachen. Wahrscheinlich hatte das Kind schon bemerkt, daß seine Mutter es im Restaurant nicht so in der Gewalt hatte wie vielleicht anderswo, daß sie auf alle Fälle den Kampf nicht würde hinausziehen können, bis es nachgäbe. Je länger nämlich der Kampf dauert, um so beschämender ist es für die Mutter. Der Widerstand ihres Söhnchens demütigt sie in doppelter Weise vor den Leuten: Denn wenn ihr Kind ihr nicht gehorcht, so ist es schlecht erzogen, und wenn sie andererseits trotz des Mißverhältnisses der Kräfte ihren Willen ihm gegenüber nicht durchzusetzen vermag, beweist das, daß sie schwächer ist, als sie scheinen möchte. Dieses beschämende Gefühl machte sie dem Kind gegenüber noch gereizter. Wir schämen uns jedoch immer, wenn wir uns hinreißen lassen, besonders einem offensichtlich schwächeren Geschöpf gegenüber. Daher trug die Nervosität der Mutter ebenfalls dazu bei, ihre Beschämung zu vergrößern. Und ihre Niederlage wird um so lächerlicher sein, je länger der Kampf dauert.

Ist es nicht so, daß diese Angst vor einer noch schmerzlicheren Niederlage die Niederlage der Mutter herbeigeführt hat?

Plötzlich hob sie nämlich die Papierfetzen selbst auf und schleifte ihr Söhnchen auf die Terrasse. Der Kleine war zwar nicht stark genug, ihr Widerstand zu leisten, aber er war gleichwohl der Sieger, da ja die Mutter die Papierfetzen aufgelesen hatte. Daher beruhigte er sich rasch, indem er nur noch ein paarmal aufschluchzte. Er faßte die ihm von seinem Vater hingehaltene Hand, während die Mutter in der Küche verschwand, wohin sie ihre Arbeit rief.

Ich möchte hier noch auf ein ernstes Problem hinweisen: Ein idealistischer Moralist könnte behaupten, die Mutter sei die eigentliche Siegerin, da sie ihre Gereiztheit und ihren Eigensinn überwunden und einem aussichtslosen Kampf durch ihre Selbstverleugnung in verdienstvoller Weise ein Ende gesetzt habe. Seiner Meinung nach bedeute es einen wirklichen moralischen Sieg, daß der Starke darauf verzichte, seine Überlegenheit auszunützen, und edelmütig genug sei, die Siegespalme dem Schwachen zu überlassen. Möglicherweise; und vielleicht tröstete sich die Mutter in ihrer Küche mit solch einem schmeichelhaften Gedanken. Aber das entspricht nicht der Wirklichkeit. Keiner der Zeugen hatte in der Gebärde der Mutter eine edelmütige Handlung gesehen. Es ist nicht dasselbe, auf einen Sieg zu verzichten, den man unfehlbar in der Hand hat, oder nachzugeben, weil man nicht stark genug ist, ihn zu erringen. So halten wir oft unsere Niederlagen für Siege und unsere Fluchtversuche für tugendhafte Verzichtleistungen.

Damit hat nun mein Buch etwas anders begonnen, als geplant war. Aber ist dieser kleine Auftritt nicht lebendiger als alles, was ich vorbereitet hatte? Zeigt er nicht das Problem, das ich behandeln möchte, so, wie es sich unserer Beobachtung ständig darbietet? In wenigen Augenblicken hat sich uns ein ganz komplexes Spannungsfeld von Kräften und Gegenkräften enthüllt. Obwohl durch seine körperliche Schwäche gewaltig im Nachteil den Erwachsenen gegenüber, ist das Kind dank dem heimlichen Bündnis mit den Gästen und der stummen Mitschuld des Vaters siegreich aus dem Kampf hervorgegangen. Zwischen zwei sich gegenüberstehenden Personen stellt sich jeden Augenblick ein Abwägen der Kräfte ein. Intuitiv fühlen wir, daß die Waage nach der einen oder andern Seite ausschlagen und das gegenseitige Verhalten bestimmen wird. Dabei handelt es sich nicht nur um akute Auseinandersetzungen wie die eben geschilderte. Oft handelt es sich um heimliche und verborgene Konflikte. Mehr noch, um die friedlichsten Beziehungen zwischen den Menschen, beispielsweise um den Zauber, den ein Partner auf den andern ausübt. Ständig stellt sich die Frage: Welcher von beiden hat auf den andern den stärkeren Einfluß?

Das uns hier beschäftigende Problem geht also weit über das Aufeinanderprallen zweier Willenskräfte hinaus. Der Ausdruck Wille läßt an gewisse mehr oder weniger heftige Charakterzüge denken. Doch es gibt Menschen, die, ohne je ihre vollkommene Sanftmut zu verlieren, die ganze Umgebung beherrschen, entweder durch die unwiderlegbare Strenge ihrer logischen Überlegungen oder ihr moralisches Ansehen, den Zauber ihrer Schönheit, den Einfluß ihres guten Rufs, ihre ausgezeichnete Höflichkeit oder sogar durch ihr zerbrechliches und empfindliches Wesen, das niemand zu verletzen wagt.

Was in der Beziehung zwischen zwei Menschen die Waage auf die eine oder andere Seite sinken läßt, ist ein Zusammenspiel so zahlreicher und subtiler Kräfte, daß niemand je imstande sein wird, sie genau zu berechnen. Bei dem kleinen, oben beschriebenen Konflikt habe ich mich darauf beschränkt, die offensichtlichsten aufzuzeigen. Wahrscheinlich war noch eine große Zahl anderer, bewußter und unbewußter Elemente mit im Spiel, die den Sieg des Kindes herbeigeführt haben.

So verhält es sich überall in der Welt: in der Familie, in einem Verwaltungsrat, in einer Werkstatt, in der Schule, in einem Wohltätigkeitsausschuß, zwischen den Nationen. Die Gesellschaft als Ganzes erscheint wie ein bewegtes Spiel von Kräften, die sich gegenüberstehen, im Gleichgewicht halten und abwechslungsweise die Oberhand gewinnen. Sie erscheint wie ein Zusammenspiel zahlloser Gleichungen, von denen jede die Beziehungen zwischen den sich gegenüberstehenden Personen ausdrückt. Und jede dieser Gleichungen umfaßt viele Begriffe, sowohl positive wie negative: als positiv gilt etwa das Ansehen eines berühmten Namens oder ein schönes, eben gekauftes Auto, und wäre es auch nur auf Abzahlung; der Nimbus eines Hochschultitels, ein wohlbegründetes moralisches Ansehen oder auch eine skrupellose Energie. Als negativ gilt hingegen, wie Adler es so vortrefflich aufzeigte, die beträchtliche Hemmung, verursacht durch ein heimliches oder offenkundiges Gebrechen, die Armut oder Unwissenheit, die Schande, Kind eines verachteten Vaters zu sein, oder die Abhängigkeit eines Kindes von den Eltern infolge eines zu großen Liebesbedürfnisses. All das ist nicht starre und blinde Mathematik. Es ist Leben, subtile Bewegung, deren Lauf schon das kleinste vertrauenvolle oder ironische Lächeln zu ändern vermag.

Aber nichts von alldem ist entscheidend: Da ist ein Mensch, der alle Trümpfe in der Hand zu haben scheint und der sich trotzdem beständig von andern imponieren läßt. Ein anderer hat keinen einzigen Trumpf, und vielleicht gerade weil sie ihm fehlen, geht er unerschrocken vor und beherrscht seine ganze Umgebung. Entscheidend scheint somit eine gewisse, psychologisch bedingte Kraft zu sein, die den einen anspornt, ihn veranlaßt, seine Mängel zu verbergen und seine Vorzüge zur Geltung zu bringen; oder eine gewisse psychologisch bedingte Schwäche, die den andern lähmt und bewirkt, daß er die günstigen Gelegenheiten verpaßt und seine Fehler ungeschickt aufdeckt.

Daher haben wir uns alle daran gewöhnt, die Menschen in zwei Klassen einzuteilen: in die Starken und die Schwachen. Es gibt solche, die zur Niederlage und Erdrückung verurteilt scheinen. Sie sind in diesem universellen Kampf so oft besiegt worden, daß sie an keinen Sieg mehr glauben, und das untergräbt ihre Kräfte. Wer sie kennt, erwartet von ihnen auch nichts anderes, und das gibt ihm eine Sicherheit ihnen gegenüber, die ihn stark macht. Selbst ein Fremder fühlt sofort intuitiv ihre Schwäche und begegnet ihnen infolgedessen herablassend oder aggressiv, zwei verschiedene Arten, sie zu demütigen. Mit derselben Intuition wird er hingegen die Kraft der Starken fühlen und ihnen mit Schüchternheit oder Ehrerbietung begegnen, was ihre Kraft bestätigt. *Audaces fortuna juvat* (den Kühnen lächelt das Glück), pflegten schon die Alten zu sagen.

In Wirklichkeit liegen die Dinge nicht so einfach. Wir alle sind den einen gegenüber schwach und den andern gegenüber stark. Ein Mann, der in seinem Büro ständig von einem ungerechten Vorgesetzten gedemütigt wird, rächt sich dafür zu Hause, indem er Frau und Kinder terrorisiert. Und der Chef rächt sich seinerseits vielleicht im Büro für die Tyrannei, die seine Frau zu Hause über ihn ausübt. Der Untergebene im Geschäft wird in seiner Verteidigung durch die Angst gelähmt, seine Stelle zu verlieren. Und das Gefühl, seine gerechte Sache feige einem materiellen Vorteil zu opfern, läßt ihn durch das Hinzukommen einer gewissen Selbstverachtung seine Demütigung noch bitterer empfinden. Das wiederum steigert seine Nervosität und seine Reizbarkeit zu Hause. Niemand jedoch tyrannisiert seine Umgebung ohne Gewissensbisse. Und diese meist verdrängten Gewissensbisse lassen seine Reaktionen noch heftiger werden.

Man erkennt, wie die starken und schwachen Reaktionen sich übereinanderlagern, so daß sich jene doppelte Verkettung entwickelt, von der ich oben sprach. Von Niederlage zu Niederlage werden die Schwachen immer schwächer; von Sieg zu Sieg werden die Starken immer stärker. Und das erweckt schließlich den Eindruck einer unabwendbaren Schicksalhaftigkeit. Manche Menschen scheinen zum Erfolg vorherbestimmt, andere zur Niederlage.

Gibt es wirklich zweierlei Menschen? Woher kommt letzlich dieser so große Gegensatz zwischen den Starken und den Schwachen? Sind sie wirklich verschieden voneinander? Solcherart sind die Fragen, die mich in den letzten Jahren beschäftigt haben und die ich hier anhand meiner täglichen Beobachtungen erörtern möchte. Ich tue es mit bewegtem Herzen; denn es geht dabei um zwei Hauptprobleme unserer Zeit.

Es geht zunächst um das Problem der Nervenkranken, deren Zahl trotz der großartigen Fortschritte der wissenschaftlichen Psychologie ständig zunimmt. Tatsächlich zeigen sich uns die Nervenkranken meistens als Schwache und Erdrückte. Sie haben das Gefühl, einer andern Art von Menschen anzugehören als die im Leben Erfolgreichen und Starken. Jeder Arzt kann bestätigen, wie schwer es ist, diesen Besiegten wieder einiges Selbstvertrauen einzuflößen. Dieses Selbstvertrauen wäre nötig, damit sie Erfolg hätten, andererseits wären Erfolge nötig, um wieder Zuversicht zu gewinnen. Schlimmer ist noch, daß durch diese Vorstellung, zum Mißerfolg verurteilt zu sein, das Bild, das sie sich von der Welt und sich selbst machen, entstellt wird. Sie bauschen ihre eigenen Niederlagen und die Erfolge der andern auf; sie verkleinern ihre eigenen Siege. Während Wochen bemühte ich mich darum, einem mehrmals durch das Examen gefallenen Studenten wieder Mut zu machen. Ich analysierte mit ihm die weit zurückliegende Ursachen seiner Minderwertigkeitsgefühle und seiner Ängste. Er gewann einige Zuversicht und bestand sein Examen. Ich jubelte und erwartete, ihn nun endlich stolz und glücklich zu sehen. Ich glaubte die Partie gewonnen. – Weit entfernt davon! Er war überzeugt, daß der Examinator ihm nur aus Mitleid eine genügende Note gegeben habe, daß alle seine Kameraden besser vorbereitet gewesen seien als er, der im Leben nur um so mehr jene enttäuschen werde, die bei ihm Kenntnisse voraussetzten, die er nicht hat.

In dieser Frage der Starken und Schwachen geht es jedoch auch um das ganze Problem der Gesellschaft und letzten Endes um Krieg und Frieden. Denn der Krieg zwischen den Völkern und Völkerkoalitionen, zwischen Parteien und Parteikoalitionen ist nur die letzte Auswirkung, der letzte Ausdruck des von mir erwähnten allgemeinen Ringens. Wenn die Schwäche zur Vernichtung führt, so hat auch die Kraft ihren eigenen Teufelskreis. Es gilt, immer noch stärker zu sein, sonst riskiert man eine noch verheerendere Niederlage, und diese Jagd nach der Stärke führt die Menschheit unausbleiblich zur allgemeinen Vernichtung.

So wende ich mich in diesem Buch nicht nur an die Schwachen, um eine Hoffnung in ihnen zu erwecken. Ich wende mich auch an die Starken, die alle unbestimmt fühlen, daß diese Siege, die sie aus Angst, selbst besiegt zu werden, unaufhörlich erringen müssen, in der Welt jene Atmosphäre von Gewalttätigkeit, jene angstvolle Spannung, jene Katastrophenstimmung fortbestehen lassen, in der wir heute leben.

Nun ist, wie ich glaube, die Ursache, sowohl der Verzweiflung der Schwachen wie auch des Unbehagens der Starken und des Unglücks aller, eine falsche Vorstellung, nämlich gerade die große Illusion, daß es zweierlei Menschen gibt, die Starken und die Schwachen.

In Wirklichkeit sind sich die Menschen viel ähnlicher, als sie glauben. Was sie unterscheidet, ist ihre äußere, glanzvolle oder Mißfallen erregende Maske, ist ihre Art, nach außen stark oder schwach zu reagieren. Aber dieser äußere Schein verbirgt eine im innersten Kern identische Persönlichkeit. Diese Maske, die äußeren Reaktionen täuschen jedermann, die Starken wie die Schwachen. In Wahrheit sind alle Menschen schwach, weil alle Angst haben. Sie fürchten sich davor, im Leben erdrückt zu werden. Sie haben Angst, daß man ihre innere Schwäche entdecke. Alle haben gewisse verborgene Makel. Sie haben Gewissensbisse wegen irgendwelcher Handlungen, die sie nicht aufgedeckt sehen möchten. Sie haben alle Angst vor den andern und vor Gott, vor sich selbst, vor dem Leben und vor dem Tod.

Selbst die Begabtesten, selbst jene, die sich am selbstsichersten gebärden, fühlen undeutlich, daß ihr Ruf nicht der Wirklichkeit entspricht, und sie beben bei dem Gedanken, man könnte es bemerken. Der gelehrteste Professor hat Angst, man würde ihn Dinge fragen, die er nicht weiß. Der scharfsinnigste Psychologe hat Angst, man könnte an ihm irgendeinen banalen Komplex entdecken. Der redegewandteste Theologe hat Angst, man könnte etwas von den ihn heimsuchenden Zweifeln merken. Sie alle wissen, daß die Nächsten in ihrem intimen Leben Gemeinheiten entdeckt haben, von denen die große, sie bewundernde Masse nichts ahnt. Alle fühlen, daß das Mysterium des Lebens viel größer ist, als sie zugeben, und daß das unbekannte Morgen plötzlich ihre Schwäche enthüllen kann. Was die Menschen voneinander unterscheidet, ist nicht ihre innere Natur, sondern die Art, wie sie auf das gemeinsame Elend reagieren.

Es gibt bei den Menschen zwei entgegengesetzte Arten, auf dieselbe tiefe Angst zu reagieren: die starken und die schwachen Reaktionen.

Nehmen wir zwei Schüler, die beide nur die Hälfte von dem wissen, was sie wissen sollten. Der eine, wie gelähmt von dem Bewußtsein seiner Lücken, sitzt mit offenem Mund da, selbst wenn man ihn Dinge fragt, die er weiß. Er wirft sich im stillen seine grundlose Angst vor, und dieser innere Kampf lähmt ihn noch mehr. Er sieht sich seinen Eltern bereits Schande machen, und diese Vorstellung nimmt seinen Geist so sehr in Anspruch, daß er den wohlwollenden Fragen gegenüber taub bleibt, die sein Lehrer ihm stellt, um ihm aus der Verlegenheit zu helfen. Sein Kamerad hingegen, der sich seiner Lücken nicht weniger bewußt ist, wird durch die Gefahr wie elektrisiert. Selbst wenn er über Dinge befragt wird, die er nicht weiß, legt er unerschrocken los und hält einen glänzenden Vortrag, wobei er geschickt auf das Gebiet überwechselt, das er am besten beherrscht. Schon fühlt er eine gewisse Siegestrunkenheit, und die verstärkt noch seine Zuversicht und seine geistige Lebendigkeit, so daß ihm eben noch zur rechten Zeit einzelne Wissensbrocken einfallen.

Wie man sieht, spielt die Reaktionsweise der beiden Prüflinge praktisch eine viel wichtigere Rolle als der tatsächliche Umfang ihrer Kenntnisse. Aus den vorhandenen 50% hat der eine 100% gemacht, während sie dem andern zu Null wurden. Das Ergebnis hätte das gleiche sein können, selbst wenn der „Schwache" viel besser vorbereitet ins Examen gegangen wäre als der „Starke". Man beachte vor allem, daß beide Angst hatten durchzufallen, dies aber nur bei dem einen sichtbar wurde, weil ihre Reaktionen auf die gleiche Angst entgegengesetzt waren. Was mithin die Menschen in allen Lagen unterscheidet, ist die unterschiedliche Art, womit sie auf die gleiche Besorgnis reagieren.

Stark reagieren heißt, sich sicher oder aggressiv zeigen, um seine Schwäche zu tarnen; heißt, seine Angst verbergen, indem man den andern Angst einflößt; heißt, seine Tugenden hervorkehren, um seine Laster zu verstecken.

Schwach reagieren heißt, sich ängstigen und gerade durch diese Erregung seine Schwäche aufdecken, die man verbergen wollte; heißt, im Banne dieser Schwäche sich unfähig zeigen zu jenen Deckreaktionen, die bei den Starken irreführen.

In dieser Hinsicht, ich muß es bekennen, scheinen mir die Schwachen immer aufrichtiger zu sein als die Starken. Denn bei diesem Spiel der Reaktionen täuschen sich die Starken schließlich selbst. Indem sie andern gegenüber ihre Schwäche verbergen, verkennen sie diese zuletzt selbst. Sie verdrängen sie, ohne sie aus der Welt zu schaffen. Sie bewahren, wenn man so sagen darf, ein unbewußtes Bewußtsein ihrer Schwäche, was neue Deckreaktionen nach sich zieht.

Die Schwachen hingegen haben ein übersteigertes Bewußtsein ihrer Schwäche. Deswegen scheinen sie krank, untauglich, erdrückt zu sein. Die Starken sind nicht krank, aber sie machen durch das schreckliche Spiel ihrer Reaktionen die Gesellschaft krank.

Wenn die Schwachen sich erdrücken lassen, so, weil sie an die Kraft der Starken glauben und nicht sehen, daß diese Kraft eine Schwäche verschleiert. Wenn die Starken die Schwachen erdrücken, so geschieht es, um sich durch diesen Triumph selber Mut zu machen.

In Wirklichkeit reagieren wir alle den Umständen entsprechend bald stark, bald schwach, aber in wechselndem Verhältnis. Mitunter bedeutet selbst eine schwache Reaktion wie die Nervenkrise noch eine letzte Waffe, zu der man in Ermangelung starker Waffen greift. So bei dem oben erwähnten Kind: Seine Tränen – eine schwache Reaktion – haben ihm den Sieg gebracht. Umgekehrt vermag die starke Reaktion, beispielsweise der Zorn, niemals ganz die Schwäche zu verschleiern, die sie verrät. Die Person selbst ist sich dessen immer mehr oder weniger bewußt, und ebendies stürzt sie in eine Verkettung von immer stärkeren Reaktionen.

So sind die starken Reaktionen – beispielsweise ein Faustschlag auf den Tisch – ein Eingeständnis von Schwäche. Und die schwachen Reaktionen sind immer noch ein Anzeichen von etwelcher Reaktionskraft. Eine reizbare und impulsive Frau überhäuft ihren Mann bei der geringsten Auseinandersetzung mit Vorwürfen. Es ist, als öffnete sich plötzlich eine Schleuse und ein wilder Sturzbach schieße daraus hervor. Eine Flut alter Klagen ergießt sich über den Gatten. Dieser pflegt hingegen bei solchen Anlässen schwach zu reagieren. Er ist wie versteinert; kein Wort kommt aus seinem Mund. Eine unsagbare Mattigkeit überfällt ihn. Aber diese Reaktion ist immer noch eine Art Verteidigung. Seine Frau täuscht sich darin nicht. Dieser stumme und passive Widerstand reizt sie in höchstem Maße. Trotz ihres Geschreis fällt ihr der Sieg nicht zu, solange sie diese Wand des Schweigens nicht zu durchbrechen vermag. „So antworte doch, statt wie ein Trottel dazusitzen", wirft sie ihm entgegen. Sie droht mit Scheidung; er denkt an Selbstmord, diese äußerste Reaktion der Schwachen, die aber gleichwohl noch eine Waffe bleibt; denn dieser Gedanke bedeutet ja: „Vielleicht wird sie an meinem Grabe bereuen, was sie mir angetan hat."

Trotz gegenteiligen Anscheins sind die starken und die schwachen Reaktionen nahe verwandt. Das wird noch deutlicher, wenn man darauf achtet, wie unvermittelt man oft von der einen Reaktion zur andern übergeht. Jener eben noch versteinert dasitzende Mann erhebt sich plötzlich blitzartig und gibt seiner Frau eine Ohrfeige. Die Frau fällt nicht weniger schnell aus der höchsten Erregung in tiefste Niedergeschlagenheit. Es ist, als ob die beiden Gatten ihre Waffen ausgetauscht hätten. Jetzt ist es der Mann, der von Ehescheidung spricht, und seine Frau spricht von Selbstmord.

Wiederum habe ich eine akute Auseinandersetzung als Beispiel genommen. Doch in Wirklichkeit bestehen die tausenderlei weltlichen, geistigen, geschäftlichen Beziehungen aus einem subtilen Spiel starker und schwacher Reaktionen. Zu jenen gehören verschleierte Kritik, leichte Ironie, kaum merklicher Bluff; zu diesen stille Bewunderung, feine Schmeichelei, scheinbare Zustimmung. Starke und schwache Reaktionen sind, wie man sieht, weniger entgegengesetzt, als es den Anschein hat. Die einen wie die andern sind Anzeichen einer fundamentalen, allen Menschen gemeinsamen Not. Und beide führen auf zwei verschiedenen Wegen zu dem gleichen Resultat: zur Erdrückung der Schwachen und zum allgemeinen Krieg, bis die Starken selbst unter den angehäuften Trümmern erdrückt werden.

Eine Mutter umgibt ihre beiden Töchter mit einer eigennützigen und tyrannischen Liebe. Überzeugt, nur zu deren Bestem zu handeln, will sie ihren Lebenswandel bis in die kleinsten Kleinigkeiten überwachen und lenken, um die Kinder vor allen Gefahren und allen verderblichen weltlichen Einflüssen zu schützen.

Die eine der beiden Töchter, gewöhnlich ist es die ältere, antwortet auf diesen Machtanspruch der Mutter mit schwachen Reaktionen. Sie unterwirft sich, verliert jede Entschlußkraft, wird zögernd und ängstlich. Sie hat keinen Beruf, wird zum Dienstmädchen ihrer Mutter. Sie verzichtet auf jedes persönliche Leben, auf alle Unabhängigkeit. Durch ihre Unterwerfung ermutigt sie die Mutter zu noch größerer Tyrannei. Trotz aller Bemühungen der Tochter findet die Mutter immer noch etwas an ihr auszusetzen. Jene hat einen wachsenden Schrecken vor diesen Vorwürfen und wird stets noch fügsamer und verängstigter. Sie unterliegt der mütterlichen Suggestion, hat Angst vor den Männern, vor der Geschlechtlichkeit, vor der Liebe, vor dem Leben. Sie flüchtet sich in eine Traumwelt. Das wachsende Gefühl, ihr Leben zu verfehlen, steigert diese Neigung und läßt sie der Wirklichkeit gegenüber immer ratloser und von der Mutter immer abhängiger werden.

Die andere Tochter antwortet dagegen mit starken Reaktionen. Schon in ganz jungen Jahren erhebt sie sich gegen die Ansprüche ihrer Mutter und revoltiert. Diese ist entrüstet über solche Unverschämtheit, und um den Widerstand zu brechen, will sie die Schraube des Zwangs noch stärker anziehen.

Von nun an stehen sich Mutter und Tochter in einem noch ungleichen Kampf gegenüber, wodurch sie beide angetrieben werden, auf ihrem Standpunkt zu beharren. Um ihre Mutter zu verhöhnen, geht die Tochter ostentativ aus; sie tut sich mit jungen Leuten von zweifelhaftem Ruf zusammen. Eines Tages überrascht sie die Mutter dabei und überhäuft sie mit Verwünschungen. Das ist der Tropfen Wasser, der den Becher überlaufen läßt. Die Tochter verläßt das Haus und schlägt die Türe zu. Um sie zur Sinnesänderung zu bringen, verweigert ihr die Mutter jede finanzielle Unterstützung. Daher lernt die Tochter, sich durchzuschlagen, sie findet Hilfe; sie macht auch schmerzliche Erfahrungen, gewinnt aber eine Reife, die seltsam von der kindlichen Haltung ihrer älteren Schwester absticht. Eifrig stürzt sie sich in die Arbeit, um einen Beruf zu erlernen und unabhängig zu werden. Sie hat Liebhaber und lernt von ihren Schwächen zu profitieren. Bald einmal sagt sie zu ihrer Schwester: »Du bist dumm! Du verpatzt dir das Leben selbst! Mach's wie ich! Setze dich durch und hab ein wenig Willen!« Diese Vorwürfe vermehren nur die Zweifel der älteren Schwester an sich selbst, während die jüngere sie mit Vergnügen wiederholt, um sich einzureden, auf dem richtigen Weg zu sein, trotz ihres unbehaglichen Gewissens.

Natürlich sucht die Mutter Ersatz und Trost bei ihrer selbstlosen Tochter. Auf sie ergießt sie ihre Klagen über die unwürdige Schwester. Sie erweckt Mitleid bei ihr, eifrige Bereitschaft zu trösten, grenzenlose Ergebenheit. Allein diese Mutter ist nicht zu trösten; denn nichts von dem, was die ältere tut, vermag die von der jüngeren erlittenen Kränkungen auszutilgen. Und nun treten bei der älteren Zwangsvorstellungen auf, Kristallisationspunkte jener dumpfen, verworrenen Angst, wie sie eine liebende Hingebung, die ihr Ziel nicht erreichen kann, unvermeidlich im Gefolge hat. Seitdem fühlt sich diese Tochter krank und demzufolge unfähig, den Kampf mit der Welt aufzunehmen, in der stets die Starken und die Bösen triumphieren. Und wenn sie den Psychiater aufsucht – letzte Bestätigung ihrer gesellschaftlichen Degradierung –, so beschuldigt sie sich ihm gegenüber ihrer Schwachheit, ihrer Feigheit, ihres Mangels an Liebe zu ihrer Mutter.

Unterdessen reist die jüngere Tochter ins Ausland, getrieben von einem unbewußten Verlangen, von der Mutter Abstand zu gewinnen. Dort bieten sich ihr unerwartete Gelegenheiten, und sie macht eine glänzende Karriere. Wohl fühlt sie einige Gewissensbisse, ihrer Mutter Leiden verursacht zu haben, aber sie verdrängt sie sofort unter einer Flut von Anklagen. Henri Baruk hat diese Entstehung von Aggressivität durch Gewissensverdrängung wunderbar beschrieben. Die starken Reaktionen führen genauso wie die schwachen zu furchtbaren Verwicklungen: Sie reißen uns zu ungerechten und heftigen Handlungen hin, die ein peinliches Schuldgefühl hinterlassen; daher wird dieses sofort verdrängt und macht einer doppelten Gereiztheit dem Opfer gegenüber Platz. Auf diese Weise kommen die Präventivangriffe zustande, die eine Hauptrolle in allen menschlichen Beziehungen spielen und an die Fabel vom Wolf und vom Lamm erinnern. Wenn wir einem andern gegenüber im Unrecht sind, beugen wir vor, indem wir ihn beleidigen und angreifen oder mindestens in unserem Herzen tadelnde Gedanken ihm gegenüber hegen. Doch geschieht das nicht ohne Gewissensbisse, die die immer weiter reichenden aggressiven Gefühle tarnen. In einer solchen Haltung gefangen, setzt sich unsere emanzipierte Tochter über alles hinweg, was ihr im Wege steht. Sie ist eine starke Frau geworden, die alles Mitleid ablehnt und ihren Willen jedermann aufzwingt. Sie verachtet ihre Schwester, welche hingegen eine heimliche Bewunderung für sie hegt. Sie betört einen schwachen Mann, der in ihrer Stärke Halt sucht. Er heiratet sie und wird von ihr ebenfalls erdrückt. Später sind es dann ihre Kinder, die ihre Herrschsucht zu fühlen bekommen. Sie duldet keine Widerrede, weder von ihrem Mann noch von den Kindern, so sehr hat sie das Bedürfnis zu beweisen, daß sie im Recht ist.

Wie man sieht, ist eine der beiden Töchter schwach und krank, die andere ist nicht krank, aber die Verkettung ihrer starken Reaktionen bildet einen Krankheitsherd für die Mitmenschen. Die eine hat ihre „Aggressivität" verdrängt und sie gegen sich selbst gerichtet; sie zweifelt, sie quält sich mit Skrupeln und Vorwürfen; sie verdrängt ihren Groll gegen die Mutter, die ihr Leben zerbrochen hat, aus ihrem Bewußtsein, und sie kompensiert diesen unbewußten Groll durch eine angstvolle Ergebenheit.

Die andere Tochter jedoch hat ihr Gewissen, ihr Herz, ihre Weiblichkeit verdrängt. Unablässig muß sie neue Siege davontragen, um das wankende Gleichgewicht aufrechtzuerhalten. In Wirklichkeit ist keine der beiden Töchter frei. Sie sind Gefangene ihrer Reaktionen, die eine ihrer schwachen, die andere ihrer starken und ihres unentrinnbaren Ablaufs. Nun aber besteht die wahre Kraft darin, daß man frei ist. Man begreift infolgedessen meine Behauptung: Starke und Schwache sind nicht so verschieden voneinander, wie es den Anschein hat; sie tragen alle dieselbe Herzensnot in sich als gemeinsame Quelle ihrer falschen Reaktionen, der starken wie der schwachen.

Neurose, Schüchternheit, Minderwertigkeitsgefühle, Zweifel an sich selbst, Überempfindlichkeit, krankhafte Schuldgefühle, Erregbarkeit, Zwangsvorstellungen, panische Angst, funktionelle Störungen, Unentschlossenheit, Erschöpfung sind Ausdruck schwacher Reaktionen. Ihrerseits nähren all diese krankhaften Erscheinungen im Menschen ein Gefühl der Schwäche, das ihn dazu treibt, auf jede Schwierigkeit erneut mit schwachen Reaktionen zu antworten.

Aber die starken Reaktionen? Gehen sie nur den Moralisten und Soziologen etwas an und nicht den Arzt? – Keineswegs! Gewiß sind ihre unmittelbarsten Folgen soziale und politische Kämpfe, soziale Ungerechtigkeit, Gewalttätigkeit, Unduldsamkeit, Verleumdung, Rache, Grausamkeit, Krieg. Das ist aber nicht alles. Jene revoltierende Tochter, deren Lebensweg wir verfolgten, deren Gesundheit zur Neurose der Schwester in Gegensatz stand, sie finden wir vielleicht eines Tages wieder, befallen von einer dieser Krankheiten der Starken, die nicht verzeihen können: zu hoher Blutdruck, Arteriosklerose, progressiver Gelenkrheumatismus, Krebs. Oh, ich rühre hier an ein schwieriges und heikles Problem! Ich behaupte nicht, es mit einem Federstrich lösen zu können, aber ich muß es stellen. Es verdient ernste, wissenschaftliche Untersuchungen, die heute erst in den Anfängen stehen, jedoch zu einer Erneuerung unseres ärztlichen Denkens beitragen können.

Um dies zu verstehen, muß man stets die Einheit der menschlichen Person vor Augen haben. Jene schwachen oder starken Reaktionen, von denen wir sprachen, sind ja nicht nur psychologische Reaktionen, sondern solche des ganzen Menschen, an denen der Leib ebenso teilhat wie die Seele. Der Leser versteht das gut. Er hat sich beim Lesen meiner Geschichte wahrscheinlich das unterschiedliche Bild der beiden Schwestern vorgestellt; die Nervenkranke kraftlos, mager, in sich gekehrt, blaß, mit hageren Händen, ohne Spannkraft, mit labilem vegetativem Nervensystem ihre Schwester breitschultrig, mit erhobenem Kopf und vollem Gesicht, angespannt und von blühendem Aussehen.

Wenn aber ein Motor mit Überdruck arbeitet, gibt er mehr her und nützt sich infolgedessen rascher ab. So bleibt es denn auch nicht ungestraft, wenn man sich von einer starken Reaktion zur andern hinreißen läßt und so unaufhörlich alle körperlichen und seelischen Kräfte mobilisiert. Der erfahrene Arzt weiß das recht gut: Jener schwächliche Patient mit seinen ständigen kleinen Beschwerden, der ihn immer wieder wegen neuer funktioneller Störungen aufsucht, wird noch manches Jahr leben, während sein kräftiger Bruder, der sich rühmt, nie krank zu sein und gar nicht auf seine Gesundheit zu achten, ganz plötzlich einer akuten Krankheit erliegen wird.

Es scheint mithin, als gäbe es „schwache" und „starke"

Krankheiten. Auf den ersten Blick scheinen erstere vor allem funktionell, nervös oder psychisch zu sein, letztere organisch und unerbittlich. Aber sowohl die einen wie die andern sind Krankheiten des ganzen Menschen. Die Person als Ganzes hat die ihr eigene Art, auf das Leben zu reagieren. Starke und schwache Reaktionen sind psychosomatische Reaktionen. Eine Bemerkung verdient hier noch angebracht zu werden, um das Gesagte zu illustrieren: Man beobachtet, daß nervöse und sensible Menschen auch ein sehr zartes und sprödes Haargefäßsystem haben. Beim geringsten Schlag bekommen sie einen blauen Fleck.

Man sieht also, wie seelische und körperliche Probleme ineinandergreifen. Der Arzt beobachtet zwei Formen entgegengesetzter psychosomatischer Reaktionen. Manche seiner Patienten können sich sowohl gegen Krankheitserreger wie gegen Angriffe ihrer Mitmenschen nur schlecht wehren. Ihre körperlichen und seelischen Leiden neigen dazu, chronisch zu werden, und folgen sich unaufhörlich. Ihre körperliche Schwäche bedingt ihre psychische Schwachheit, und ihre psychologischen und gesellschaftlichen Niederlagen rufen neue körperliche Störungen hervor, als materiellen Ausdruck ihrer schwachen Reaktionen. Kaum genesen von einem Übel, befällt sie schon ein neues. Sie sind in einem immer verwickelteren Netz einer ganzen Reihe von Problemen gefangen.

Andere Menschen hingegen reagieren kraftvoll und verdanken diesem Umstand während langer Zeit eine robuste Gesundheit, sowohl des Körpers wie der Seele. Alles erscheint ihnen einfach; sie stellen sich den Schwachen als Beispiel hin und erdrücken sie durch das herausfordernde Prahlen mit ihrer strotzenden Gesundheit. Wenn sie krank werden, ist es eine akute Krankheit mit stärkster Krise, wobei der Krankheitserreger auf eine machtvolle Abwehr stößt. Solche Menschen werden rasch wieder gesund oder unterliegen vorzeitig.

In gesellschaftlicher Hinsicht schreiten die Starken von

Erfolg zu Erfolg. Alles erscheint ihnen leicht. Sie bemerken es nicht einmal, daß ihr Triumph oft mit den Tränen der Mitmenschen und tausenderlei Ungerechtigkeiten bezahlt wird, die eines Tages sowohl sie selbst wie die Gesellschaft in eine schwere Katastrophe stürzen können. Die Schwäche der Schwachen ermutigt die Starken zu ihrem rasenden Lauf, und die scheinbare Kraft der Starken hält die Schwachen in ständiger Angst.

Aber all das sind nur oberflächliche Reaktionen. Das Grundproblem aller Menschen ist die seelische Not, die sich hinter ihren starken und schwachen Haltungen verbirgt. Nach Ansicht der Psychologen besteht die Heilung darin, daß man die Schwachen ins Lager der Starken überführt. Die von den Freudschen Psychoanalytikern entwickelte Lehre der Aggressivität ist bekannt: Die Neurose entsteht aus einer Verdrängung der natürlichen Aggressivität; Moral und Religion sind nur gesellschaftliche Zwänge, die das Individuum erdrücken, es seiner Waffe berauben und es von vornherein zu einem Besiegten im Lebenskampf machen. Vielleicht gelingt es dem von jener neurotischen Tochter aufgesuchten Psychiater, ihr seine Lehre beizubringen. Es wird ihm keine Mühe bereiten, sie die Beweise für ihren leidenschaftlichen Groll gegen ihre Mutter in ihren Träumen erkennen zu lassen. Um sie zu heilen, wird er ihr helfen, sich dieses Grolls bewußt zu werden und ihn zu manifestieren. Ich hüte mich, diese Behandlung zu tadeln; sie kann eine notwendige Zwischenstufe sein. Man muß die Patienten so gut wie möglich behandeln. Und diese Tochter wird aufrichtiger gegen sich selbst sein, wenn sie sich wie ihre Schwester nun auch gegen ihre Mutter auflehnt, als zu der Zeit, da sie sich aus Schwachheit ihrem tyrannischen Willen unterwarf.

So habe ich viele Neurotiker gesehen, die nach einer psychoanalytischen Behandlung aus dem Lager der Schwachen in das der Starken übergingen und dadurch im klinischen Sinn des Wortes geheilt wurden. Es ist das immerhin ein nennenswertes Ergebnis, wenigstens für den Patienten, wenn auch nicht für eine alte Mutter, die nichts von dieser Flut von Vorwürfen versteht, mit denen ihr Kind sie überschüttet. Aber die Entwicklung hat sich offensichtlich nur auf der Ebene der Reaktionen vollzogen und nicht im Innersten der Person. Solche Patienten sind von der Verdrängung der Aggressivität zur Verdrängung des Gewissens übergegangen. Sie haben den inneren Grundkonflikt nicht gelöst. Sie drücken ihn nur durch andere Reaktionen aus. Dieser Hauptkonflikt ist der Kampf zwischen unserem Aggressionstrieb und unserem Gewissen, zwischen unserem Entfaltungsbedürfnis und den Hemmungen, die nicht nur gesellschaftlicher Zwang und fremder Wille uns auferlegen, sondern auch unsere eigene Erkenntnis des Guten und des Bösen. In diesem Kampf in der Tiefe der Person liegt das menschliche Drama. Es ist die Ursache jenes inneren Unbehagens, das zu den starken wie den schwachen Reaktionen führt.

Zwei Kräfte stehen sich im Menschen gegenüber: das Bedürfnis, so zu leben, als ob er allein wäre, alles beiseite zu schieben, was sich seinem Wachstum und seinem Ehrgeiz entegegenstellt; die Mitmenschen zu beherrschen, sie zu fügsamen Werkzeugen seiner Macht zu machen oder sie zu vernichten, wenn sie ihm Widerstand leisten. Und andererseits ein nicht weniger mächtiges Gewissen, das jede ungerechte Handlung mit unauslöschlichen Gewissensbissen quittiert, ein Bedürfnis, zu lieben und geliebt zu werden, ein Ahnen der göttlichen Ordnung, die den Lebensraum jedes Menschen im Schoße der Natur und der Gesellschaft harmonisch begrenzt. Wenn die Menschen alle schwach sind, so weil sie sich alle von diesen beiden Kräften entzweigerissen fühlen, unvermögend, den sich daraus ergebenden inneren Konflikt zu lösen.

Die Mehrzahl der Menschen zieht sich durch Kompromisse schlecht und recht aus der Sache: ein Gemisch von starken und schwachen Reaktionen. Je nach den Umständen stoßen sie vor oder blasen zum Rückzug. Sie gebrauchen ihre Ellenbogen genau in dem Maße, wie es die herkömmliche Moral, das Gesetz und die öffentliche Meinung erlauben. Ihr Herz und ihr Gewissen lassen sie gleichfalls in dem Maße sprechen, wie dadurch ihre wesentlichen Interessen nicht gefährdet werden.

Weder die extremen Lösungen, seien sie nun stark oder schwach, noch die Kompromisse zwischen beiden bringen dem Menschen eine wirkliche Heilung. Der Kompromiß befreit ihn nicht von der unbestimmten Angst, die der innere Konflikt in ihm zurückläßt. Selbst wenn das Gesetz und die konventionelle Moral ihn nicht anklagen, klagt ihn sein Gewissen mancher heimlicher Ungerechtigkeiten an. Und wenn er aus Feigheit edelmütig war, so empfindet er ein Unbehagen, weil er aus Schwäche gehandelt hat.

Die extreme Haltung der Schwachen haben wir am Beispiel der älteren Schwester beschrieben. Weit davon entfernt, den inneren Konflikt zu beenden, verstärkt sie ihn noch. Den Lebenstrieb zerstört man nicht, man kann ihn gegen sich selbst richten, aber nicht ihn zum Schweigen bringen. Er nagt im Inneren weiter, wodurch das Unbehagen verschärft und die schwachen Reaktionen vermehrt werden.

Die extreme Haltung der Starken, wie sie die jüngere Schwester verkörpert, bringt das Individuum in Schwung und gibt ihm Kraft, löst aber den inneren Konflikt auch nicht. Denn das Gewissen ist ebenso unzerstörbar wie der Lebenstrieb. Gewissen und Stimme des Herzens können wohl verdrängt, aber nicht völlig zum Schweigen gebracht werden. Sie werden nunmehr zur unbewußten Ursache zahlreicher starker Deckreaktionen, und diese verschlimmern ihrerseits die Verdrängung.

So bleibt denn bei den Starken und den Schwachen der innere Konflikt ungelöst. Das beweist ihr gemeinsames Bedürfnis, sich durch ihre mit Leidenschaft verteidigten Lehren selbst zu beruhigen. Die Schwachen sind Pazifisten, Idealisten, Utopisten; sie erheben ihre Schwäche zur Tugend und prangern vergeblich die Ungerechtigkeiten der Welt an, ohne zu wagen, sie zu bekämpfen. Die Starken vertreten die Lehre vom Machtwillen, vom Übermenschen, vom Krieg, vom Fortschritt durch Kampf. Sie sind Materialisten, Realisten. Es gibt keine fanatischeren Anhänger der Aggressionslehre als ehemalige Neurotiker, die nach einer psychoanalytischen Behandlung ins Lager der Starken hinüberwechseln; und ihr glühender Eifer verrät die Qual ihres verdrängten Gewissens. Das beweist, daß alle Menschen das Bedürfnis haben, ihr Verhalten durch öffentlich vertretene Theorien zu rechtfertigen und die andern dazu zu bekehren, um sich selbst von ihrem Wert zu überzeugen.

Die eigentliche Heilung des Menschen liegt weder in seinen starken noch in seinen schwachen Reaktionen. Denn sie hängt von einer wirklichen Lösung seines inneren Grundkonflikts ab. Sie kann nicht auf der Ebene der Psychologie gefunden werden, sondern nur auf der geistigen Ebene. Denn Gott ist es, der uns unsern Lebenstrieb und unser Gewissen gegeben hat. Deshalb sind sie beide unzerstörbar. Gott allein bringt sie in Einklang, wenn der Mensch ihm gehorcht.

Wenn das psychologische Heil darin besteht, von einem Lager ins andere überzutreten, so besteht das religiöse Heil darin, Gottes Plan wiederzufinden, in welchem beide, der Lebenstrieb und das Gewissen, die richtige Funktion finden, die Gott innerhalb der menschlichen Person für sie bestimmt hat. Wahrscheinlich wird dieser Plan hienieden nie ganz verwirklicht werden. Aber jedes echte geistige Erlebnis ist in dieser Hinsicht bedeutsam und zeigt uns den Weg der Heilung für den Einzelmenschen wie für die Gesellschaft. Die gleiche Erfahrung der Gnade befreit den Schwachen aus der Verkettung seiner schwachen Reaktionen und den Starken aus dem Teufelskreis seiner starken Reaktionen. Sie gibt dem Schwachen wieder Mut und bricht den Stolz des Starken. Sie versöhnt den Schwachen mit dem Leben, mit sich selbst, mit seinem Körper, mit seiner Sexualität, mit seinen Trieben; sie läßt den Starken die Stimme seines Gewissens hören und gibt ihm eine ganz andere Kraft, mit der er seine geheime Schwäche erkennen kann, welche er unter einem aggressiven Äußeren verbarg. Sie führt den Schwachen dazu, seine Feigheit in dem zu sehen, was er bisher für Edelmut gehalten hatte, und den Starken seine Ungerechtigkeit in dem, was er für sein gutes Recht hielt.

Kommen wir noch einmal auf das Beispiel der beiden Schwestern zurück. Wenn sie jene entscheidende Stunde der Begegnung mit Jesus Christus erleben sollten, so wird die ältere wieder ehrlich sich selbst gegenüber werden, sich ihren Groll gegen die Mutter eingestehen und ihr verzeihen. Dann wird sie von ihren schwachen Reaktionen befreit werden, ohne nun deswegen in die starken Reaktionen der Aggressivität zu fallen. Die jüngere wird Gott und ihre Mutter um Verzeihung bitten, und das wird keineswegs eine schwache Reaktion sein; ganz im Gegenteil: Erlöst von ihren Gewissensbissen, wird diese jüngere den inneren Frieden und die Liebe zu ihrer Mutter wiederfinden.

Wir sehen, wie die ältere sich von Erfahrung zu Erfahrung immer mehr behauptet, trotz mancher Rückfälle in die alten Reaktionen, und wie die jüngere immer sanfter wird.

All das gilt nicht nur für die extremen Fälle und die heftigen Konflikte, die ich der Deutlichkeit halber als Beispiel genommen habe. Vielmehr stellt sich in jedem Verhältnis von Mensch zu Mensch die Frage: Welcher der beiden Partner übt den größeren Einfluß auf den andern aus? In jeder gesellschaftlichen Beziehung steht ein Wille gegen den andern, wobei jeder den andern einschränkt, sei es, daß die beiden Partner in einem Konflikt aneinander geraten, sei es im Gegenteil, daß jeder, von der Richtigkeit seines Standpunktes überzeugt, den andern mit Liebe dafür zu gewinnen sucht. In jedem Verhältnis zwischen Menschen sind also diese drei Haltungen möglich: die passive, schwache Reaktion, die Unterwerfung, der Verzicht auf jede Einflußnahme; dann die starke Reaktion, ein heftiger oder sanfter Druck, der Versuch, die Oberhand zu gewinnen; und schließlich die geistige Erfahrung, der harmonische Ausgleich der beiden Willenskräfte durch ihre Unterwerfung unter den Willen Gottes, der jedem von ihnen die richtige Grenze setzt.

Ich kenne beispielsweise zwei gläubige Eheleute, die intelligent und voll guten Willens sind und sich gerne verstehen möchten. Aber ihre Temperamente sind einander entgegengesetzt. Der Mann ist von Natur aus passiv und beschaulich, seine Frau tatkräftig und aktiv. Und das mächtige und tragische Spiel ihrer wechselseitigen starken und schwachen Reaktionen hat zu vielen Schwierigkeiten in ihrem Eheleben geführt. Trotz der guten Eigenschaften, die beide besitzen, steht dieses Spiel ihrer wahrhaften Einigung im Wege. Immerhin versuchte die Frau nicht, ihren Mann zu beherrschen, oder war sich wenigstens dessen nicht bewußt. Sie wollte ihm helfen, sie ermahnte ihn, unternehmender zu werden, sein Herz zu öffnen, sich zu entfalten. Aber sie erreichte nur das Gegenteil. Ihr Mann fühlte sich unter diesem Druck, so liebevoll er auch gemeint war, minderwertig und unverstanden. Er verschloß sich immer mehr und verlor jeden Schwung. Beide Gatten wünschten im stillen, der andere möchte sich ändern.

Kürzlich erhielt ich von ihnen einen Brief, worin sie mir von dem geistigen Erlebnis erzählten, das ihnen zuteil wurde. Vor Gott sich sammelnd, hatte die Frau verstanden, daß er ihr gebot, auf diesen Druck zu verzichten, den sie auf ihren Mann ausübte, „aus Ungeduld, aus Selbstmitleid und aus Vergeltungstrieb", wie sie sich ausdrückte. Was den Mann betrifft, so hat er in der Sammlung erkannt, daß er es aufgeben muß, „die Dinge, die ihm Mühe machen, so tragisch zu nehmen".

Mit einem Schlag hat sich die eheliche Atmosphäre umgewandelt. Die gleiche Stimme Gottes befreite den Mann von seinen schwachen und die Frau von ihren starken Reaktionen, Reaktionen, die sich wechselseitig anfachten. Die stille Sammlung hat sie beide aus den blinden und hartnäckigen Mechanismen ihrer natürlichen Reaktionen herausgerissen, um sie auf eine neue Ebene zu heben, wo sich ihre Einheit in der Verschiedenheit ihrer sich ergänzenden Temperamente harmonisch verwirklichen kann. Und voller Freude haben sie ihren Brief mit den Worten geschlossen: „Keine Rede mehr davon, den andern zu ändern – sondern nur noch davon, sich selbst zu ändern mit Gottes Hilfe."

Was ist die Ursache
unterschiedlicher Reaktionsweisen?

Eine Frage stellt sich uns nun: Was ist die Ursache dieser so unterschiedlichen Reaktionsweise zwischen den Menschen? Woher kommt es, daß dieselben inneren Nöte von den einen mit starken, von den andern mit schwachen Reaktionen beantwortet werden, so daß erstere sich einer trügerischen Kraft und Gesundheit rühmen, während letztere sich dem Arzt als Erdrückte vorstellen?

Ja, wirklich als Erdrückte. Wie oft habe ich dies Wort aus dem Munde derer gehört, die mich aufsuchten, um mir von ihren Leiden zu berichten! „Ich habe mein Leben verfehlt. Vor zehn Jahren hätten Sie mir noch helfen können; jetzt ist es zu spät." Erdrückt von all dem Mißgeschick, unter dem sie zerbrochen sind, durch die Aufeinanderfolge von schweren Niederlagen, aus denen sich ihr Leben zusammensetzt, fühlen sie vage die unselige Verkettung, die wie ein Fluch auf ihnen lastet. Sie erwarten nichts anderes mehr als neue Katastrophen. Alles, womit sie in Berührung kommen, verderben sie; sie verdüstern das Leben derer, die sie lieben, sie machen sich deswegen Vorwürfe, und dieses schlechte Gewissen verschlimmert noch ihre ungeschickten Reaktionen. Sie sind das „schwarze Schaf" in der Familie, und sie glauben nicht mehr an das Glück. Alles wird verfälscht, ihre Sexualität, ihre Ehe, ihre Arbeit, ihre Bemühungen, ihr Urteil. Sie werden erdrückt vom Leben, von der Gesellschaft, vom Geld, von der Moral, ja selbst von denen, die ihnen helfen wollen und die sie belehren, die sie als egoistisch, stolz, empfindlich, heuchlerisch oder pervers hinstellen. Sie werden erdrückt von der Kritiksucht, die sich all diesen Ratschlägen beimengt, vom gesellschaftlichen, moralischen, religiösen Formalismus. Sie wehren sich mit dem Mut der Verzweiflung, schlagen aus innerhalb dieser engen Wände, wo sie zu ersticken drohen, und ziehen sich damit neue Vorwürfe zu.

Tragischer ist noch, daß sogar derjenige sie erdrückt, der ihnen mit Wohlwollen und Liebe zu helfen versucht. Das Mitleid, das sie bei ihm erregen, demütigt sie. Seine Fürsorge läßt sie ihr eigenes Elend fühlen. So habe ich es oft erlebt, wie sich die schwachen Reaktionen meiner Patienten vermehrten und verschlimmerten, sobald sie sich verstanden fühlten.

Ich unterhalte mich mit einer Patientin, die sich in ihrer Familie immer überzählig vorkam, an der Liebe ihrer Eltern zweifelte, sich schwächer fühlte als ihre Geschwister und durch eine Verkettung schwacher Reaktionen in eine Zwangsneurose fiel. Zwischen ihr und mir besteht ein scheinbares Mißverhältnis, das dazu beiträgt, sie zu erdrücken. In unserm innersten Wesen sind wir beide gleich elend, aber sie kann es nicht glauben. Sie betrachtet sich als die Gescheiterte und ihren Arzt als den Erfolgreichen. Sie ist die Kranke, die der Hilfe bedarf, ich bin der Arzt, der Hilfe leistet. Unser Ideenaustausch erscheint ihr als Einbahn, obwohl ich dabei viel lerne. In ihren Augen gleicht er einer Belehrung. Mein Ruf, meine Wissenschaft, ja selbst mein Glaube hindern sie, sich mir ebenbürtig zu fühlen. Daher kann sie auch nicht glauben, daß Gott sie ebenso sehr liebt wie mich, sogar mehr, weil ihm ja die Kranken, die Erdrückten besonders am Herzen liegen. Nur wegen meines Elends gewährt Gott mir seine Gnade, und sie glaubt, es geschehe meiner Verdienste wegen, während sie nicht einmal zu beten wagt. So erstrecken sich ihre Minderwertigkeitsgefühle mir gegenüber bis ins geistige Gebiet hinein und berauben sie der religiösen

Erfahrung, die sie davon befreien würde. Sie hält sich für unwürdig, einem beschäftigten Mann so viel Zeit wegzunehmen. Je mehr Zeit ich ihr widme, um so mehr fürchtet sie, mich nach so vielen Bemühungen zu enttäuschen, und desto mehr schürt diese Befürchtung ihre Zweifel an sich selbst.

Diese Schwachen sind empfindlich, leicht erregbar, aber ist ihre Erregbarkeit die Ursache ihrer Fehlschläge oder deren Folge? In der Regel übrigens tadelt und beklagt man sie abwechselnd. Bald rät man ihnen, ihre Nerven behandeln zu lassen, bald ihren Charakter zu ändern. Handelt es sich also um nervöse oder charakterliche Störungen? – Eine byzantinische Frage, die immer neu gestellt und nie gelöst wird; denn in beiden Fragestellungen liegt etwas Wahres. Sprechen wir also, um neutral zu bleiben und allen Aspekten des Problems gegenüber offen zu sein, von Störungen der Affektivität. Die Affektivität – Freude und Trauer, Begeisterung und Entmutigung, Vertrauen und Verzweiflung, Phantasie und mentale Hemmung – ist eine vielfältige, feine und mächtige Kraft, die nicht so leicht zu definieren ist. Sie scheint mir den Menschen ursprünglich zu ihrem Besten geschenkt worden zu sein, nämlich um sie in der Verwirklichung ihres Schicksals zu leiten. Jeder Schritt, den wir im Sinn unserer Bestimmung tun, ruft normalerweise ihre positiven Seiten wach, jeder Schritt im entgegengesetzten Sinn ihre negativen. Deswegen ist diese Kraft so mächtig und bestimmt tatsächlich das ganze Verhalten der Menschen.

Wenn sie gestört wird, gibt es keinen zuverlässigen Führer mehr, sondern nur noch Verwirrung und widersprüchliche Reaktionen. Die Nervösen ängstigen sich gerade dann, wenn sie den richtigen Weg einschlagen; sie werden getrieben – und sind sich oft dessen bewußt –, gerade das zu tun, was ihnen das Mißgeschick zuzieht, worunter sie leiden. Alsdann wissen sie nicht mehr, wo aus und ein wie in einem Spiegellabyrinth, wo man den tatsächlichen Ausgang nicht mehr von seinem tausendfach gespiegelten Ebenbild unterscheiden kann. In der Kopflosigkeit wächst die Verwirrung. Sie fühlen sich ohnmächtig und erdrückt.

Indessen, noch einmal: Woher kommt diese Störung? Waren die Sensiblen schon in der Wiege, wie sie oft denken, dem Erdrücktwerden geweiht, durch eine angeborene Neigung zu schwachen Reaktionen? Oder sind im Gegenteil widrige Umstände ihres Lebens schuld an dieser Störung der Affektivität? Oder haben sich vielleicht die beiden Faktoren, der angeborene und der zufällige, teuflischerweise verschworen? – Ich glaube, ja.

Bekanntlich schrieb man zu Beginn dieses Jahrhunderts alle nervösen Störungen einer organischen Verletzung zu, mochte diese der wissenschaftlichen Forschung zugänglich sein oder nicht. Seither hat uns die analytische Schule die außerordentliche Bedeutung der zufälligen psychologischen Faktoren enthüllt, der in der Kindheit erlittenen Gemütserschütterungen, der Komplexe und Konflikte. Ich kann die Entstehung der schwachen Reaktionen hier nicht studieren, ohne den von den Psychoanalytikern aufgedeckten seelischen Vorgängen einen bedeutenden Platz einzuräumen. Allein es scheint mir jedoch auch, daß diese Männer, hingerissen von der Begeisterung über ihre Entdeckungen, einen Aspekt des Problems der Nervenkranken übersehen haben. Unzählige Kinder werden auf brutale Weise und vorzeitig geschlechtlich aufgeklärt, werden von einem Vater mißhandelt, der eifersüchtig ist auf die Liebe, die ihre Mutter ihnen entgegenbringt, oder werden von einem ungerechten Lehrer verfolgt, ohne deswegen der Neurose zu verfallen. Mehr noch, viele werden durch solche Schwierigkeiten im Gegenteil angespornt, abgehärtet. Ich habe das am Beispiel der beiden Schwestern gezeigt.

Wir sehen immer wieder Neurotiker, deren Krankheit auf in der Kindheit erlittene negative Suggestionen zurückzuführen ist; ihre Geschwister aber sind nicht krank. Ganz im Gegenteil, sie haben auf diese Eindrücke kräftig reagiert und sind eigenwillige und starke Persönlichkeiten geworden. Ich kenne ein Mädchen, dessen Geschichte nicht weniger tragisch ist als die unserer Patienten. Vor der Verheiratung ihrer Eltern geboren, war sie fremden Leuten anvertraut worden, die sie mißhandelt haben. Ganz unvermittelt nahmen ihre Eltern sie nach der Heirat wieder zu sich. Sie waren für das Kind nahezu Unbekannte; es fühlte sich gänzlich fremd in ihrem Haus. Bald begannen sich die Eltern zu streiten und gegenseitig zu betrügen. Das Kind hat heftige Auftritte miterlebt und ist oft bei den familiären Streitigkeiten zum Sündenbock gemacht worden, bis es dann zur Ehescheidung kam. Darauf lebte es abermals bei fremden Leuten, die es ausnützten. Endlich fand es in einer neuen Familie ein wenig Liebe, aber schon nach kurzem ließen auch diese Pflegeeltern sich scheiden! Der einzige Lichtschimmer, der ihm in seinem Leben aufgegangen war, verwandelte sich in einen zerstörenden Brand. Als junges Mädchen ward sie noch einmal von ihrer Mutter aufgenommen, die mit einem Geliebten zusammenlebte und sie alsbald aus Eifersucht verfolgte, weil dieser Liebhaber ihr zu sehr zugetan war. Ihr Vater hatte sich dem Trunk ergeben und konnte ihr keinerlei Hilfe gewähren.

Nun, dieses Mädchen hat sich durch so viel Elend keineswegs niederdrücken lassen, sondern ist dadurch vielmehr angespornt worden. Es hat auf starke Weise reagiert, ist noch ganz jung in die Fremde gereist, hat sich durchgeschlagen und einen guten Beruf erlernt. Erst zwanzigjährig, verdient sie sich selber ihren Lebensunterhalt. Gegen Aufdringliche weiß sie sich zu verteidigen, und sie hat große Pläne im Kopf. Sie will nunmehr reisen und möchte von mir beraten werden.

Es sind die Kranken, die zum Psychiater gehen. Wenn er daher in ihrer Kindheit seelische Erschütterungen entdeckt, sieht er darin die Ursache ihrer Neurose. Seltener jedoch hat er Gelegenheit, jene andern Menschen zu untersuchen, die Gleiches erlitten haben, ohne jedoch deswegen krank geworden zu sein.

Die seelischen Erschütterungen der Kindheit, in welchen die Psychoanalytiker die Ursache der Neurose sehen, haben mithin eine reale, aber nicht entscheidende Bedeutung. Es spielt noch ein anderer Faktor mit, der der Veranlagung, nämlich eben die psychosomatische Konstitution, die angeborene Empfänglichkeit für schwache Reaktionen. Folglich müssen wir, wie mich dünkt, nun nach den organ-pathologischen und den psychoanalytischen Theorien eine befriedigende Erklärung auf psychosomatischer Grundlage suchen. Der Nervenkranke fühlt sich unverstanden bei einem materialistisch eingestellten Arzt, der die bedeutende Rolle der seelischen Faktoren in der Entstehung seiner Krankheit verkennt, die ausgestandenen Leiden, die erlittenen Kränkungen, die Tyrannei, der er ausgesetzt war, die Gewissensbisse, die an ihm nagten, die Enttäuschungen, die er durchmachte. Aber er fühlt sich ebenso unverstanden, wenn der Arzt die Rolle des angeborenen Faktors verkennt; denn der Kranke selbst fühlt intuitiv, daß eine gewisse angeborene Disposition seiner körperlichen und seelischen Natur ihn dazu geführt hat, anders als seine Mitmenschen auf die Erschütterungen und Schwierigkeiten des Lebens zu reagieren, sich da erdrücken zu lassen, wo andere im Gegenteil angespornt worden wären.

Bei einer vom Leben erdrückten Frau zeigte die psychologische Analyse, welche Rolle in diesem Zusammenhang ihre Mutter, eine starke und edle Persönlichkeit, gespielt hat; sie beherrschte die Tochter und setzte sich ihren Neigungen und ihrer Berufswahl entgegen. Daher hatte die Tochter das Gefühl, von der Mutter gehemmt und an einem freien Leben gehindert zu werden. Aber als die Mutter starb, bewegte sie sich nicht freier und fühlte sich um nichts weniger erdrückt. Sie war von schwächlicher Konstitution; trotz vieler Anstrengungen konnte sie nicht zunehmen, und auch ihr Blutdruck erhöhte sich nicht, ihr Herz, ihr Darm, ihre neuralgischen Schmerzen konnten nicht geheilt werden.

Wenn man auch zum Verständnis der Neurose mit den Psychoanalytikern die Bedeutung der Zufälle der psychosexuellen (Freud), der psychosozialen (Adler) und der seelisch-geistigen (Jung) Entwicklung in Rechnung stellen muß, so können wir trotzdem nicht wie die genannten Autoren darin die einzige Ursache der Krankheit sehen. Damit die Krankheit zum Ausbruch kommt, braucht es noch eine gewisse Veranlagung zu schwachen Reaktionen, die mit dem psychosomatischen Temperament zusammenhängt.

Aber welches ist nun der beiderseitige Anteil der zwei ineinandergreifenden Faktoren? Was ist unabänderlich und was heilbar in ihrer Verkettung? Worin besteht endlich der angeborene Faktor? Dieser scheint mir psychosomatisch zu sein und beruht wahrscheinlich auf dem, was man heute Hemmungen nennt: körperlich gesehen, eine gewisse konstitutionelle Schwäche, vom psychologischen Standpunkt aus ein hoher Grad von Empfindlichkeit und Erregbarkeit. Diese beiden Merkmale, körperliche Schwäche und seelische Empfindlichkeit, finden sich bei allen Neurotikern, und ebenfalls bei den „Krankheiten der Schwachen" mit eher körperlicher Symptomatik wie die Tuberkulose. Ein anderer Beweis dafür, daß der Körper dabei seine Rolle spielt, ist die Tatsache, daß eine Neurose häufig nach einer Entbindung, einer Operation, einer Infektionskrankheit, nach einer Periode der Überanstrengung oder nach einer körperlichen Krise wie die der Pubertät oder der Wechseljahre ausbricht.

Was ist nun die wesentliche Ursache dieser körperlichen Schwäche? Wir wissen es nicht. Es scheint mir, die somatische Medizin habe uns den Schlüssel zu dieser

Frage noch nicht gegeben, vielleicht gerade weil sie zu analytisch und materialistisch war. Es ist übrigens sehr wohl möglich, daß die körperliche Schwäche und die seelische Empfindlichkeit ein und dieselbe Ursache haben, nämlich eine psychosomatische.

Es würde somit einen bestimmten, ursprünglichen und angeborenen Koeffizienten körperlicher Schwäche und seelischer Empfindlichkeit geben, der zu schwachen Reaktionen prädisponiert und durch diese noch vergrößert wird. Dieser letztgenannte Teufelskreis ist es, den wir uns mit unsern physischen und psychischen Heilmethoden zu brechen versuchen können, es ist dieser zusätzliche Koeffizient, den wir auszuschalten vermögen. Doch diese Patienten behalten ihr Temperament, ihren ursprünglichen, angeborenen Koeffizienten. Mit ihm müssen sie sich abfinden, ihn bei der Einrichtung ihres Lebens berücksichtigen. Denn wenn sie sich gegen ihre Natur auflehnen, wenn sie ihr trotzen, indem sie sich zu großen körperlichen Anstrengungen oder zu heftigen seelischen Belastungen aussetzen, werden alle Begleiterscheinungen der schwachen Reaktionen wieder auftauchen, für die sie prädisponiert bleiben. Aber wenn auch das Temperament schicksalhaft ist, wenn sie sich mit einer starken Empfindlichkeit abfinden müssen, so bedeutet das noch keineswegs, daß sie zum Erdrücktwerden verurteilt sind, wie sie den Eindruck haben. Es ist der Teufelskreis der schwachen Reaktionen, der ihnen diesen Eindruck verursachte, und wenn sie lernen, ihn zu durchbrechen, werden sie sich, wenn ich so sagen darf, wieder mit ihrer Empfindlichkeit versöhnen.

Was mich noch mehr bestimmt, an die Wichtigkeit des angeborenen, konstitutionellen Faktors bei der Empfindlichkeit zu glauben, das ist deren Vielgestaltigkeit. Im allgemeinen zeigen die Sensiblen eine verstärkte Empfindungsfähigkeit auf vielerlei Gebieten. Sie sind gleichzeitig empfindlich für Lärm, Kälte, Schmerz, Sympathie,

Schönheit, für die Natur, für Freuden wie für Kummer und Verdruß, für intellektuelle Probleme wie auch für sittliche und geistige Fragen. Gewiß spielen die Suggestion und die psychologischen Komplexe eine beträchtliche, jedoch selektive Rolle; sie steigern die Empfindlichkeit für diesen oder jenen Eindruck, für dieses oder jenes Gefühl, während der angeborene Koeffizient der Empfindlichkeit eher eine allgemeine Prädisposition begründet.

Liegt der Wert des Menschen
in seiner Stärke?

In einer scharfsinnigen Untersuchung über Angst, Panik und Politik behauptet Oscar Forel, der Mensch lehre seine Kinder „die Lebenskunst, sich die angeborene Angst nicht anmerken zu lassen, und gleichzeitig die Angst der andern auszubeuten". Ich für mein Teil glaube, daß jeder Mensch jederzeit frei, aus ursprünglicher Eingebung zu handeln vermag, daß hierin die wirkliche Lebenskunst und der Ursprung alles dessen liegt, was in der Geschichte fruchtbar gewesen ist. Aber ich räume ein, daß dies etwas sehr Seltenes ist und daß das Spiel der Gesellschaft in den überwiegenden Fällen durch den von Oscar Forel beschriebenen Mechanismus beherrscht wird. Die Angst regelt als unsichtbarer Orchesterdirigent das mehr oder weniger harmonische Zusammenspiel der starken und schwachen Reaktionen zwischen den Menschen. „Eine Angst", schrieb Frank Abauzit, „verleitet uns je nach den Umständen bald zu einer unechten Form von Toleranz, bald zur erbittertsten Intoleranz." Was er als „unechte Toleranz" bezeichnet, haben wir schwache Reaktionen genannt, dazu gehört, sich aus Schwachheit fügen, sich ohne Überzeugung unterwerfen, die Faust in der Tasche ballen. Was er „Intoleranz" nennt, sind die von uns geschilderten starken Reaktionen, der Widerspruchsgeist, die Engstirnigkeit unseres Denkens, die Hartnäckigkeit, unser Denken den andern aufzwingen zu wollen, aus Angst, sie möchten uns ihres aufzwingen.

Darin unterscheidet sich die menschliche Gesellschaft

nicht wesentlich von der der Affen. S. Zuckermann schildert das mehr oder weniger friedliche Gleichgewicht, das das Leben in einer Affenkolonie regelt, sobald sich eine feste Rangordnung der Kräfte oder, wenn man lieber will, der Ängste zwischen den einzelnen Tieren eingestellt hat. An der Spitze dieser Hierarchie steht das stärkste Männchen, dessen Oberherrschaft durch die Angst aller andern bestätigt wird. Sobald ein neues Tier zu dieser Gesellschaft stößt, erfolgt eine mehr oder weniger lange Periode der Unordnung, lebhafter Kämpfe, bis sich ein neues Gleichgewicht der Kräfte eingestellt hat.

Diese beiden Phasen finden wir in der menschlichen Gesellschaft wieder. In jeder beliebigen Gruppierung – Familie, Unternehmen, Gesellschaft, Volksgemeinschaft, internationale Organisationen – gibt es Perioden der Unbeständigkeit, wo das Spiel der wechselseitigen Reaktionen einen gewaltsamen Charakter annimmt: dramatische Ereignisse, Einschüchterungsversuche, Gewaltstreiche, Kriege, Flucht, Panik, Bestürzung. Aber das Verhältnis der Kräfte steuert darauf hin, sich in einem Scheinfrieden zu kristallisieren, der wiederum aus einem Zusammenspiel starker und schwacher Reaktionen besteht. Es entsteht dann so etwas wie eine wechselseitige Übereinstimmung; jeder spielt seine Rolle; er weicht vor dem zurück, den er als den Stärkeren anerkannt hat, und er beherrscht den, der schwächer ist. Es kommt zu Koalitionen, Bündnissen, Intrigen, verschleierten Kämpfen jeden Grades, wobei, wie man zu sagen pflegt, es immer die gleichen sind, die sich töten lassen.

Man unterscheidet die Starken von den Schwachen schließlich schon auf den ersten Blick: beispielsweise an der Art, wie sie sich in einen Lehnstuhl setzen, sich darin bequem niederlassen, wogegen die Schwachen sich ganz vorn auf die Kante setzen. Der Stärkere macht sich breit, läßt sich bedienen, redet ungezwungen, weiß seine Schwächen zu verbergen, seine Vorzüge zur Geltung zu bringing; er blufft im Bedarfsfall auf unmerkliche Weise. Aber selbst noch in den akademischen Reden, die er hält, merkt man leicht, daß er die andern belehren will, daß er bestrebt ist, sein Ansehen zu festigen. Der Schwächere macht sich klein, so als hätte er kein Recht auf einen Platz an der Sonne; er schweigt oder verleumdet sich selbst, er bewundert die andern und zweifelt an seinem eigenen Wert.

Wenn ich in einem Laden bin, gebe ich oft den nach mir eingetretenen Kunden den Vortritt, wenn der Verkäufer mich von sich aus nicht nach meinen Wünschen fragt. Letztes Jahr war ich im Ausland an einem Kongreß, und mein Wagen hatte eine Panne. Nach langem Zögern bat ich einen Freund, der ein Auto besaß, meinen Wagen abzuschleppen, aber ich mußte einen starken inneren Widerstand überwinden: Mein Herz klopfte bei dem Gedanken, diesen Freund von seinen Geschäften abzuhalten. Als ich mich am nächsten Tag in der Stille sammelte, erkannte ich, wie sehr dieser Widerwille, eine Gefälligkeit zu erbitten, mein ganzes Leben durchzog, wie sehr er es fälschte und mich hinderte, ein freier und einfacher Mensch zu sein, wie sehr er im letzten Grunde auf Angst und Stolz beruhte. Ein Freund war bei mir; ich beichtete ihm all dies und habe mit ihm gebetet, um Gott diese Angst und diesen Stolz hinzugeben.

So beruhen unsere schwachen Reaktionen ebenso wie unsere starken auf Hochmut. Eine meiner Patientinnen beschrieb in einer Allegorie die Gefühle ihres Herzens so, als wären es lauter Personen: die lauten und ungestümen Gäste, als da sind die Auflehnung, der Groll oder der Zweifel, die Betriebsamkeit, die so sehr dazu neigt, sich zu überarbeiten; oder der Glaube, ein armseliges Geschöpf, das trotzdem die Krankheiten, denen es zu erliegen drohte, überlebt. Sie kam dann auf ein „Zwillingspaar" zu sprechen: „die Schüchternheit und den Hochmut. Sie sahen sich so ähnlich, daß man sie verwechseln konnte... Und weil Herr Hochmut immer abgewiesen und verachtet wird, versucht er eine Täuschung, indem er die gleichen Kleider anzieht wie seine Schwester, die Schüchternheit..."

Man begreift nun jene seltsame Harmonie, die sich in jeder Gesellschaft zwischen den wechselseitigen Reaktionen aller ihrer Glieder herausbildet. In Wirklichkeit hegen wir alle in unseren Herzen sowohl zur selben Zeit wie auch im Hinblick auf dieselben Personen widersprüchliche Gefühle. Unter einer scheinbar brennenden Liebe kann sich ein Bedürfnis nach Herrschaft und Besitz verbergen, welches eigentlich Aggressivität ist. Durch Unterwürfigkeit kann man gewissermaßen eine Falle stellen: den Partner dazu treiben, das ihm vorgeworfene herrschsüchtige Verhalten zu manifestieren, um dadurch den mit der Unterwürfigkeit getarnten Groll zu nähren.

Die Pawlowsche Schule hat gezeigt, daß im Nervensystem jeder Erregungsherd um sich herum eine Zone der Hemmung erzeugt. In dieser Hinsicht verhält sich die Gesellschaft wie ein Organismus: Die starken Reaktionen der einen unterhalten die schwachen Reaktionen ihrer Nächsten und umgekehrt. Aber dieses ganze Zusammenspiel wird von den gleichen Faktoren bestimmt und läuft auf dasselbe Ergebnis hinaus. Solange unser Einfluß stark genug ist und die Angst der andern uns dazu ermutigt, verfolgen wir unser kleines diplomatisches Unternehmen mittels der starken Reaktionen; tritt aber plötzlich ein Wechsel im Verhältnis zu unsern Mitmenschen ein, so suchen wir das gleiche Ziel durch schwache Reaktionen zu erreichen.

Es kommt zu einer beständigen Wechselbeziehung zwischen dem Starken und dem Schwachen, zwischen dem Polizisten und dem Dieb. Nicht ohne Staunen erfuhr man kürzlich, als die französischen Zollbeamten bei Saint-Gingolph in den Streik traten, daß die Schmuggler beschlossen hatten, ihre Tätigkeit einzustellen. Sie waren wahrscheinlich aus der Fassung gebracht worden durch die Abwesenheit ihrer Gegner, die ja auch ihre Daseinsberechtigung bilden. Die Schwachen bedürfen der Starken. Wenn derjenige, der sie beherrscht, verschwindet, wird er rasch durch einen andern ersetzt, dem sie nun seinerseits vorwerfen, daß er sie an der Bekundung ihrer Persönlichkeit hindere. Die Starken bedürfen auch der Schwachen. Wenn die von ihrer selbstsüchtigen Mutter beherrschte Tochter einen Mann heiratet, der sie dem mütterlichen Einfluß entzieht, so fängt die Mutter an, ihren eigenen Mann zu tyrannisieren, und gebraucht ihn gleichsam als Brettstein in der Partie, die sie fortan gegen ihren Schwiegersohn spielt.

Wir sind so sehr daran gewöhnt, unsere Reaktionen als echte, vitale Bewegung anzusehen, daß wir diesen Mechanismus in Gang halten müssen, um uns die Illusion des Lebens zu geben. Wahrhaftes Handeln würde einen viel größeren Aufwand an schöpferischer Phantasie erfordern. Dies ist so wahr, daß man in manchen Familien zu einer stereotypen Szenenfolge gelangt, die sich mit unglaublicher Eintönigkeit wiederholt. *Er* beispielsweise erhebt stets denselben Einspruch wegen des Essens, das nicht rechtzeitig fertig ist. *Sie*, ihrerseits, spielt getreulich ihre festgelegte Rolle in dem Stück; denn trotz löblicher Anstrengungen ist sie nie zur Zeit fertig. Immer antwortet sie ihrem Mann mit den gleichen Vorwürfen wegen der Arbeit, die er ihr durch sträfliche Nachlässigkeiten bereitet. Immer auch wird er nach diesem ungewissen Anfang vom Zorn erfaßt wegen der Vorwürfe, die er doch sehr gut kennt, und sie flüchtet sich in schwache Reaktionen, indem sie sich für unverstanden und unglücklich erklärt und vom Davonlaufen redet. Von nun an erfolgt eine ganze Menge alter Angriffe und alter Anspielungen mit der gleichen Genauigkeit, als ob eine Schallplatte abliefe, bis zum Schlußeffekt, wo sie in Schluchzen ausbricht, so wie eine Geheimwaffe in einem unentschiedenen Krieg plötzlich erscheint. Allein die Waffe ist weniger geheim, als Sieger und Besiegte zu glauben scheinen, da man sie jedesmal ins Feld führt und beide Teile von Anfang an gar keinen andern Ausgang des Wortgefechts erwarten.

Es kristallisieren sich in manchen Familien und Gesellschaftsgruppen also nach und nach Paare von Beziehungen des Beherrschens und Unterwerfens heraus. Sobald aber ein neues Element hinzukommt, zeigt sich wiederum die unstabile Phase. Viele Theaterstücke sind nach diesem Schema aufgebaut: In eine erstarrte Gesellschaft, wo jeder die durch die Gewohnheit festgelegte konventionelle Rolle spielt, stürzt ein unerwartetes Ereignis oder ein nichts ahnender Schauspieler alles um. Dann erscheint jede der beteiligten Personen in einem neuen Licht. Ihre wahre Natur wird auf einmal offenbar. Auch die wahre menschliche Natur mit ihren Gewalttätigkeiten und Feigheiten; und alle die Lügen, auf die diese scheinbar gefestigte Sozialordnung aufgebaut war. Bei dieser Erschütterung erweisen sich jene, die Statisten zu sein schienen, als Rivalen.

So sehen wir, wie sich im Leben die Waffen der Starken gegen jene kehren, die sie gebrauchten. Die gleichen nervösen Reaktionen, womit sich eine Frau die Gewalt über ihren Mann sicherte, erweisen sich als unwirksam, wenn sie einmal wirklich krank und alt ist; die gleichen Klagen, womit sie ihren Mann fügsam machte, fallen ihm jetzt lästig, und sie erhält als Antwort nur einen Hagel von Vorwürfen, die ihre Niederlage beschleunigen. Dasselbe Machtwort, womit ein Vater jede Frechheit seines Sohnes unterbunden hat, solange dieser noch jung war, entfesselt dagegen seinen Aufruhr, wenn er heranwächst.

Bei richtigem Nachdenken merkt man, daß von allem Anfang an der Starke bereits vorausahnte, daß seine Stärke nicht immer fortdauern werde und daß er, um seinen Zusammenbruch möglichst lange hinauszuschieben, sich immer hartnäckiger in die starken Reaktionen verbissen hat, bis zu dem Tag, wo sie seinen Sturz herbeiführen. Dies ist das Schicksal aller Diktatoren; es gibt sie überall. Wie die Diktatoren beteuern diese Menschen übrigens ganz aufrichtig ihre Friedfertigkeit; solange sie allerdings unbestritten über ihre Umgebung herrschen konnten, haben sie darin für Frieden gesorgt, wie in der Affengesellschaft, von der ich weiter oben sprach. Und sie versichern unbefangen, der Friede würde noch lange gedauert haben, wenn nicht ein Unruhestifter erschienen wäre, der sich ihrem souveränen Willen widersetzte.

Es ist übrigens bei weitem nicht so, daß die Starken nur durch Einschüchterung herrschen. Oft geschieht es durch die Bewunderung, die sie erregen, durch den Einfluß ihrer Vollkommenheit. Und die gleiche Verkettung läuft auch in dieser andern Form ab: Nichts macht sie stärker, als wenn sie sich so als Vorbild genommen sehen. Selbst unsere schönsten geistigen Erfahrungen können uns zur beherrschenden Waffe dienen, wenn wir nicht auf der Hut sind. Sogar wenn wir von unsern Fehlern und der von Gott empfangenen Vergebung erzählen, können wir die schmeichelhafte Freude kosten, uns als Vorbild hinzustellen. Doch die bewundernde Ergebenheit ist nicht fruchtbar. So sehen wir oft eine von ihrem Gatten geliebte und bewunderte Frau, die dieser gleichwohl flieht, weil er sich ihr nicht ebenbürtig fühlt.

Die Menschen lassen sich, je nach ihrer Denkart zwischen zwei extreme Pole einordnen: von den Einfachsten bis zu den Komplexesten. Nun, die Einfachen sind im allgemeinen Starke und die Komplexen Schwache. Ein Arzt mit einfacher Mentalität, ja mit vereinfachendem, schematischem Denken ist zum Beispiel voller Zuversicht. Er stellt seine Diagnose rasch und ohne zu zögern, er schreibt selbstbewußt eine Behandlung vor, zweifelt nicht am Erfolg und erweist seinem Patienten eine große Wohltat, indem er ihm sein Vertrauen vermittelt, selbst wenn er sich täuscht. Der komplexe Arzt hingegen mit dem feinen nuancierten Denken zögert; er sieht alle Einwände, die man gegen jede Diagnose erheben könnte. Er verschiebt seine Schlußfolgerungen ständig auf später, wartet ab, bis er den Lauf der Entwicklung sieht, sagt vorsichtig: „Wir könnten diese oder jene Behandlung versuchen, aber ihr Erfolg ist recht zweifelhaft!" Doch auch dieser Arzt kann Gutes wirken, durch seine Aufrichtigkeit. Es gibt Patienten, die bei ihrem Arzt vor allem die beruhigende Hilfe des Starken suchen; andere wieder suchen bei ihm das tröstliche Verständnis des Schwachen.

In geistigen Dingen finden wir die beiden Menschentypen, den einfachen und den komplexen, auch wieder. Für den ersteren gibt es keine Geheimnisse. Mit Selbstsicherheit legt er alles dar, was Gott und die Theologie betrifft. Es gibt nur eine Wahrheit, die er mühelos beweist. Er belehrt den zweiten; in der löblichen Absicht, ihn zu retten, empfiehlt er ihm, sein System und sein Glaubensbekenntnis anzunehmen. Doch dieser ist zu sehr von dem Gefühl des undurchdringlichen Mysteriums der Göttlichen Dinge erfüllt, um einwilligen zu können; und schließlich kommen ihm Zweifel, ob er überhaupt den Glauben habe.

Auf solche Weise führen diese wechselseitigen Beziehungen dazu, die Schwachen zu schwächen und die Starken zu stärken. Je ärmer und elender die Schwachen sich fühlen, um so eifriger suchen sie bei jedermann Rat und Hilfe. Die Starken geben ihnen das gerne; denn es ist immer schmeichelhaft, jemandem sagen zu können, wie man sich am besten zu verhalten hat. Diese Starken haben eben einen natürlichen Optimismus, der sie selbstsicher macht; sie haben den Weg zum Glück gefunden und geben das Geheimnis nun weiter. Wenn aber der Schwache mit seiner natürlichen Neigung zum Zweifel ihr Rezept anwenden will, so scheitert er. Dieser Mißerfolg verschlimmert wiederum seinen Zweifel, seine Verwirrung und sein Gefühl, schwach zu sein, während die andern stark seien. Doch das Merkwürdigste ist, wie oft die Minderwertigkeitsgefühle zwischen den Menschen auf Gegenseitigkeit beruhen. Als ich einem meiner Freunde gestand, wie sehr ich ihm gegenüber davon erfüllt sei, lachte er und sagte: „Wenn du wüßtest, wie viele ich selbst dir gegenüber habe!"

Oft findet man diese Wechselseitigkeit bei Ehegatten. Die Frau fühlt sich erbärmlich von ihrem so logisch denkenden Mann, der alles erklärt, alles beweist; und der Mann beneidet seine Frau um ihre Intuition und ihre Feinfühligkeit, die ihr geistige Bereiche eröffnen, in denen er sich verwirrt fühlt, so daß er sich hinter sein logisches System verschanzt. Der Mann trägt eine solche Verachtung der Schwachen zur Schau, daß seine Frau sich überarbeitet und sich selbst übertrifft, ohne zu merken, daß die stoische Philosophie ihres Gatten die Gewissensbisse verschleiert, die er darüber empfindet, daß er seinen Leidenschaften heimlich nachgibt.

Daher beobachtet man oft eine Art Rennen in die Baisse, eine wechselseitige Verkettung schwacher Reaktionen. Zwei Ehegatten, alle beide schwach, überbieten sich, wenn ich so sagen darf, in schwachen Reaktionen; sie schwärzen sich gegenseitig an. Ihre Angst nimmt zu, indem einer sie auf den andern zurückstrahlt, und sie werfen einander vor, am andern nicht die Stütze zu haben, die sie beide suchen.

Ich habe jedoch auch gezeigt, daß die starken Reaktionen immer ein Panzer sind, hinter dem wir unsere Schwächen verbergen. Daher muß ich nach dieser Baisse-Bewegung nun auch die Hausse-Bewegung schildern: Obwohl anscheinend entgegengesetzt, sind sie in Wirklichkeit einander so ähnlich, daß man sie nicht immer voneinander unterscheiden kann. Um seine Lücken zu verdecken, belehrt jeder der Ehegatten den andern in den Dingen, wo er sich stark fühlt. Daher trifft jeder den andern in seinem schwachen Punkt und verletzt ihn, so daß dieser auf gleiche Weise den Hieb zurückgibt. Selbst ohne offensichtlichen Konflikt treibt das die Ehegatten in immer größeren Gegensatz zueinander, was für beide ein Unglück bedeutet. Zeigt sich die Frau furchtsam, so spielt der Mann den Unerschrockenen; und je mehr er seine Sorgen verbirgt, um so ängstlicher wird seine Frau. Redet der Mann von Sparsamkeit, so hat seine Frau ein heftiges Verlangen nach Verschwendung; und je mehr sie ausgibt, desto mehr predigt ihr der Mann von Sparsamkeit. Je mehr die Frau redet, desto schweigsamer wird der Mann; und je mehr er schweigt, um so mehr redet die Frau, um damit die unerträgliche Stille auszufüllen. Je mehr die Frau ihren Glauben betont, desto mehr verbirgt ihr Gatte seine Überzeugungen; und je mehr er sie verbirgt, desto mehr möchte ihn die Frau zum Glauben bringen. Je mehr die Frau dem Mann bei seiner Arbeit helfen will, desto mehr entzieht sich dieser, gedemütigt, seiner Verantwortung, und je mehr er seine Arbeit flieht, desto mehr muß sie alles in die Hand nehmen, um das Unternehmen zu retten. Jeder sieht das, was in seinem eigenen Verhalten richtig ist und rühmt sich dessen, um sich selbst zu beruhigen; jeder stellt die Fehler der Gegenseite an den Pranger. Und das verewigt und verschlimmert den Gegensatz, solange keine innere Umkehr erfolgt. Manchmal kann nur noch ein tragisches Ereignis wie der Tod eines Kindes den Teufelskreis durchbrechen und die beiden Gatten einander wieder näherbringen.

All das führt oft zu eigentlichen gegenseitigen Grausamkeiten, selbst unter Ehegatten, die sich lieben.

Was wir soeben betrachtet haben, wirft ein besonderes Licht auf den Verlauf der Geschichte. Nehmen wir noch einmal die Affengesellschaft von Zuckermann: Die Angst bestimmt das Gleichgewicht der Kräfte innerhalb der Kolonie: Die Angst aller bestätigt die Macht des Stärksten. Sie gewährleistet auch den Zusammenhang der Gruppe, wovon jedes Glied einen Schutz im Schatten dieser kollektiven, durch den Stärksten verkörperten Macht sucht.

In der menschlichen Gesellschaft finden wir diese zweifache Wirkung der Angst wieder, die auf eine Konzentrierung und Zentralisierung abzielt, sowie darauf, innerhalb dieser Gesellschaft immer größere und mächtigere Gruppen in stets kleinerer Zahl herauszubilden, die zuletzt zwangsläufig in titanischen Kriegen aneinandergeraten.

So haben die zahllosen, kleinen, mittelalterlichen Feudalherren nach und nach den großen zentralisierten Staaten der Neuzeit Platz gemacht. Der Staat strebt nun danach, jene oberste Macht der Gruppe zu werden, unter deren Fittichen jeder einzelne in seiner Schwachheit Zuflucht sucht. Darin liegt, wie ich glaube, die Erklärung für die moderne Verstaatlichung. Trotz aller Klagen über den Staat trägt jedes Individuum dazu bei, dessen Macht noch zu verstärken; denn es sucht in ihr einen Schutz gegen die Angst. Aber jeder ahnt auch, daß dieser Wettlauf um die Macht mit einer Katastrophe enden wird: Durch diese Entwicklung werden nämlich die sich gegenüberstehenden Mächte immer weniger an Zahl, während ihre Stärke beständig zunimmt, so daß ihr Zusammenstoß immer unvermeidlicher wird. Dieser Zwangslauf wird durch die Angst noch verstärkt und beschleunigt. Und wenn kein Eingreifen des Geistes erfolgt, steuert die Menschheit darauf hin, sich schließlich in zwei Mächtegruppen aufzuspalten, die letzten Endes aufeinanderprallen müssen.

Diese Bewegung kehrt in der Geschichte periodisch wieder. Ich bin nicht zuständig genug, um das Ergebnis davon in jedem einzelnen Fall zu untersuchen. Aber manchmal, wie beim Zusammenbruch des gigantischen Römischen Reiches, endet sie in einer neuerlichen Zersplitterung der Macht.

Auf Grund des Phänomens der Rationalisierung neigt jede Epoche dazu, in einer Philosophie auszudrücken, was sie unter dem Drang ihrer Gefühle erlebt. Es sind die Gefühle, von denen sich die Völker wie die Individuen leiten lassen. Die Angst ist die treibende Kraft in Politik,

Wirtschaft und Kultur. Sie spielt dieselbe Rolle in der Entwicklung der Gesellschaft wie in jener der Individuen. Und dennoch stellt man uns die Gesellschaft und die Geschichte ständig so dar, als wären sie durch materielle und objektive Wirklichkeiten bestimmt.

Der moderne Mythos der Macht, dessen Hauptverkünder Nietzsche war und von dem ich in meinem Buch „Der Zwiespalt des modernen Menschen" gesprochen habe, ist der philosophische Ausdruck dieses Wettlaufs nach der Machtkonzentrierung, dessen seelischen Ursprung wir hier untersuchen. Aber ihrerseits verleiht diese Lehre der Bewegung Nachdruck, indem sie den Menschen einredet, die Macht sei der höchste Wert. An die Stelle der menschlichen Person, des Schutzes der Schwachen, der Nächstenliebe, der vom Christentum verkündigten Notwendigkeit eines göttlichen Heils setzt unser Zeitalter den Kult des Staates, die Anbetung der Kraft, die Erdrückung des Schwachen im Kampf ums Dasein und das Vertrauen in die Größe des Menschen, „der Stufe um Stufe des Fortschritts und der Macht erklimmt".

Und dies gibt dem Problem der Starken und der Schwachen heute seine äußerste Dringlichkeit. Wir leben in einer trügerischen Philosophie, die den Starken schmeichelt und die Schwachen verachtet; die vortäuscht, zu glauben, das Heil liege im Sieg des Starken über den Schwachen; die vor der großen Herzensnot des Menschen die Augen schließt; die die Starken in ihren gefährlichen starken Reaktionen ermutigt; die die Schwachen in ihre verderblichen schwachen Reaktionen hineintreibt.

Die heutige Welt ist erbarmungslos gegen die Schwachen; der Arzt hat den nötigen Einblick, um das festzustellen. Aber das Schauspiel ihrer ungerechten Erdrückung ist so alltäglich, daß der Arzt es schließlich als ein unerbittliches Gesetz betrachtet, statt darin den schrecklichen Fluch unseres Zeitalters zu sehen. Er verzichtet schließlich darauf, sich zu entrüsten, zu protestieren, die moderne Ungerechtigkeit anzuprangern, die Schwachen zu verteidigen; zum Schluß wird er ihnen sagen: „Was wollen Sie? Die Welt ist ungerecht. Werden Sie selbst stark und wehren Sie sich, indem Sie auf die andern losschlagen!"

Ist diese Wertschätzung der Starken, diese Verachtung der Schwachen berechtigt? Ist sie von einem rein praktischen Standpunkt aus auch nur nützlich für die Gesellschaft? Liegt der Wert des Menschen in seiner Kraft, in seiner Fähigkeit, im Leben die Ellenbogen zu gebrauchen, vorwärts zu kommen, sich zu verteidigen, Eindruck zu machen, zu herrschen? Das sind die Fragen, die uns beschäftigen.

Was den Wert eines Menschen ausmacht, ist seine Übereinstimmung mit Gott. Der Wert seines Denkens, Fühlens, Handelns bemißt sich danach, wie sehr sie von Gott inspiriert sind, wie sehr es Gottes Denken, Fühlen, Handeln ist, das sie zum Ausdruck bringen. Manchmal ist es die Macht Gottes, die sich im Wagemut eines Menschen manifestiert, in der Autorität seines Wortes, in der Kraft seines Handelns. Manchmal erkennen wir aber auch Gottes Zärtlichkeit im Herzen eines schwachen Wesens, entdecken wir sein schöpferisches Leiden in einer gequälten Seele. Denken wir daran, was Elias, dieser Riese an Tatkraft, erlebte, als er in der Wüste erschöpft und entmutigt begriff, daß Gott sich mehr noch in einem Säuseln als im Sturm offenbart.

Nun, unsere ganze Zivilisation suggeriert uns eine falsche Rangordnung der Werte; sie gibt allem, was stark ist, einen positiven und allem, was schwach ist, einen negativen Wert. Es gilt als Schande, schwach, empfindlich, bedauernswert, zärtlich zu sein.

Was unsere moderne Menschheit braucht, um der Katastrophe zu entgehen, zu der sie die rationelle und technische Zivilisation führt, das sind eben jene Eigenschaften des Herzens, des Gewissens, des Gefühls, der Empfindsamkeit, der Schönheit und der Intuition, die verdrängt auf dem Grund der von dieser Zivilisation verachteten Seelen schlummern.

Es gibt da wirklich „eingefrorene Guthaben". Anstatt sie rasch zu mobilisieren, läßt man sie in zerbrochenen Existenzen eingeschlossen brachliegen, Existenzen, die als „Schwache" abgestempelt zur Ausschußware gerechnet werden. Man ignoriert, wessen sie fähig wären, wenn man ihnen Vertrauen schenkte; man bemißt die Menschen nur nach dem, als was sie erscheinen. Recht bezeichnend in dieser Hinsicht ist J. P. Sartres Ausspruch: „Es gibt keine andere Liebe, als jene, die verwirklicht wird; es gibt keine andere Möglichkeit der Liebe als jene, sich in einer Liebe zu manifestieren; es gibt kein anderes Genie als jenes, das sich in Kunstwerken ausdrückt...Racines Genie, das ist die Reihe seiner Tragödien, außerdem ist nichts vorhanden."

Man kann jene innere, noch ungeformte und geheimnisvolle Wirklichkeit, aus der all das hervorgeht, was wir Fruchtbares zu schaffen vermögen, nicht unverhohlener leugnen. Bevor wir irgend etwas schreiben, tragen wir es in uns, schmerzvoll, wie einen unfaßbaren Traum, der nicht Gestalt annehmen kann. Und die Erregung, die diesen inneren Taumel begleitet, lähmt uns zwar, sie ist aber gleichwohl notwendig. „Schöpfung", schreibt Bergson, „bedeutet vor allem Erregung."

Wir brauchen Vertrauen, um diese Erregung zu meistern und um sie nutzbar zu machen. Und eben dieses Vertrauen nimmt man den Erregbaren, wenn man ihnen ihre Erregbarkeit als ein Zeichen von Schwäche vorwirft.

Und die Liebe, die wir zu geben vermögen, ist nur ein matter Widerschein dieses Bedürfnisses zu lieben, das uns verzehrt und sich nicht ausdrücken kann. Ich werde den Ton nie vergessen, in dem einer meiner Kollegen zu mir sagte: „Ich möchte meiner Mutter so gerne meine Liebe bezeugen und bringe es nicht fertig. Wenn ich bei ihr bin, fühle ich mich gelähmt. Ich könnte mich ohrfeigen, wenn ich sie verlasse. Es ist so qualvoll, daß ich zögere, sie zu besuchen."

In unserem rationalistischen Jahrhundert hat uns Bergson daran erinnert, daß die Intuition die fruchtbarste Form des Geistes ist. Nun, wir finden unter unsern Patienten – den Schwachen – stark intuitiv begabte. Und auffallenderweise betrachten sie diese Gabe, statt stolz darauf zu sein, als einen Fluch; statt sie zu nutzen, verdrängen sie diese und schämen sich ihrer.

Zwar gestaltet die Intuition das Verhältnis zu unsern Mitmenschen schwieriger. Der Intuitive bemerkt an seinem Gesprächspartner die geringste, gegen ihn gerichtete Regung der Abwehr, der Kritik, der Ironie oder Verachtung, sogar wenn sie unbewußt ist. Deswegen ist die Behandlung der Nervösen eine wunderbare Schule der Aufrichtigkeit! Hege ich die geringste Ungeduld einem von ihnen gegenüber – Ungeduld, die ich automatisch verdränge, wegen meiner bewußten Sorge um ihn –, so merkt er es, und alles ist verloren. Wenn er genügend Vertrauen in mich hat, wagt er mir zu sagen, was ihn an meiner Haltung verletzt hat. Und wenn ich mich ehrlich prüfe, erkenne ich, daß sein Vorwurf begründet ist. Dieses Bekenntnis stellt die Gemeinschaft zwischen uns wieder her. Wenn ich aber aus Unwillen, bei einem Fehler ertappt worden zu sein, mich verteidigen und diese verborgene Gereiztheit, deren ich mir nicht einmal bewußt war, ableugnen wollte, so wäre alles in Frage gestellt.

Vergessen wir auch nicht, in welchem Maß unsere ganze Weltauffassung, sogar die rein wissenschaftliche, letzten Endes vom subjektiven Zeugnis unserer Sinne und unserer Intuition abhängt, so daß wir keinen entscheidenden Beweis für ihre Realität besitzen. Wir werden dann die ständige und verwirrende Unsicherheit ermessen, in der die Menschen mit starker Phantasie leben, bei welchen die „Funktion des Wirklichen" sich verwischt. Sie glauben, was sie fürchten und was sie wünschen. Sie sagen, was sie glauben. Man beschuldigt sie dann der Lügenhaftigkeit, und das verschlimmert ihre Verwirrung.

„Uns westlichen Menschen", schreibt Alexis Carrel, „scheint die Vernunft der Intuition hoch überlegen zu sein. Wir stellen die Intelligenz weit über das Gefühl. Die Wissenschaft erstrahlt in hellem Licht, während die Religion am Erlöschen ist. Wir folgen Descartes und wenden uns von Pascal ab. Daher suchen wir in uns zuerst die Intelligenz zu entwickeln. Was die nicht intellektuellen Aktivitäten des Geistes anbelangt, als da sind, der Sinn für das Sittliche, für das Schöne und hauptsächlich für das Heilige, sie werden fast vollständig vernachlässigt."

Aber diese falsche Rangordnung der Werte, die unserer rationalen und realistischen Zivilisation zur Richtschnur dient, ist für die Starken nicht weniger gefährlich. Um stark zu bleiben, verdrängen sie alles, was die ihrer menschlichen Natur anhaftende Schwäche verraten könnte: ihr Liebesbedürfnis, ihre metaphysische Angst, ihre künstlerische Feinfühligkeit, ihre Gewissensbisse und ihre Sehnsucht nach Gott. „Ich verabscheue die Schwäche", schrieb mir eine junge Frau, „weil ich selbst so schwach bin."

Die Starken haben gelernt, im Spiel des Lebens eine Karte auszuspielen, um zum Erfolg zu gelangen; und sie werden die Gefangenen dieses Spiels. Um stark zu sein, muß man auch das Leben vereinfachen, man muß die Augen vor seiner verwirrenden Vielfalt schließen. So werden die Starken leicht zu Gefangenen ihres Systemgeistes und einer vereinfachenden Philosophie, wodurch sie schließlich abgestumpft werden und sich dem Leben entfremden.

Von Erfolg zu Erfolg schreitend, halten sie sich leicht für besser als die andern, namentlich für besser als jene Schwachen, die sich von Gott verworfen glauben. Sie halten ihre Erfolge, selbst die ungerechten, leicht für ein schmeichelhaftes Zeichen des göttlichen Segens. Und das beraubt sie der fruchtbarsten Erfahrung, die man in dieser Welt machen kann, der geistigen Erfahrung, zu der man nur über die Reue gelangen kann. Ich könnte hier eine große Zahl meiner Patienten anführen, die jahrelang mit Glück und Erfolg überhäuft worden sind und die gleichwohl eines Tages die Prüfung segneten, in der sie den lebendigen Glauben gefunden haben. Eine von ihnen schrieb mir, wie sehr sie sich nun dem Heile näher fühle, jetzt da sie ein volles Bewußtsein ihrer Irrungen hat, als zu der Zeit, da sie ihr Leben in Ordnung wähnte. Eine andere entdeckte, daß sie im ehelichen Glück der ersten Jahre nach ihrer Verheiratung Gott preisgegeben hatte. Ihr Mann war an seine Stelle getreten. Es bedurfte eines schmerzlichen Ehekonflikts, damit sie zu Gott zurückfand.

Wie leicht lassen wir uns doch durch Illusionen berauschen, wenn uns alles anlächelt! Das hat sich in der Welt des 19. Jahrhunderts ereignet. In der Euphorie dieser harmlosen Epoche wissenschaftlicher und technischer Errungenschaften hat ein Hauch von Optimismus den Menschen angeweht: Er hielt sich nicht nur für gelehrter und reicher, sondern auch für besser, glaubte sich fortan gefeit gegen die gemeine Barbarei. Ach, man hat seither seine Ansprüche herabschrauben und mit Bestürzung von neuem entdecken müssen, welcher Verbrechen der Mensch unter Umständen fähig ist, wenn die Gesellschaft keinen heilsamen Zwang mehr auf ihn ausübt! Aber wie rasch sind wir bereit, es zu vergessen, die Augen zu schließen vor der menschlichen Verdorbenheit und unserer eigenen! Die Achtung, die die Menschen uns bezeugen, wenn wir stark sind, ersetzt uns das gute Gewissen.

Diese körperliche Kraft, die uns Achtung einträgt, was ist sie selbst wert? Hat unsere seelische oder intellektuelle Kraft, selbst unsere sittliche Kraft größeren Wert, vom Standpunkt unserer wahren Bestimmung aus gesehen? Ich will mich nicht durch meine Feder zur Paradoxie und zur Übertreibung hinreißen lassen. Wenn ich eben versucht habe, die Schwachen zu rehabilitieren, so will ich jetzt die Starken nicht verleumden. Oh, gewiß, diese haben es nicht nötig, daß ich sie verteidige. Aber die Kraft kann auch eine Gabe sein, die Gott gewissen Menschen zur Verteidigung des Guten und der Gerechtigkeit anvertraut. Ihre Muskelkraft, die Macht ihres Denkens und ihrer Phantasie, ihre sittliche Autorität und ihre Selbstbeherrschung haben wie die Intuition und Feinfühligkeit der Schwachen einen ungeheuren Wert, wenn sie von Gott geleitet werden.

Was ich hier verfechte, ist lediglich dies: Des Menschen Würde kommt weder aus seiner Kraft noch aus seiner Schwachheit an sich, sondern aus dem Gebrauch, den er für oder gegen Gott davon macht. Kraft und Schwachheit sind nur natürliche Gegebenheiten, neutral wie alles, was von der Natur kommt; Gegebenheiten, deren jede ihre Gefahren und ihre Vorzüge, ihre guten und ihre schlimmen Möglichkeiten enthält.

Das Unglück ist, daß diese natürlichen Unterschiede die Menschen voneinander trennen und in Gegensatz zueinander bringen. Im allgemeinen sind wir für den einen ein Starker und für den andern ein Schwacher. Und diese Unterschiedlichkeit fälscht unsere Beziehung zu ihnen. Und wer in einer Gesellschaft der Stärkste von allen wird, befindet sich in der größten Gefahr. Seine Stärke trennt ihn von allen. Er ist furchtbar einsam. So sah ich mit Ehre und Achtung überhäufte Männer, vor denen alle Welt sich verneigte, in meinem Sprechzimmer weinen und die moralische Einsamkeit beklagen, zu der solch allgemeine Ehrerbietung sie verurteilte! Stärke und Schwäche sind Panzer, die die Person verdecken und die Gemeinschaft verhindern. Das ist der tragische Aspekt des großen Problems der Starken und der Schwachen: Man kann sowohl durch die Bewunderung wie durch die Verachtung isoliert werden, durch die Angst, die man einflößt, wie durch die

Angst, die man empfindet. „Der Neid auf der einen, die Angst auf der andern Seite lassen allen lebendigen Austausch versiegen", schrieb Gustave Thibon. „Der Mensch...sucht den Mitmenschen, der ihn flieht, und flieht, ohne es zu wissen, den Menschen, der ihn auch sucht", schreibt Jean de Rougemont.

So scheinen die schwachen Reaktionen und die starken einander vollkommen entgegengesetzt zu sein, und dennoch gehören sie derselben Ordnung an, der Ordnung der natürlichen Mechanismen. Ihnen vollkommen entgegengesetzt ist die geistige Erfahrung, die von diesen Mechanismen befreit. „Die Antwort ist die Wandlung des Herzens", schreibt Peter Howard.

In Wirklichkeit sind wir alle schwach und elend. Wir alle sind arme Teufel. Wir mögen optimistisch oder pessimistisch sein, intuitiv oder rational, zuversichtlich oder geängstigt, wenn man auf das Herz sieht, und nicht auf den äußeren Schein, so sind wir alle gleich. Das ist die Botschaft der Bibel selbst. Diese Botschaft kann die Sensiblen von ihren erdrückenden Minderwertigkeitsgefühlen heilen.

Wir sind alle gleich in der Sünde und der moralischen Hilfsigkeit. Der Formalismus teilt die Leute in Starke und Schwache ein. Der Formalismus beurteilt die Menschen nach ihrer gesellschaftlichen Fassade, während das Evangelium auf das Herz sieht. Jene trügerische Einteilung wird gerade von all jenen befürwortet und gefördert, die stark erscheinen wollen, um sich selbst und den andern ihre heimliche Schwachheit zu verbergen. Wir können unsere Siege und unsere Erfahrungen launig zum besten geben, mit unserm Erfolg in der Gesellschaft großtun, die Vorzüglichkeit unseres philosophischen, theologischen oder soziologischen Systems verkünden und den andern das Geheimnis des Glücks und der Tugend beibringen wollen; es geschieht zu unserer eigenen Beruhigung. Ein System, dessen Zuverlässigkeit man mit Vorliebe zu beweisen sucht, ist wie eine Hütte, in der man Sicherheit sucht.

Aber wir wissen wohl, daß uns neben unsern Erfolgen Niederlagen beschert waren und daß keine Lehre, noch Erfahrung uns davor bewahren konnte. Und je mehr wir im christlichen Lebenswandel vorwärtskommen, desto mehr werden wir uns unserer Sündhaftigkeit bewußt. Es ist jedesmal, als ob man wieder ein Gewicht auf die eine Waagschale legte, und jedesmal bedarf es in der andern Schale einer neuen Gnade, um das Gleichgewicht wieder herzustellen. Aber immer bleibt dies Gleichgewicht unbeständig, und ein Quentchen genügt, um es in Frage zu stellen: Kleinmut und Zweifel lauern vor der Türe. Dann sind wir versucht, die Augen vor solchen Mißerfolgen zu verschließen, uns wieder der Methode der starken Deckreaktionen zuzuwenden, und das um so mehr, je weiter wir im geistlichen Leben fortgeschritten zu sein glaubten. Aber das würde uns auch der Gnade berauben, die allein das Gleichgewicht wieder herstellen kann.

So gibt es also nicht, wie die Welt glaubt, Schwache auf der einen Seite und Starke auf der andern. Es gibt einerseits Schwache, die sich ihrer Schwachheit bewußt sind, die um die Eitelkeit aller psychologischen Kompensationen wissen und die letztlich nur auf die Gnade Gottes zählen; und es gibt andererseits Schwache, die an den Wert ihrer starken Reaktionen, ihrer Lehren, ihrer Erfolge und ihrer Tugenden glauben.

Kann die Psychologie unseren Glauben verändern?

Eine wichtige Frage hat sich wahrscheinlich dem Leser aufgedrängt: Ist es gerechtfertigt, auf diese Weise die christliche Haltung nicht nur den starken Reaktionen, sondern auch den schwachen gegenüberzustellen? Nicht nur dem Haß, der Aggressivität und der Rache, sondern auch der Entsagung, der Aufopferung und der Vergebung? Werden die schwachen Reaktionen nicht durch das Christentum und seine Predigt des Nicht-Widerstehens gerechtfertigt? Es gibt im Leben unvermeidliche Konflikte zwischen den einzelnen Menschen; nun, wir können dem, der uns schlägt, Hieb mit Hieb vergelten oder seine Schläge hinnehmen; wir können Gerechtigkeit fordern von dem, der uns ungerecht behandelt, oder ihm nachgeben; wir können dem widerstehen, der uns seinen Willen aufzwingen möchte, oder ihm gehorchen. Geht es da nicht buchstäblich um starke und schwache Reaktionen? Ruft uns Jesus Christus nicht gerade dazu auf, unter allen Umständen die schwachen zu wählen?

Sind nicht die Worte der Bergpredigt in dieser Hinsicht von einer unwiderlegbaren Deutlichkeit? „Ich aber sage euch, daß ihr nicht widerstehen sollt dem Übel; sondern wenn dir jemand einen Streich gibt auf deine rechte Backe, dem biete die andere auch dar. Und wenn jemand mit dir rechten will und deinen Rock nehmen, dem laß auch den Mantel. Und wenn dich jemand nötigt eine Meile, so gehe mit ihm zwei (Matthäus 5,39–41).

Wir können diesen ernsthaften Fragen nicht ausweichen. Sie bilden den Kern der Debatte, in der sich die Psychoanalytiker der Freudschen Richtung und die Christen gegenüberstehen. Diese Psychoanalytiker haben eine Lehre der Aggressivität formuliert, die sich gegen die christliche Lehre richtet. Alle Symptome der Neurotiker, sagen sie, all das, was wir als schwache Reaktionen bezeichneten, beruhen auf einer Verdrängung ihrer natürlichen Aggressivität, des Lebenswillens und des Entwicklungsdranges des Individuums, seiner Libido. Und verantwortlich für diese Verdrängung sind der gesellschaftliche Zwang, die herkömmliche Moral, ganz besonders aber die christliche Kirche.

Die Debatte ist also ernster Natur. Die Mehrzahl der Christen entziehen sich ihr durch Kompromisse. Sie denken, die von ihrer Kirche gepredigte Widerstandslosigkeit sei ein schönes Ideal, aber in Wirklichkeit unanwendbar. Sie versuchen dann so mild, so ehrlich, so uneigennützig, so wohlwollend wie möglich zu sein, halten jedoch auf diesem Weg ein richtiges Maß ein. Wenn es nötig ist, verteidigen sie sich; sie erklären die Lügen im gesellschaftlichen Leben für unerläßlich. Fragt man sie, ob sie Christen seien, erlaubt ihnen ihr Gewissen nicht mit „ja" zu antworten; sie sagen: „Ich versuche es zu sein." Sie vermeiden es, sich zu oft in der Kirche zu zeigen, aus Angst, man könnte sie anklagen, daß sie einen Glauben heuchlerisch zur Schau tragen, den sie in seiner ganzen Strenge nicht anwenden.

Natürlich führt dieser Weg des Kompromisses zu keiner Lösung; er läßt das Unbehagen weiterbestehen. Die von den Psychoanalytikern aufgeworfene Streitfrage ist schwerwiegend. Wir können ihr nicht ausweichen. Auch reicht sie offensichtlich über das medizinische Gebiet und die Lage der Neurotiker hinaus; sie betrifft unsere gesamte Haltung, wie wir sie Tag für Tag in der Gesellschaft einnehmen. Die Antwort muß auf die Bibel ausgerichtet und mit ihr in Einklang sein, geeignet, einer Sozialethik als Grundlage zu dienen.

Das will ich nun hier versuchen zu tun, indem ich den gefährlichen Irrtum anprangere, den man begeht, wenn man die schwachen Reaktionen mit der christlichen Moral verwechselt. Diese Verwechslung geschieht fortwährend, sowohl durch Christen wie durch Ungläubige. Es gibt in der Bibel jene Mahnung zur Widerstandslosigkeit, die ich soeben zitiert habe. Aber es gibt darin auch eine ganzheitliche Lehre vom Menschen, der man sich ebenso wenig entziehen darf. Überall begegnen wir in der Bibel Menschen, die, gestärkt durch den inneren Ruf, den Gott an sie richtet, es wagen, sich selbst zu bejahen, den Mächtigen die Stirne zu bieten, ihre Botschaft zu verkünddigen, ihre Überzeugung zu verteidigen. Christus selbst hat nicht gezögert, die Geißel zu ergreifen. Und als er in Gethsemane das Kreuz auf sich nahm, tat er es, weil es Gottes Wille war, und nicht, weil er nicht gewagt hätte, sich zu verteidigen.

Hier liegt der ganze Unterschied. Der Sieg von Gethsemane ist ein Gehorsam Gott gegenüber, keine Unterwerfung unter die Menschen, eine mutige Tat, keine schwache Reaktion.

Als Christus die Bergpredigt hielt, sprach er zu einer Welt, die der Rechtslehre von der Wiedervergeltung (Talion) unterstand, wo niemand begriff, daß ein starker Mensch, der imstande wäre, Hieb mit Hieb zu vergelten, es sich selbst versagen könnte. Die Widerstandslosigkeit, die Christus der Welt vorschlägt, ist ein Sieg über die eigene Kraft und nicht eine Feigheit. Es besteht ein unbestreitbarer Gegensatz zwischen dem starken, der Verteidigung fähigen Menschen, der auf Widerstand verzichtet, um Christus nachzufolgen und Gott zu gehorchen, und dem, der es nicht wagt, sich zu verteidigen, der Angst hat und aus Schwäche nachgibt. Im einen Fall liegt ein geistiger Sieg vor, im andern eine psychologische Niederlage.

Es handelt sich also in der Ethik, die ich hier zu umreißen suche, keineswegs um einen Kompromiß zwischen dem Widerstand und der Widerstandslosigkeit; es handelt sich nicht um eine kasuistische Dosierung; es handelt sich nicht darum, daß wir uns verteidigen, wenn wir es ungestraft tun können, und nachgeben, wenn wir es nicht wagen. Es handelt sich um eine tiefergehende Unterscheidung der Motive unseres Verhaltens: Handle ich aus Gehorsam gegen Gott oder aus Angst?

Die Menschen machen sich oft selbst etwas vor; wenn sie nicht wagen, sich selbst zu bejahen, so reden sie sich ein, daß sie aus christlicher Entsagung schweigen. Indem wir uns aufrichtig vor Gott sammeln, kann jeder von uns in jeder Lebenslage sich darüber klar werden, ob die Großmut, von der er Beweis ablegt, ein Sieg oder eine Niederlage sei. Im Licht der gleichen biblischen Offenbarung hört der eine, der stark genug wäre und dazu bereit, sich zu verteidigen, den Ruf Gottes zur Vergebung; und der andere, der aus Feigheit nachgeben wollte, hört seinen Mahnruf zu unerschütterlicher Festigkeit.

So greift das geistige Leben über die Ebene der biologischen Reaktionen hinaus. Es zerbricht die Kraft der Starken, und es stärkt die Schwachen. Es ist immer fruchtbar. Die Großmut aus Schwäche, diese falsche Großmut, schädigt den, der sich unterwirft nicht weniger als seinen Besieger, den sie zum Bösen ermutigt. Dagegen macht die echte Großmut, die ein Sieg ist, den Nachgebenden größer und hält den, der ungerechterweise triumphiert hätte, in Schranken.

Weil sie allzuoft die christliche Moral den schwachen Reaktionen gleichsetzte, hat uns die Kirche ein versüßlichtes Bild des Christentums geboten. Es gibt heutzutage in unsern Kirchen viele Schwache, die sich gerade wegen dieses Irrtums darin wohl fühlen. Aber das geschieht kaum zum Ruhme Gottes. Denn ihre Demut, ihre Bescheidenheit und ihre Sanftmut sind viel mehr durch ihre psychologische Schwachheit bestimmt als durch ihren Glauben; und ihr Glaube ist eher eine Rechtfertigung ihres schwachen Verhaltens als ein Sieg über ihre Natur. Daher sind sie trübselig, verängstigt, gehemmt. Und sie tragen ihrerseits dazu bei, jenen verderblichen Irrtum auszubreiten. „Die Leute, die sich nicht stark genug fühlen, um den Lebenskampf aufzunehmen", schreibt Eric de Montmollin, „haben sich sozusagen in die Kirche zurückgezogen, als in eine Gesellschaft geringerer Versuchungen." Ich denke hier an eine von ständiger Angst erfüllte Patientin, die von der Sehnsucht geplagt wurde, in eine religiöse Gemeinschaft einzutreten. Diese erschien ihr wie ein Hafen, wohin sie sich aus den Stürmen des Lebens retten konnte. Mit vollem Recht zögerte sie immer wieder, zweifelte, ob Gott sie wirklich dazu berief. Sie ahnte, daß es sich dabei mehr um einen Fluchtversuch als um eine Berufung handelte. Man weiß auch, wie sorgfältig unsere katholischen Kollegen darüber wachen, um bei jenen, die einem Orden beizutreten wünschen, solche Irrtümer zu verhindern.

All das bringt Licht in das Problem der Aggressivität, wie die Psychoanalytiker es gestellt haben. Es ist etwas Wahres an dem, was sie uns gezeigt haben. Diese Erdrückung der Person, die wir bei den Neurotikern sehen, jene Verzahnung schwacher Reaktionen, die den Menschen lähmt und ihn schließlich hindert, irgendeine Frucht zu tragen, ist eine Krankheit und nicht ein normaler, dem Willen Gottes gemäßer Zustand.

Wir wollen auf das Wort Aggressivität kein zu großes Gewicht legen; es ist unglücklich gewählt; denn es schließt eine ganz falsche Philosophie mit ein. Wir wollen vielmehr sagen, es gibt eine berechtigte Selbstverteidigung, die sich vollkommen auf die biblische Offenbarung gründet. Diese berechtigte Verteidigung verdrängen bedeutet Ungehorsam Gott gegenüber und nicht etwa Ausübung des evangelischen Verzichts auf Widerstand.

Unser Leben erscheint im Lichte der Bibel wie ein Geschenk Gottes, wie ein unvergleichlicher Schatz, den er uns anvertraut hat, wie ein Talent, das wir pflegen und verteidigen sollen, damit es Früchte trage. Wenn wir uns erdrücken lassen, wenn wir das Sehnen, das Gott in unser Herz legte, ersticken, wenn wir unsere Überzeugung verschweigen, wenn wir auf unsere eigene Persönlichkeit verzichten, wenn wir erlauben, daß ein anderer seinen Geschmack, seinen Willen, seine Auffassungen an Stelle der unseren setzt, so vergraben wir dieses Talent in der Erde wie der Diener im Gleichnis. Das heißt, Gott ungehorsam sein aus Angst vor den Menschen; und die Krankheit, der unvermeidliche Zeuge jeder Störung der göttlichen Ordnung, wird uns bald daran erinnern.

Wir können also die psychologische Lehre der Verdrängung durchaus gelten lassen; und die analytische Technik kann uns helfen, jene falsche Entsagung aufzuspüren, die krank macht, statt zu beleben. „Ein uneingestandener, unterdrückter Haß gegen einen Mitmenschen", schreibt Alphonse Maeder, „kann sich in eine Zerstörungswut gegen sich selbst verwandeln. Man haßt aus einem gewissen Anstandsgefühl sein eigenes Leben, anstatt den Beleidiger zu hassen."

So verläuft nun wirklich der Mechanismus, den wir beobachten können. Im Grunde wird jede nach außen schwache Reaktion durch eine starke, innere ausgeglichen. Der verdrängte Gegenhieb wird gegen sich selbst gewendet. Darin liegt der ganze Unterschied zwischen Verdrängung und geistiger Beilegung des Konflikts. Der Mensch, von dem Alphonse Maeder spricht, hat scheinbar seinen Haß abgelegt, aber in Wirklichkeit hat er ihn verdrängt, und er versinkt im Komplex der Selbstaufopferung. Eine echte geistige Klärung befreit; eine Verdrängung fesselt uns an die Krankheit.

Wenn also diesen Schwachen, die niemals zurückschlagen und sich im Leben scheinbar willfährig erdrücken lassen, uns aufsuchen, um ihr Herz auszuschütten, so werden wir unzählige aufgehäufte Anklagen vorfinden, die einen breiten Raum einnehmen und wie ein Gift wirken. Nur mit Widerstreben sprechen diese Patienten sich aus. Sie fürchten, daß wir unsererseits ihnen Vorwürfe machen könnten über ihre heimliche Buchführung aller erlittenen Kränkungen, Beleidigungen, Einschränkungen. Sie haben Angst, wir könnten sie für egoistisch, für rachsüchtig halten, für zu kritisch eingestellt ihren Eltern, Lehrern, ihrem Gatten und ihren Freunden gegenüber.

In Wirklichkeit sind sie nicht rachsüchtiger als alle andern Menschen. Sie haben nur die natürlichen Abwehrreflexe erstickt, die normalerweise bei jedem gekränkten Menschen in Funktion treten. Jeder Versuch, jemanden zu beherrschen, löst bei dem Betreffenden immer eine erste Regung legitimer Verteidigung aus. Nachher, in einer zweiten, durch die Gnade inspirierten Regung wird der Mensch vielleicht verzeihen können. Aber diese echte, immer schwierige, immer wunderbare, immer wohltätige Vergebung ist etwas anderes als das verfrühte Verschwindenlassen der ersten, berechtigten Abwehrregung. Echtes Verzeihen ist ein geistiger Sieg, er befreit das Herz von allem Groll; die Eskamotierung ist bloß eine schwache Reaktion, die nichts aus der Welt schafft, die neue Bitternis auf dem Grunde der Seele anhäuft. „Der Groll löst kein Problem", schreibt Alphonse Maeder, „er schafft nur neue Schwierigkeiten."

Im Hinblick auf diese unvergleichliche Befreiung, die wahrhaftes Verzeihen im Gefolge hat, müssen wir zunächst den Schwachen helfen, ihr Herz von all den Vorwürfen zu entlasten, die sie niemals auszusprechen gewagt haben. Ohne das ist Vergebung nicht möglich. Damit sie ihre Eltern oder ihren Ehegatten von neuem lieben können, müssen sie vorher ohne falsche Scham die Feindseligkeit, die sie heimlich ihnen gegenüber hegten, zum Ausdruck bringen.

Geschieht das nicht, so bleiben sie in ihren schwachen Reaktionen und deren schrecklichen Räderwerk gefangen. Wenn der Starke jeden Angriff augenblicklich zurückschlägt, so entlädt er nicht nur seinen Groll, er flößt auch Respekt ein und sichert sich gegen weitere Angriffe. Umgekehrt zieht der Schwache durch seine passive Haltung neue Beleidigungen und neue Gewalttätigkeiten auf sich. Und er antwortet darauf wieder mit schwachen Reaktionen, mit einer scheinbaren Unterwerfung, die in seltsamem Gegensatz steht zu den heftigen Leidenschaften seines Herzens. Und diese Spannung zwischen seiner äußeren und inneren Haltung versperrt ihm den Weg zu jeder geistigen Erfahrung.

Aus Angst, für böse gehalten zu werden, verdrängt dieser Schwache seinen legitimen Abwehrreflex, und nachher wirft er sich vor, in seiner Seele soviel bittere Kritik denen gegenüber zu hegen, die ihn verletzt haben. Schließlich hält er sich für schlechter als die andern, was ihm Anlaß zu neuen Verdrängungen gibt, um nur ja seine Bosheit nicht sehen zu lassen. Von Verdrängung zu Verdrängung fällt er schließlich in die Depression. Und er glaubt noch immer, daß er wegen seiner Bosheit krank sei, weil er die erlittenen Kränkungen nicht „vergessen" kann!

Ein Komplex der Selbstaufopferung verzerrt die Wirklichkeit. Sein Träger sieht die andern, wenn er sie auch heimlich kritisiert, besser, als sie sind, und sich selbst sieht er, trotzdem er einen heimlichen Stolz hegt, schlechter, als er ist. Er muß all seine Eindrücke und Urteile korrigieren. Solche psychologischen Mechanismen sind nur natürliche Reaktionen, die mit den übernatürlichen Erlebnissen der evangelischen Widerstandslosigkeit nicht verwechselt werden dürfen. Sie bringen keine Lösung, bauen nichts auf, schaffen nichts Neues. Sie zerstören sowohl die Person wie die Gemeinschaft. Sie führen bald zu Depressionen und Zwangsvorstellungen, wie wir eben gesehen haben, bald zu „Auftritten", als einer Art Sicherheitsventil, wobei der aufgestaute Groll sich plötzlich Luft macht, bald wiederum zu einer tödlichen Gleichgültigkeit: „Ich liebe meine Frau nicht mehr", gestand mir ein Mann, „ich habe aufgehört sie zu verachten, sie ist mir vollständig gleichgültig geworden. Liebe läßt sich nicht befehlen." In Wirklichkeit hat er schon lange den Groll im stillen verdrängt, den er angesichts der Haltung seiner Frau empfand; und seine sogenannte gegenwärtige Gleichgültigkeit ist nichts anderes als eine zusätzliche Versteifung in seinem Verdrängungsvorgang.

Starke und schwache Reaktionen zielen beide auf Vernichtung der Person hin, die sie der freien Inspiration durch den Geist entziehen, um sie in den blinden Determinismus ihrer Mechanismen einzusapnnen. Auf die zu Beginn dieses Kapitels gestellten Fragen antworten wir also, indem wir diese Vision eines vom Geist gelenkten Lebens den bald starken, bald schwachen psychologischen Automatismen, die teils anregend, teils lähmend sind, entgegenstellen.

Ich könnte diese Betrachtungen ohne weiteres auf die internationale Ebene ausdehnen, um das in christlichen Kreisen so umstrittene Problem der nationalen Verteidigung zu erhellen. Die starke Reaktion des Militarismus führt das Land, das sich ihm verschreibt, früher oder später ins Verderben, dem es durch seinen Rüstungswettlauf gerade entgehen wollte. Die Angst, von den rivalisierenden Mächten vernichtet zu werden, hat es dahin gebracht, sein Heil in den Waffen zu suchen; und seine herausfordernde Haltung zieht es in einen Krieg hinein, den es glaubte vermeiden zu können durch die berüchtigte und trügerische Maxime: *Si vis pacem, para bellum.*

Eine systematische Lehre der Widerstandslosigkeit und der Abrüstung um jeden Preis bedeutet meistens nur eine schwache Reaktion der öffentlichen Meinung, eine Politik der Flucht, die eben auch die Katastrophe herbeizieht, vor der sie die Augen verschloß. Ich sage ausdrücklich eine Lehre; denn es handelt sich nicht darum, die individuelle Haltung der echten Dienstverweigerer aus Gewissensnot zu kritisieren; sie beweisen mehr moralischen Mut als die Richter, die sie mit Rücksicht auf die herrschende Meinung verurteilen.

Gegenüber einer verzerrten Auffassung des Christentums, die auf Christi Mahnruf zum verzeihenden Edelmut des Herzens eine erdrückende Moral aufbaut, die daraus ein starres, die Persönlichkeit vernichtendes System der Entsagung macht; gegenüber einer Lehre der Aggressivität, welche die Entfaltung des Individuums, seine Verteidigung bis zum Äußersten und schließlich auch die Vernichtung der Person durch die Verdrängung des Geistes verherrlicht, weisen wir hier auf eine dritte Haltung hin. Diese ist weder eine Moral noch ein System; sie läßt sich nicht auf eine unbeugsame Lebensregel festlegen; aber ebensowenig ist sie ein Kompromiß, der zwischen den zwei erstgenannten Systemen hin und her schwankt. Es ist die Haltung des Menschen, der bei jedem Anlaß danach trachtet, sich nicht durch Grundsätze und Lehren, sondern durch den lebendigen Gott lenken zu lassen. In der Bibel findet er seinen Ruf zur Entsagung, zur Aufopferung und zur Vergebung. Aber er findet darin auch seinen Ruf zum Mut, zur Kühnheit, zur unerschütterlichen Festigkeit der Überzeugungen. Und vor Gott, in der Meditation, lernt er in jeder Lage zu unterscheiden, ob das Feuer, das ihn fortriß, nur eine starke Reaktion war, die er nach Gottes Willen überwinden soll, oder ob der Verzicht, zu dem er sich anschickte, nur eine schwache Reaktion ist, die Gott ihn überwinden heißt; ob die Vergebung, die er gewährt, echt ist oder nicht, ob die kämpferische Kühnheit gerechtfertigt ist oder nicht. Es handelt sich folglich weder um eine Moral der unechten Opfer noch um eine Moral ohne Opfer.

Versuchen wir nun, den Begriff der berechtigten Selbstverteidigung genauer zu umschreiben. Ich will hier keine

Kasuistik aufstellen. Ich habe bereits gesagt, wenn ein Mensch aufrichtig danach trachtet, von Gott geführt zu werden, erkennt er immer deutlicher, unter welchen Umständen er nachgeben und unter welchen andern er fest bleiben muß. Er wird sich wahrscheinlich oft täuschen. Deshalb darf er bei solchem Suchen nicht allein bleiben. Ich verstehe, daß ein Geistlicher, der dazu berufen ist, im Namen Gottes zu sprechen, die Seelsorge ausübt, indem er den Gläubigen, die ihn um Rat fragen, ihr Verhalten vorschreibt. Je länger ich aber selbst Seelsorge praktiziere, um so mehr scheint es mir, daß ein Arzt wie ich und ganz allgemein ein Laie sorgfältig vermeiden muß, sich an die Stelle des Priesters oder Pfarrers zu setzen. Er soll durch seine Fragen seinem Bruder helfen, Gottes Stimme zu hören, anstatt sich anzumaßen, sie ihm zu diktieren. Manche Leute kommen zu mir wie zu einem Schiedsrichter des göttlichen Willens; ich entziehe mich im allgemeinen ihrer Erwartung, außer wenn ich ihnen eine Bibelstelle zitieren kann, die die Frage entscheidet. Im Grunde gebe ich sehr wenig Ratschläge; ich versuche, den Leuten zu helfen, daß sie Mut fassen, das zu tun, von dem sie schon wissen, daß sie es tun sollten.

Der Arzt kann aber dennoch seinen Patienten bei ihrem Suchen helfen, und zwar nicht nur durch seine brüderliche Gemeinschaft und Fürbitte, sondern auch durch seine Wissenschaft. Jede Verletzung der berechtigten Selbstverteidigung führt ja zu psychologischen Störungen, die auf der Verdrängung beruhen. Es ist daher die Aufgabe des Arztes, diese nachzuweisen, ihre Mechanismen zu entdecken, und indem er sie aufspürt, seinem Patienten zu zeigen, daß er sich auf einem Irrweg befindet, daß er seinen schwachen Reaktionen nachgegeben hat, während er glaubte, aus Nächstenliebe gehandelt zu haben.

Dies gilt, wie ich schon gezeigt habe, namentlich dann, wenn ein Kind, besonders ein heranwachsendes, von einem autoritären Vater oder einer ebensolchen Mutter so sehr beherrscht wird, daß es jeden eigenen Willen und jede persönliche Neigung preisgibt.

Es gilt auch, wenn eine Braut ihrem Verlobten all ihre Freundinnen opfert, auf die er eifersüchtig ist, und all ihre Beschäftigungen, die ihr Leben bereicherten, wie Sport, Kunst, Geistesbildung, was alles der Verlobte ihr verbietet, weil er sich ihr auf diesen Gebieten unterlegen fühlt. Ich habe mehrere solche Fälle gesehen. Geht die Verlobung dann unvermutet auseinander, leidet das junge Mädchen in zweifacher Weise: nicht nur als verlassene Braut, sondern zudem noch wegen der großen Leere, die eine allen Raum in Anspruch nehmende, sklavische Liebe in ihrem Leben zurückläßt.

Dies gilt auch für eine Frau, die von ihrem neurotischen Mann tyrannisiert wird und ihn dadurch zu besänftigen glaubt, indem sie nach und nach auf alles verzichtet, was ihr am Herzen liegt. Wie falsch all diese Verhaltensweisen sind, wird dadurch bewiesen, daß sie ihr Ziel verfehlen: Das sich aufopfernde Kind sieht, wie sein Vater oder seine Mutter immer autoritärer wird und es mit Vorwürfen überschüttet; der eifersüchtige Verlobte, der seiner Braut ihre ganze Persönlichkeit raubte, wird ihrer überdrüssig und läßt sie sitzen; die allzu schwache Frau liefert der Neurose ihres Mannes immer neue Nahrung.

Es gilt, wenn ein Jüngling auf die Laufbahn, zu der er sich berufen fühlt, namentlich auf eine künstlerische, unter dem Druck des Vaters verzichtet, sei es, daß dieser sein Geschäftsunternehmen als eine Art Dynastie betrachtet und deswegen auch den Sohn zum Eintritt zwingen möchte, sei es, daß er die Absicht hat, die materielle Unabhängigkeit des Sohnes gegen seinen Willen dadurch zu sichern, daß er ihn in eine Beamtenlaufbahn hineindrängt. Es gilt weiterhin von einem Mann, der sich auf das Theologiestudium verlegt, um den sentimentalen Wünschen seiner Mutter zu genügen, die davon träumt, ihn die Kanzel besteigen zu sehen.

Das gilt aber auch in geringerem Maße jedesmal, wenn jemand auf seine persönliche Überzeugung oder berechtigte Neigung verzichtet, aus Sorge darüber, „was man dazu sagen wird", aus Rücksicht auf die Vorurteile seiner Umgebung. So verzichtet ein Mädchen aufs Tanzen, ein anderes gibt eine intime, aber weniger begüterte Freundin auf; wieder eine andere verbringt ihre Ferien immer gehorsam zu Hause, während ihrer Entwicklung eine Reise nützlicher wäre.

Bei dieser Gelegenheit möchte ich darauf hinweisen, wie dünn gesät die Eltern sind, die ihr Kind um seiner selbst willen lieben; im allgemeinen fühlen sie sich beleidigt, sobald es eine persönliche Neigung bekundet, die von ihrer eigenen abweicht, und sie werfen ihm dieses Verhalten als Ungehorsam vor.

Am schwersten jedoch wird das Recht auf Selbstverteidigung durch die Ausübung eines moralischen oder religiösen Zwangs verletzt. Ein Konfirmand erklärt seinen Eltern und dem Pfarrer, daß er aus Gewissensgründen sich nicht konfirmieren lassen könne, aber angesichts des Sturms, den seine Haltung entfesselt, gibt er widerwillig nach. Eine schwache Seele wird von einem Fanatiker verleitet, in eine Sekte einzutreten, deren Überzeugungen sie nicht teilt; sie tut es aus Angst vor dem göttlichen Fluch, womit er sie bedroht, wenn sie nicht gehorcht. Eine Frau willigt, um ihren Mann zu behalten, in eine Ehe zu dritt ein; eine andere unterwirft sich den ungesunden Trieben der pervertierten Sexualität ihres Mannes. Eine außergewöhnliche Frau, Psychologin von Beruf, willigt „aus Liebe zu ihrem Mann" in die Scheidung ein, die er verlangt und die sie selbst mißbilligt, worauf ein Gefühl von Verrat sie aufs tiefste zerrüttet. Eine andere Frau gesteht mir, daß sie ihre Eltern um Verzeihung für Fehler gebeten habe, die sie nicht begangen hat, nur um sich ihre Gunst zu verschaffen, was ihr übrigens nicht gelang.

Es gibt folglich für jeden Menschen gewisse Überzeugungen, in bezug auf die er keinem Druck nachgeben darf, weder dem Druck der Familie, noch dem des Ehegatten, und auch nicht dem Druck des Staates oder der Kirche, ohne dabei die innere Harmonie und die gesunde Lebenskraft seiner Person zu zerstören. Mißbräuchliche Zugeständnisse rufen unvermeidlich nach weiteren Zugeständnissen. Von Verzicht zu Verzicht wird ein Mensch immer unschlüssiger. Auf jede Frage antwortet er mit einem „vielleicht". Er hat sich fremde Meinungen so lange aufdrängen lassen, daß er nicht mehr weiß, welches seine eigenen sind. Und auf dieser schiefen Ebene kann er sich nicht entfalten, sondern wird krank.

Es ist die Selbstachtung, die verlorengeht, wenn man seine berechtigte Verteidigung preisgibt. Solche Menschen vernachlässigen sich, sie schwärzen sich an, sie erniedrigen sich selbst; bisweilen stürzen sie sich in Laster, als ob sie von einem unwiderstehlichen Bedürfnis getrieben würden, sich in ihren eigenen Augen herabzusetzen; sie verabscheuen sich selbst; sie führen Selbstgespräche in einem groben und beleidigenden Ton; sie geben sich Übernamen, die ihnen als Schimpf erscheinen würden, falls ein anderer sie so bezeichnete. Diese Selbstentwürdigung ist eine Gewohnheit, die man nicht leicht von sich abtut. Sie schämen sich, etwas für sich selbst zu tun, Geld für sich auszugeben, den andern Zeit wegzunehmen, für ihre eigene Sache einzustehen. Es braucht große Geduld, um in ihnen das Gefühl der eigenen Würde wieder herzustellen, ohne das niemand sich selbst bejahen kann.

Nun, nichts trägt wirksamer dazu bei, als gerade diese biblische Auffassung vom Menschen, die ihm seinen unwandelbaren Wert als Person verleiht und jene Gewißheit, daß Gott jedem Menschen die gleiche, totale Liebe entgegenbringt, wofür sein Tod am Kreuz die unauslöschliche Garantie ist.

Aber die wahre Freiheit läßt sich nicht auf der Ebene psychologischer Reaktionen finden. Man findet sie im

Gehorsam gegen Gott. Man findet sie, wenn man sich sammelt, wenn man nach der Inspiration Gottes sucht und sein Verhalten nach dieser Inspiration richtet. Dann erst wird der Determinismus der einfachen biologischen Reaktionen gebrochen; man gewinnt eine schöpferische, unabhängige Haltung. Ich erinnere an William Penns bekannten Ausspruch: „Die Menschen müssen sich von Gott lenken lassen, sonst werden sie von Tyrannen geführt."

Um in bezug auf die Menschen frei zu sein, muß man von Gott allein abhängen. Man findet die Freiheit ebensowenig, wenn man einen andern Menschen nachahmt – selbst wenn es ein bedeutender Mensch wäre, den man sehr bewundert –, wie wenn man sich systematisch in Gegensatz zu einem Menschen stellt, den man verabscheut.

Daher also möchte ich in diesem Buch keine Rechtfertigung der Schwachen liefern, wie der Leser mir vielleicht wegen gewisser Seiten vorgeworfen hat. Ich weiß, daß wir oft selbst verantwortlich sind für unser Unglück, durch unsere Faulheit, unsere Feigheit, unsern Kleinmut. Ich möchte nur zeigen, wie sehr das geistige Leben sich von den natürlichen Gegebenheiten, wie es unsere einfachen schwachen oder starken Reaktionen sind, unterscheidet. Ich habe den Irrtum aufgezeigt, der in der Verwechslung unserer schwachen Reaktionen mit der christlichen Entsagung besteht. Nun muß ich noch untersuchen, worin die geistige Kraft sich von der psychologischen unterscheidet.

Die Kraft Gottes beeinflußt nicht nur unsere seelische Verfassung, sie verkörpert sich in uns; sie verwandelt viele Dinge in unserem konkreten Verhalten. Dies wurde mir zum erstenmal vor Augen geführt, als ich einen Studienkameraden wiedersah. Er hatte damals in unserer Bande keine besondere Rolle gespielt. Er war schüchtern, unscheinbar, unentschlossen. Und dann ist er ins Ausland verreist. Ich hatte ihn seit langem nicht mehr gesehen. Wohl hatte ich vernommen, daß er ein geistiges Erlebnis gehabt habe. Doch als ich ihn dann wiedersah, war ich aufs höchste erstaunt; eine solche Autorität, eine solche Kühnheit strömte von ihm aus, daß ich ihn kaum wiedererkannte. Und einer meiner Freunde flüsterte mir ins Ohr: „Jetzt glaube ich an den Heiligen Geist!"

Seither habe ich manch ein Leben sich wandeln sehen, sehr tiefgehend und manchmal sehr plötzlich. Und dennoch muß ich Folgendes sagen, was ich eben auch für wahr halte: Wie entscheidend jener Wandel auch gewesen sein mag, den der Glaube in eines Menschen Dasein bewirkt hat, so lebt doch jeder das neu begonnene Leben auf seine eigene Art. Nach und nach kommen die vorherrschenden Merkmale des Temperaments in der einen oder andern Form wieder zum Vorschein. Gewiß bleibt das Leben – ausgenommen den Fall geistigen Rückschritts – anders, als es vorher war, und dennoch bewahrt es ein bestimmtes, persönliches Gepräge. Jeden Augenblick durchbricht eine Inspiration das Spiel der natürlichen Reaktionen, aber nicht in dem Maß, daß diese völlig unterdrückt würden. Der Schüchterne hat seine Schüchternheit überwunden; er hat vor Versammlungen geredet und sich Gehör verschafft. Vielleicht hat er sich in der Freude über seine Befreiung mit Leidenschaft auf eine öffentliche Tätigkeit gestürzt. Aber eines Tages werden wir ihn wiederfinden, wie er sich bescheidenen Aufgaben im Dienste Jesu Christi widmet. Nicht mehr aus Schüchternheit; er könnte sehr wohl ein Amt in der Öffentlichkeit übernehmen. Aber sein natürliches Temperament ist ihm geblieben und prägt seinem Dienst einen besonderen Stempel auf. Immerhin erscheint es nicht mehr als ein Hindernis, sondern als eine Gabe, die ihn dazu geeignet macht, Gott auf seine Weise zu dienen.

Ebenso wird ein Starker unter dem Eindruck eines großen geistigen Erlebnisses auf die übermäßige Geschäftigkeit verzichten, die er zuvor mit Glanz geübt. Er entdeckt, wie sehr er sich damit betäubt hat, und er fühlt ein starkes Bedürfnis nach Stille und Zurückgezogenheit, um die

Schwierigkeiten zu lösen, die er mit seiner fieberhaften Tätigkeit wegzauberte. Aber seine Geistesform ist nicht rein beschaulich, und gar bald sprudeln aus den neuen Überzeugungen, die er in der Meditation findet, neue Pläne hervor; und in kurzem wird er sich erneut in ihre Verwirklichung stürzen.

Seine Tätigkeit wird der früheren nicht mehr ähnlich sein. Sie wird entspannter, heiterer, fruchtbarer sein. Gleichwohl wird er zu den vorherrschenden, natürlichen Merkmalen seines Temperaments zurückkehren. Es ist das mehr als eine Überlagerung des natürlichen Lebens mit dem neuen, aus der Inspiration entstandenen; es ist das eine „Führung" der natürlichen Gaben, die in den Dienst des neuen Lebens gestellt werden. Es ist eine Art Heiligung des Temperaments.

Aber ich wäre nicht ganz aufrichtig, wenn ich diese Entwicklung nur in diesem günstigen Licht zeigte. Es gibt da in einem gewissen Maß auch das, wovon Pascal sprach: „Treibt die Natur aus, sie kehrt im Eilschritt zurück." Es gibt eine gewisse Beharrlichkeit der angeborenen Tendenzen, trotz allen Umwälzungen, die der Glaube gebracht hat.

Wenn wir also das Leben derer, die von Jesus Christus ergriffen worden sind, sorgfältig beobachten, so finden wir darin eine Mischung von der Freiheit des Geistes mit dem natürlichen Determinismus, eine Verbindung zwischen den neuen Elementen, die das geistige Erlebnis in ihr Leben gebracht hat, mit den alten Elementen, aus denen ihr angeborenes Temperament besteht.

Die meisten Menschen betrachten die Wirklichkeit nicht gern in ihrer nuancierten Vielfältigkeit; sie ziehen die dogmatischen Systeme vor. Daher vereinfachen sie im allgemeinen die Dinge, indem sie bald die eine, bald die andere dieser Gruppen von Elementen leugnen. Die einen Menschen tragen eine vollkommene Skepsis hinsichtlich des Geistes zur Schau. Aller Offensichtlichkeit zum Trotz bestreiten sie, daß eine geistige Erfahrung eine wirkliche Änderung in einem Leben herbeiführt. Sie sehen darin nur einen flüchtigen, subjektiven Eindruck, eine auf Suggestion beruhende Illusion. Sie geben dem Satz von Pascal einen absoluten Sinn. Sie sehen nur, was vom natürlichen Temperament wieder sichtbar wird, und nicht, was von der geistigen Verwandlung bleibt.

Andere dagegen halten sich in der Begeisterung, die ihr geistiges Leben in ihnen entfacht hat, für vollständiger verwandelt, als sie es tatsächlich sind. Sie ärgern sich darüber, daß man sie verdächtigen könnte, in gewisser Hinsicht noch ihrer ursprünglichen Natur zu gehorchen. Und der Umstand, daß sie es nicht wahrhaben wollen, könnte ihnen vielleicht die Möglichkeit zu neuen befreienden Erfahrungen nehmen.

Betrachte ich mein eigenes Leben und das der mir bekannten Christen, so finde ich immer dieses Auf und Ab und diese Überlagerung von geistigen und natürlichen Triebkräften, die gemeinsam unser Denken, Fühlen und Handeln bestimmen. Möchte der Leser lieber ein Märchen hören, worin die Starken schwach und die Schwachen stark werden? Oder eines, worin alle stark werden, von einer nie erlahmenden Stärke? Werde ich namentlich die Schwachen entmutigen, wenn ich ihnen sage, daß sie trotz zahlreicher und echter Siege über ihre Schwachheit hienieden immer mit ihr rechnen müssen; daß sie jene angeborene Veranlagung, von der wir zu Beginn dieses Buches sprachen, immer behalten werden? Nichts kann mehr entmutigen als die Illusion.

In dem vom Geist gelenkten Leben können wir echte Teilsiege über unsere Natur erwarten, aber keinen definitiven, endgültigen Sieg. Diese Teilsiege leugnen ist ebenso falsch, wie wenn wir ihre Bedeutung überschätzen. Unsere Natur kann zum Teil verwandelt werden, aber es bleibt ein Teil, den wir annehmen müssen. Lieber Märchen hören wollen, das heißt, sich gegen unsere menschliche Beschaffenheit auflehnen, das heißt sich weigern, sein Kreuz zu tragen, heißt schon hienieden eine vollkommene Befreiung erleben wollen, die wir erst im Jenseits finden werden.

Daher ist also der wahre Sinn einer religiösen Erfahrung nicht die Umwandlung, die sie in unser Leben bringt, er besteht vielmehr darin, daß wir bei diesem Anlaß Gott kennengelernt haben. Und das bleibt bestehen, selbst wenn unser Dasein nach wie vor ein Gemisch von Göttlichem und Menschlichem ist. Dies hilft uns, unser menschliches Drama anzunehmen, dieses Drama, das gerade aus dem ewigen Konflikt in uns zwischen dem Göttlichen und Menschlichen entsteht. Gewiß können wir von der Macht Gottes nur gerade in dem Maße zeugen, wie unsere Erfahrung konkrete Früchte getragen hat, in dem Maße, wie unser Leben und unsere Natur fühlbare und offenkundige Veränderungen erfahren haben. Aber diese Macht ragt unendlich weit über diese kleinen Zeugnisse hinaus. Nicht auf unsere Erfahrungen kommt es an, sondern daß wir dabei die Macht der Gnade empfunden haben. Dies wird nicht mehr vergessen, selbst wenn ein Tag kommen sollte, wo gewisse Schwachheiten, gewisse Versuchungen, gewisse Sünden, von denen man sich endgültig frei glaubte, neuerdings am Horizont erscheinen; selbst wenn man den Kampf gegen seine Natur unermüdlich fortsetzen muß.

Ja, den Kampf fortsetzen, den angeborenen Tendenzen zu den starken oder schwachen Reaktionen die Stirn bieten, den Tendenzen, die wir mit dem Leben empfangen haben und die wir erst mit ihm ablegen werden. Aber der Kampf wird nicht mehr gleich sein. Der Glaube, der anläßlich einer bestimmten Erfahrung entstanden ist, wird ihn überdauern, selbst wenn es zu einem Rückfall kommt. Was sich endgültig verändert haben wird, das ist das Lebensklima. Wenn unsere angeborenen Tendenzen auch bleiben, so werden sich hingegen die Teufelskreise lockern, jene von mir geschilderten Verzahnungen, durch die sie unablässig schlimmer wurden. Wenn wir dann zu unserer Bestürzung noch immer natürliche, starke oder schwache Reaktionen in uns entdecken, so wird das – weit entfernt, uns zu entmutigen – der Anlaß zu neuen Befreiungen sein.

In dieser Perspektive möchte ich das Buch beenden. Das christliche Leben ist keine endgültige und radikale Erfahrung, die ein für allemal gemacht wird. Es ist eine ununterbrochene Folge von Erfahrungen, wobei durch die Gnade Gottes selbst Niederlagen und Rückschläge zur Ursache neuer Siege werden.

Die Bibel mir ihrer Wirklichkeitsnähe zeigt uns nicht ein idyllisches Bild von Auserwählten, die jeder natürlichen Schwachheit bar wären, sondern Menschen wie Sie und ich, die die ganze Last ihres angeborenen Temperaments tragen. Es gibt darunter Starke wie Elias, der die Baalspriester unerbittlich verfolgte; es gibt Schwache wie Jeremias, der sich immer wieder zum Schweigen versucht fühlte. Es gibt darin Menschen voller Widersprüche wie Jakob, wie David oder wie der Apostel Petrus, die abwechselnd höchste Begeisterung und den Verrat kennen.

Und wenn wir darunter leiden, die Sklaven unserer Natur zu bleiben, so zeigt uns die Bibel, daß die Befreiung davon nicht unerläßlich ist, um die Macht Gottes zu erfahren. Gott bemächtigt sich der Menschen so, wie sie sind. Er tröstet Elias, der über den Mißerfolg seiner Wundertaten verzweifelt ist. Er stärkt Jeremias und reißt ihn aus seinem Schweigen heraus. Er kündigt dem Apostel Petrus sowohl seine Verleugnung wie auch seine Berufung zum Haupt der Kirche an.

Und die Bibel offenbart uns in jedem dieser Lebensbilder wie auch in der langen Geschichtsperiode, die sie umfaßt, ein Fortschreiten von Erfahrung zu Erfahrung, trotz alles Menschlichen, das in jedem von uns bestehen bleibt, ein Fortschreiten zur Entdeckung Gottes.

Nur Jesus Christus, der Mensch gewordene Gott, erscheint uns zugleich völlig menschlich und völlig frei von diesen Reflexen, die wir als starke und schwache Reaktionen beschrieben haben. Er ist immerfort frei, weil immerfort vom Geist geführt. Dennoch teilt Er unsere Schwachheiten und unsere Stärke; unsere Mühsale, unsern Kummer, unsere Verzweiflung; unsere Begeisterung, unsere Freuden und unsern Eifer. Er blieb stumm vor Pilatus. Er griff zur Geißel im Vorhof des Tempels. Er hatte Mitleid mit den Schwachen. Er griff die Starken heftig an. Er schrie seine höchste Not am Kreuz heraus. Er verkündete mit Autorität seine Göttlichkeit. Und dennoch haben seine Gebärden oder seine Wort nie den automatischen Charakter psychologischer Reaktionen. Er ist weder stark noch schwach im menschlichen und natürlichen Sinn des Begriffs.

Er ist lebendig. Wenn wir Ihm unser Herz öffnen, erfüllt Er es mit seiner Gegenwart. In dem Maße wie Er so in uns lebt, werden wir von unsern schwachen Reaktionen befreit, obwohl wir uns mehr als je unserer Schwachheit bewußt sind; befreit auch von unsern starken Reaktionen, obwohl wir von Ihm eine unvergleichliche Kraft erhalten.

Wie kommen die Welt der Dinge und die Welt der Person zusammen?

Diese beiden Pole, die Welt der Dinge und die Welt der Person, diese beiden so unterschiedlichen Arten unserer Beziehung zum andern und zur Welt sind von Martin Buber in bemerkenswerter Weise dargelegt worden. Er drückt sie durch zwei treffende Formeln aus: die Ich-Es- und die Ich-Du-Beziehung. Das Ich ist bekannt, das bin ich selbst. Aber in der Ich-Es-Beziehung bin ich ein neutraler und kalter Beobachter, mein Gefühl ist nicht beteiligt, ich bin so objektiv wie möglich und bringe meine persönlichen Gefühle zum Schweigen, so gut ich kann, indem ich mich streng an das Gebiet der Vernunft und des gesunden Menschenverstandes halte, wie es Descartes verlangte, dieser Begründer des modernen Denkens, der diese Haltung für die einzige hielt, an der alle Menschen teilhaben. Folglich wird alles, was ich beobachte, einschließlich des Menschen, in meinen Augen zum Objekt, zur Sache. Das ist die wissenschaftliche Haltung.

In der Ich-Du-Beziehung hingegen bin ich persönlich beteiligt. Es handelt sich nicht mehr darum, neutral und gleichgültig zu sein, nicht mehr darum, zu beobachten, zu analysieren, zu studieren, ein moralisches Urteil zu fällen oder eine psychologische Diagnose zu stellen. Es handelt sich auch nicht mehr um eine mittelbare Erkenntnis durch intellektuelle Begriffe oder technische Instrumente, sondern um eine unmittelbare und gegenseitige Erkenntnis, wobei ich selbst beteiligt bin und vom anderen ebenso verstanden werde, wie ich ihn verstehe.

Martin Buber nimmt als Beispiel einen Baum. Er kann ihn als Botaniker studieren, etikettieren, ihn seiner Art nach einreihen; oder seine Anatomie, seine Physiologie beschreiben, die merkwürdige physikalische Kraft, die seinen Saft bis zum Gipfel aufsteigen läßt, beobachten, die noch wunderbareren chemischen Reaktionen, die sich dabei abspielen und uns den nötigen Sauerstoff verschaffen, untersuchen. Er kann bis ins Unendliche noch weitere Beobachtungen machen. – Aber er kann auch mit diesem Baum sprechen, auf seine Ausdrucksweise achten, auf das, was dieser Baum für ihn bedeutet und ihm sagt.

Ich habe einmal zugehört, wie eine Psychoanalytikerin über ihre Kindheit sprach, von Erfahrungen, die den meinen ähnlich waren. Es gab da einen Baum, zu dem sie allabendlich hinging, um ihm von ihrem Tagewerk zu erzählen, von dem, was sie erfreut und was sie verletzt hatte. Ihr Baum hörte alles an, nahm teil an ihrem Leben. Natürlich war er für sie keine Sache mehr, sondern ein Lebewesen, weit mehr noch, eine Person, fast eine Mutter, die sie zu trösten verstand.

Wenn Martin Buber als Beispiel einen Baum genommen hat, so tat er das, wie mir scheint, um uns verständlich zu machen, daß die Ich-Du-Beziehung sich nicht ausschließlich nur mit menschlichen Wesen einstellt. Als der heilige Franz von Assisi seine bekannte Hymne an die Schwester Sonne richtete, handelte es sich dabei nicht um die Sonne der Astronomen, dieser Gelehrten, die ihre physikalische und chemische Natur und ihre Umlaufbahn bestimmen. Der heilige Franziskus sprach zur Sonne wie zu einer Schwester, zu einem Du, zu einer Person.

Auch die Dichter verlieben sich in den Mond, als wäre er eine Frau. Und für das Kind ist sein kleiner Lieblingsplüschbär nicht nur ein Gegenstand, sondern eine Person. Es kann ihm einen Kosenamen geben, mit ihm lange, vertrauliche Gespräche führen, ihm seine Geheimnisse mitteilen, ihn küssen und von ihm Liebkosungen erhalten, wenn es mit ihm zart über seine Wange streicht. Man kann mit den Anhängern Freuds sagen, daß das Kind hier seine Libido zum Ausdruck bringt, das heißt, seine Beziehung zu dem Bären ist nicht die einer intellektuellen Erkenntnis, sondern eine Liebesbeziehung.

Und nicht nur bei einem Stoffbären, dem Abbild eines lebenden Tieres, sondern bei allem, was es berührt, offenbart das Kind seine Fähigkeit zu personifizieren. Der unbedeutendste Gegenstand kann diesen persönlichen Charakter annehmen. Bekanntlich hat Freud in seinen Schriften ein Kind beschrieben, das mit einer kleinen Spule spielt, die es abwechslungsweise versteckt und wieder hervorzieht; plötzlich hat Freud verstanden, daß das Kind auf diese Weise versucht, sich an die Abwesenheit seiner Mutter zu gewöhnen: Diese Spule ist kein Gegenstand mehr, sie ist eine Person geworden, seine Mutter.

Ein Vorfall aus dem Leben von Martin Buber berührt mich persönlich. Er ist von André Haynal in seiner Studie über „den Sinn der Verzweiflung" hervorgehoben worden: Die Eltern von Martin Buber ließen sich scheiden, als er zwei Jahre alt war, und er ist von den Großeltern väterlicherseits erzogen worden. Er war also noch jünger als ich, als er seiner Mutter entrissen wurde. Nun, André Haynal ist der Ansicht, der Philosoph sei durch das Heimweh nach seiner Mutter zu der berühmten Formel der Ich-Es- und Ich-Du-Beziehung inspiriert worden. Folglich ist es nicht erstaunlich, daß ich mich Martin Buber so nahe fühle.

Dieser macht uns mit Nachdruck darauf aufmerksam, daß die Ich-Du-Beziehung nie von Dauer ist. Unvermeidlich nehmen wir dem andern gegenüber rasch wieder unsere Haltung als objektiver Beobachter ein. Als meine früheren Gegner wieder zu mir kamen, um bei mir Rat und Hilfe für ihre persönlichen Schwierigkeiten zu suchen, mußte ich mich natürlich auf meine ärztlichen und psychologischen wissenschaftlichen Kenntnisse berufen.

Meine Sympathie genügte nicht. Es war die geistige Atmosphäre, die sich zwischen uns geändert hatte. Die beiden Arten der Beziehung, die objektive und die persönliche, stehen folglich nicht in Gegensatz zueinander; sie ergänzen sich. So flüchtig jedoch die Augenblicke persönlicher Gemeinschaft auch sein mögen, sie sind die wichtigsten und fruchtbarsten unseres Lebens. Das ist besonders bei der persönlichen Begegnung mit Gott der Fall, die im allgemeinen nur als ein außergewöhnliches und blitzartiges Erlebnis empfunden wird, das jedoch unser ganzes Leben ändert.

So ist diese Fähigkeit zur persönlichen Beziehung charakteristisch für die menschliche Natur und verleiht ihr gerade ihre Menschlichkeit. Je nach unserem Seelenzustand können alle Dinge für uns zu Personen werden, die ganze Welt kann sich mit Personen bevölkern. Es ist immer die gleiche Welt, sie ändert sich nicht; ich selbst habe mich geändert, meine persönliche oder unpersönliche Haltung dem Mitmenschen gegenüber, ich sehe die Welt anders an. Nacheinander erscheint sie mir entweder als eine Welt der Dinge oder als eine Welt der Personen.

Denn so, wie man die Dinge personifizieren kann, kann man auch die Personen versachlichen. Charles Péguy hat schon zu Anfang dieses Jahrhunderts jene Tendenz als eine der gefährlichsten unserer westlichen Zivilisation angeprangert. Was würde er heute sagen? Der Siegeszug der Wissenschaft und der Technik, das Taylorsystem bei der Produktion, die bürokratische Zentralisation des Staates, die Vermassung selbst der Freizeitbeschäftigung, all das reißt uns immer schneller in eine Welt der Dinge hinein, wobei die Person ausgeschlossen wird.

Besonders unter dem Einfluß von Péguy hat Emmanuel Mounier seine personalistische Bewegung und seine „Revue Esprit" konzipiert und gegründet. Sein Alarmruf ist kaum gehört worden. Und er war nicht der erste. Schon Karl Marx hatte erkannt, daß die Proletarier durch die Industrialisierung zu armseligen Dingen herabgemindert wurden, ohne Rücksicht auf ihre Person. Und Pfarrer Fuchs kann schreiben: „Schon vor Karl Marx hat das Alte Testament die Gefahr der Versachlichung der Person angeprangert."

In unserem modernen Westen sind es nicht mehr nur die Proletarier, sondern auch die auf dem Gipfel der Hierarchie der Konsumgesellschaft stehenden Kader, die sich zu Dingen herabgesetzt fühlen, zu Produktionswerkzeugen, zu austauschbaren und unpersönlichen Rädern einer riesengroßen Maschine, die unerbittlich und blindlings funktioniert. Ja, selbst die Künstler: Régine Pernoud beobachtet, daß das Kunstwerk durch die Spekulation in ein „Kunstobjekt" verwandelt wird.

Es fällt uns sehr schwer, uns darüber klar zu werden, daß wir selbst unter einer Beeinflussung stehen. Daher geben wir uns nicht Rechenschaft, in welchem Maß wir von dieser unpersönlichen Weltanschauung geprägt sind. Sie wird uns schon in der Schule suggeriert: Vom Kindergarten an bis zur Universität lehrt man uns, eine wissenschaftliche Haltung einzunehmen. Nun kennt die Wissenschaft zwangsläufig nur die Welt der Dinge. Die Natur, die Geschichte, selbst die Gesellschaft erscheinen folglich nur als eine endlose Kette von Phänomenen, welche streng nach Ursache und Wirkung aneinandergereiht sind. Es ist nur noch eine riesengroße Maschinerie, die uns unerbittlich mitreißt, eine Art Karussell, das sich unaufhörlich und ziellos dreht. Denn in den Augen der Wissenschaft hat nichts einen Sinn, da sich ja alles automatisch abspielt, „dem Zufall und der Notwendigkeit" preisgegeben, wie es Jacques Monod gesagt hat.

Welch ein Unterschied zu der Schule der Antike; sie befaßte sich ganz damit, den Kindern Mythen, Legenden und Epen zu erzählen, um ihnen so den Sinn des Lebens zu zeigen. Sie personifizierte die Naturkräfte und die menschlichen Leidenschaften in der Gestalt von Göttern und Helden, mit denen sie die Welt bevölkerte. Gewiß haben die Israeliten, das auserwählte Volk, die Vielgötterei der benachbarten Völker bekämpft, und darin gingen sie so weit, daß sie die Sonne und den Mond das große und das kleine Licht nannten (1 Mose 1,14–16); denn sie fürchteten, daß man sie zu verehren beginnen könnte, wenn man sie mit ihrem Namen bezeichnete. Immerhin geschah es doch in erster Linie, um zu verkündigen, daß der alleinige Gott nicht ein abstraktes Prinzip, sondern eine Person ist, der „lebendige Gott", der der Schöpfung einen Sinn gibt.

Heute, in dieser Zeit, da man nur noch an die Wissenschaft glaubt, sind selbst die Theologen darum besorgt, als objektive Gelehrte zu erscheinen, und sie versuchen die Bibel zu entmythologisieren. Und das sogar in dem Augenblick, da andere Gelehrte, die Psychoanalytiker, uns offenbaren, daß der Mensch nicht durch die Vernunft gelenkt wird, sondern durch die Mythen, und wenn man ihm die offenbarten Mythen wegnimmt, erfindet er andere, sehr gefährliche, wie die des technischen Fortschritts oder des Rassismus.

Indessen schreibe ich hier nicht eine Streitschrift gegen die Wissenschaft. Ich bin ein Mann der Wissenschaft und anerkenne vorbehaltlos ihre Verdienste. Es wäre töricht, sie zu verleugnen. Auf intellektuellem Gebiet, für das Verständnis der Natur und des Menschen ist sie recht eigentlich begeisternd; im Wirtschaftsleben hat sie wenigstens einigen bevorzugten Ländern (und das ein wenig zum Nachteil der andern) einen sehr nennenswerten Wohlstand gebracht. Allein schon in der Medizin verdanken wir ihr erstaunliche Erfolge.

Um das zu erreichen, ist es sehr wohl notwendig, den Menschen als Sache zu studieren! Im Anatomiesaal findet die erste Einführung des Studenten in die Medizin statt, was für jeden erschütternd ist. Er muß wohl oder übel lernen, jede falsche Sentimentalität beiseite zu lassen; er muß vergessen, daß diese Leiche der Körper einer Person gewesen ist, und muß sie sezieren, wie man Holz oder Stein beschneidet. Und ähnlich wird es in der Klinik sein, selbst in der Psychologie. Während seines ganzen Studiums lehrt man ihn – sogar im Interesse der Patienten –, einen kühlen Kopf zu bewahren, von den Gefühlen abzusehen, um objektiv zu bleiben.

Deshalb kann der Arzt die unbegreiflichsten Diagnoseirrtümer begehen, wenn er seine kranke Frau oder seine kranken Kinder behandelt, wie mir das passiert ist. Er muß sich an Kollegen wenden, die im ersten Augenblick erkennen können, was ihm in seiner sentimentalen Verblendung entgangen war.

Aber es sind auch die geschicktesten Ärzte, wie zum Beispiel Professor Eric Martin, die uns immer wieder darauf aufmerksam machen, daß man den Patienten nicht als Sache behandeln darf, mit der Respektlosigkeit, wie sie die Handhabung der Dinge erlaubt. Der Patient braucht den persönlichen Kontakt mit seinem Arzt ebensosehr wie dessen Wissenschaft.

„Die Medizin der Person" ist keine Randmedizin wie die „Antipsychiatrie" oder andere in bezug auf die akademische Wissenschaft kritisch eingestellte Lehren. Wie man sieht, handelt es sich auch hier wieder nicht darum, zwei Pole einander gegenüberzustellen, mehr auf die eine oder die andere Seite zu neigen, sondern darum, das nuancierte Spiel ihrer gegenseitigen Ergänzung zu entdekken. Ärgerlich ist gerade dieses Mißverhältnis; wir leiden an einer so weitgehenden Vorherrschaft der Dinge über die Person, daß unsere technische Zivilisation unmenschlich erscheint und der Mensch in ihr als einfaches Objekt.

Und die Frau? – Nun, sie ist noch mehr als der Mann versachlicht worden. Zuerst als Dienerin. Armes kleines Ding, so oft dazu verurteilt, „durch den Mann als Mittelsperson zu leben"; jeden Rechts auf ein persönliches Dasein beraubt, zum Dienst an andern verurteilt; zum Dienst an den Eltern, an den Geschwistern, dann an einem egoistischen Mann oder zum Dienst in einem Unternehmen, wo ihre Arbeit unterschätzt wird.

In vielen Gegenden wird die Frau noch als Dienerin betrachtet, als Eigentum des Mannes, wenn sie verheiratet ist, und wenn sie es nicht ist, ist sie noch verachteter. Dinge kann man besitzen, aber keine Personen.

Dann ist die Frau auch ein sexuelles „Objekt". Der Mann ist ein ausgesprochener Voyeur. Was er sehen will, sind Dinge und nicht eine Person. Die gegenwärtige Welle der Pornographie illustriert die Vorherrschaft der Dinge über die Person sehr deutlich. Eine sympathische Feministin wie Marie Cardinal sagt uns, wie sehr sie, trotz der durch die Freudsche Psychoanalyse gefundenen Befreiung, genug hat von diesem Klima des Sex-Appeal, wo die Frau nur noch als Reizmittel dargestellt wird.

Unsere wissenschaftliche Welt hat sogar die Liebe in eine Technik verwandelt. Man sieht junge Mädchen mit dicken Büchern über die sexuelle Physiologie in der Hand; sie könnten eine Liste von erogenen Körperstellen aufzählen, aber man hat ihnen nicht gesagt, daß selbst für den sexuellen Genuß die Hingabe an den Partner wichtiger ist als alle Kunstgriffe.

Schließlich wird die Frau als Zierde, als Schmuckgegenstand, als Mittel des Charmes und des Prestiges versachlicht. Man kennt die Redensart der vornehmen Welt: „Sei schön und schweige!" Marc Oraison schreibt: „Ich kann eine Kultur, in der die Frau als Gegenstand der Nützlichkeit, des Luxus oder der Unterhaltung hingestellt wird, nicht gutheißen."

Hier haben wir zwei sich ergänzende Pole, die Vorliebe für die Dinge und den Sinn für das Persönliche; man müßte zwischen beiden wieder ein richtiges Gleichgewicht in unserer Zivilisation herstellen. Nun, sie entsprechen mehr oder weniger der Ergänzung zwischen Mann und Frau, wovon ich in diesem Buch sprechen will. Ich sage „mehr oder weniger"; denn selbstverständlich findet sich in jedem menschlichem Wesen, sei es nun ein Mann oder eine Frau, etwas Männliches und etwas Weibliches. Es gibt Männer, die viel Sinn für das Persönliche, und Frauen, die eine Vorliebe für die Technik und die Dinge haben. Die Ergänzung der Geschlechter ist nicht nur eine äußere Angelegenheit zwischen Männern und Frauen, sondern betrifft auch unser Inneres, die Tendenzen, die sich in uns selbst gegenüberstehen.

Der Mann liebt großartige abstrakte und universelle Theorien; die Frau die erlebten kleinen Einzelheiten. Der Mann liebt den Schmutz und die Unordnung, die Frau reinigt und macht Ordnung. Der Mann zweifelt an allem, die Frau glaubt alles. Der Mann faßt alles als Scherz auf, die Frau nimmt alles ernst. Ich scherze natürlich meinerseits auch ein wenig! Aber wer sähe oder besser fühlte nicht das Unbehagen unserer westlichen Zivilisation? Wer sähe nicht, daß sie schließlich auf die Seite gefallen ist, nach der hin sie sich immer mehr und bis zum Übermaß geneigt hat? – auf die Seite der Dinge; wer sähe nicht, daß der Mann sich mehr als die Frau darin gefällt zu messen, zu wägen, zu manipulieren, zu kombinieren und aufzuhäufen, um mächtig zu werden?

Ich habe vor langer Zeit schon einmal in meinem Buch „Unsere Maske und wir" von Martin Buber und der Welt der Dinge gesprochen. Aber damals hatte ich noch nicht wahrgenommen, daß zwischen diesem verlorengegangenen Sinn für das Persönliche in unserer modernen Zivilisation und der Verbannung der Frau an den häuslichen Herd, ihrer Entfernung aus dem politischen und kulturellen Leben ein Zusammenhang besteht. Im 19. Jahrhundert erreichte diese Verdrängung der Frau auch ihren Höhepunkt. Man beachte jene von Gisèle Halimi zitierten Überlegungen der Autoren des Code Napoléon: „Die Frau ist dem Mann gegeben, damit sie Kinder gebäre. Sie ist folglich sein Eigentum, wie der Obstbaum Eigentum des Gärtners ist."

Hier sehen wir ihre juristische Unmündigkeit. Ihre wirtschaftliche Unmündigkeit ist ebenfalls durch die industrielle Revolution erfolgt; sie beraubte die Frau der beträchtlichen Rolle, die sie bis dahin in der Produktion gespielt hat. Schließlich gehört zum 19. Jahrhundert auch die Viktorianische Ära mit ihrem Puritanismus und ihren sexuellen Tabus, die Freud dann umgestürzt hat, sowie die Anprangerung der Frau als gefährliche Verführerin des Mannes, die ihn vom rechten Weg abbringt, vom Weg der Vernunft.

Kann der Mensch seine Emotionen schöpferisch einsetzen?

Das große Hindernis zum persönlichen Kontakt ist die Angst vor der Emotion. Und das nicht nur angesichts des Todes, sondern durch das ganze Leben hindurch. Alles, was uns wirklich persönlich betrifft, alles, was den Einsatz unserer Person erfordert, verursacht mehr oder weniger starke seelische Erregungen: Liebe, Schuldgefühl, Glaube, Kummer oder Freude, Erfolg oder Mißerfolg, schöpferische Werke.

Man beachte, es ist nicht so sehr die Gemütsbewegung, vor der wir uns fürchten, sondern wir fürchten uns vor allem davor, sie zu zeigen, uns im Feuer der Erregung zu enthüllen, zu verraten. Die Erregung gehört sowohl beim Tier als auch beim Menschen so sehr zum Leben, daß sie nicht ausgeschaltet werden kann. Es ist das Zum-Ausdruck-Bringen unserer Gemütsbewegung, das in unserer Gesellschaft unterdrückt, mehr noch: verdrängt wird, wie ich es schon gesagt habe; denn es handelt sich nicht um eine überlegt, freiwillige Handlung, sondern um ein so spontanes Phänomen, daß es unbewußt bleibt. Die seelische Erregung kommt in den Träumen wieder zum Vorschein, wie jedermann weiß. Gegenüber andern Leuten muß ein Mann mehr noch als eine Frau das Gesicht wahren, Gleichgültigkeit vortäuschen, gemäß dem von der Gesellschaft auferlegten Vorbild einer würdigen Haltung.

Von Blicken unbeachtet, kann man sich einer Rührung hingeben. Wieviele Menschen finden daran Gefallen, im Dunkel des Kinos oder wohlgeborgen im Lehnstuhl vor dem Fernsehapparat schreckliche oder rührende Filme anzusehen und dabei heimliche Tränen zu vergießen? Oder wieviele schreiben Gedichte, die sie in eine Schublade einschließen, oder malen Bilder, die sie nicht ausstellen?

Aber die verborgenen Emotionen sind unfruchtbar. Ich würde mich beim Schreiben dieser Zeilen nicht so sehr erregen, wenn sie nicht veröffentlicht werden müßten. Es ist nicht nur die Angst vor der Kritik, sondern die Angst davor, sich persönlich auszuliefern. Übrigens bin ich kein wirklicher Schriftsteller. Ich erhebe keinerlei literarische Ansprüche. Ich schreibe als Arzt, um den Mitmenschen in ihrem Leben und ihrem Leiden zu helfen. Dabei kommt es in erster Linie nicht so sehr darauf an, was ich schreibe, sondern daß ich eine gewisse persönliche Beziehung zu ihnen herstelle, eine ganz mit Emotion geladene Beziehung, wobei ich mich selbst hingebe.

Gerade deswegen empfinde ich beim Schreiben eine so große Erregung, so daß sich meine Gedanken im Kreise drehen und ich den Plan eines Kapitels zehnmal ändere, anstatt seine Abfassung frisch in Angriff zu nehmen. Und dennoch weiß ich genau, daß ich den andern sowohl hier als auch in meinem Sprechzimmer nur helfe, wenn ich die durch die Teilnahme an der Gefühlserregung meiner Patienten erweckte Emotion annehme, sie auf mich nehme und selbst miterlebe, anstatt nur ein kühler Beobachter zu sein.

Aber auch den echten Schriftstellern und allen Künstlern ergeht es ähnlich. In jedem Werk engagiert sich der Autor, enthüllt sich; er bietet gewissermaßen seine persönliche Emotion einem bekannten oder unbekannten andern dar. Er hofft Widerhall bei ihm zu finden, seine Emotion mit ihm zu teilen. Er fürchtet, diese Verbindung nicht herstellen zu können, kein Echo zu finden, sondern nur auf Ablehnung und Gleichgültigkeit zu stoßen.

Nun ist die Frau im allgemeinen emotionaler veranlagt,

während der Mann hingegen große Mühe hat, seine Gefühle auszudrücken, ja selbst sie durchblicken zu lassen. Und gerade weil er Mühe hat, seinen Gefühlen Ausdruck zu verleihen, kann er sich nicht in Einklang mit ihnen bringen; er ist verwirrt, gehemmt, unfähig zu antworten. Er verteidigt sich, indem er sich über die weibliche Empfindsamkeit lustig macht, mindestens indem er sie verächtlich macht und als Schwachheit hinstellt.

Viele Frauen leiden darunter. Sie werfen es sich vor, so emotionell zu sein, während doch die Gemütserregbarkeit eine wunderbare Gabe ist. Selbst ein rationalistisches philosophisches System wie das von Descartes ist in einem Augenblick höchster Emotion entstanden; er hat es nicht geheimgehalten. Und man denke auch an Pascal, Kierkegaard, selbst an Marx und viele andere schöpferisch tätige Menschen! Ja, die Emotion ist schöpferisch, und jede Schöpfung ist immer voller Emotionen.

In Wirklichkeit leiden jene Frauen, die den Arzt wegen ihrer Erregbarkeit aufsuchen, nicht so sehr an ihr selbst, sondern daran, sie nicht meistern, nicht auf schöpferische Aufgaben lenken zu können. Und ich glaube, daß diese Sendung der Frau, von der ich hier spreche, besonders diesen fruchtbaren Gebrauch ihrer Empfindsamkeit, gewissermaßen deren Sublimation in sich schließt.

Da sie dazu in unserer männlichen Gesellschaft keine Gelegenheit findet, bleibt der Frau nichts anderes übrig, als sich darüber aufzuregen. Die Schuldigen sind, meiner Meinung nach, wir, die Männer, die wir uns der Emotion verschließen, anstatt sie willkommen zu heißen. Ich habe sehr oft selbst diese Erfahrung gemacht. Ein emotioneller Ausbruch bei meiner Frau ließ mich erstarren, wenn ich auch noch so genau wußte, daß gerade diese Haltung ihre Erregung verzehnfachte; ich konnte nicht anders.

Ich war sehr glücklich, daß sie nicht trotzdem wie so viele andere Frauen dachte, ich sei kalt und gefühllos, sondern daß sie gerade in meiner Reaktion den Beweis für meine Empfindsamkeit sah. Oh, das ist sehr subtil! Aber es ist sehr wichtig. Es ist die Ursache zu vielen Mißverständnissen und Schwierigkeiten zwischen Ehegatten. „Ich kam seelisch noch ganz erschüttert wegen des Todes meiner Mutter aus dem Waisenhaus", rief eine von Claude Maillard befragte Frau aus, „und ich hatte ein übergroßes Bedürfnis nach Zärtlichkeit. Nun bin ich auf den kaltherzigsten, schweigsamsten Mann gefallen, den man sich vorstellen kann."

Natürlich kenne ich den Fall nicht, aber ich kann wohl annehmen, daß dieser Mann gerade deshalb erstarrte, weil seine Frau ein so großes Bedürfnis nach Zärtlichkeit hatte, das er nicht erwidern konnte, wie ich das bei so vielen Ehepaaren gesehen habe. So haben mir viele Frauen gesagt, daß es ihnen nicht gelingt, mit ihrem Mann ein wirkliches Gespräch zu führen, zu erfahren, was er empfindet. Wenn ich mit dem Ehemann darüber gesprochen hätte, würde er ausgerufen haben: „Wie? Kein Gespräch? Wir sprechen doch über alles! Was will sie noch mehr? Wie schwer ist es doch, die Frauen zu verstehen!"

Ich spreche hier von Ehepaaren, aber das Problem ist allgemeiner Natur, und wir finden es wieder in den Beziehungen zwischen den Geschlechtern im gesellschaftlichen Leben, an den Arbeitsplätzen, in Vereinen, in den Kirchengemeinden, bei den Freizeitbeschäftigungen. Überall muß man seine Emotionen verbergen, die Themen meiden, die sie hervorrufen könnten. Daher betrifft das Problem nicht nur die verheirateten Frauen, sondern auch die ledigen, die ebenso unter diesem unpersönlichen Charakter unserer Gesellschaft leiden. Besonders da sie eine Emotion kennen, die sie mehr als jede andere verbergen müssen: das Verlangen, sich zu verheiraten. Gerade die unverheirateten Frauen fühlen sich nur als Sache, als Arbeitsmaschine betrachtet, ohne jede Rücksicht auf ihre Person. Und das wird noch durch die Tatsache verschlimmert, daß der stets von der Sexualität besessene Mann die ledige Frau sofort verdächtigt, ein Abenteuer zu suchen, wenn sie ihr Bedürfnis nach Zärtlichkeit durchblicken läßt, selbst wenn es sich nur um ein wenig Sympathie handeln würde in diesem oft so harten Leben, das sie führt.

Das eigentliche Problem liegt folglich in der großen Schwierigkeit des Mannes, seine Gefühle auszudrücken. Ist er vielleicht sogar weniger empfindungsfähig als die Frau, wie man zu sagen pflegt? Ich bin dessen nicht sicher. Aber er verbirgt, er verdrängt seine Gefühle so stark, daß er sich ihrer nicht bewußt ist. Und deshalb hat er Angst davor beim andern. Die berühmte Zensur von Freud funktioniert, die dem, was verdrängt wurde, verbietet, wieder aufzutauchen. Sogar Sokrates hieß die Frauen hinausgehen, als er den Schierlingsbecher trank; und er warf es Apollodorus vor, daß er in Tränen ausbrach.

Es ist also der Mann, der in dieser Hinsicht belastet, einer der menschlichsten Eigenschaften seiner Natur beraubt ist, und deshalb ist er im allgemeinen so unpersönlich. Das sehen wir deutlich bei den Tagungen der Gruppe von Bossey, zu denen die Ärzte doch gerade kommen, um die persönliche Beziehung zu erleben. Deshalb bitten wir sie, etwas aus ihrem eigenen Leben zu erzählen, von Ereignissen, die in ihnen eine starke Emotion hervorgerufen haben.

Ein neuer Teilnehmer wußte das und hatte vorher schon Angst deswegen. Ich fand ihn in seinem Zimmer, wie er ratlos und angsterfüllt vor einem leeren Blatt Papier saß: Dieser Gelehrte, der bereit wäre, einen glänzenden Vortrag zu halten, murmelt jetzt nur: „Aber ich habe nichts Interessantes aus meinem persönlichen Leben zu erzählen."

Ja, der Mann wird im allgemeinen von einer Art Lähmung befallen, wenn er seine Gefühle ausdrücken soll. Der Alkohol oder das sexuelle Verlangen können diese Hemmung lösen, aber das geschieht nur vorübergehend. So kann der Mann in der Verlobungszeit und in den Flitterwochen persönlich, selbst geschwätzig werden. Er erzählt und erzählt mit Wärme und Poesie, und die Frau ist entzückt. Aber es kommt rasch der Tag, an dem er nur noch auf unpersönliche Weise zu sprechen vermag.

Deshalb fragt ihn seine Frau immer wieder: „Liebst du mich noch?" Oft antwortet er nur mit einer ärgerlichen Kopfbewegung oder auf indirekte Weise, indem er sagt: „Du weißt es ja genau!" Ja, sie weiß es, aber sie möchte, daß er es ausspricht! Im besten Fall geht er zum Blumenhändler, denn dieser hat ja angeschrieben: „Sag es mit Blumen." Sie dankt für die Blumen, wagt aber nicht zu gestehen, daß sie sich weit mehr gefreut, wenn er es anders gesagt hätte.

Das beruht teilweise auf der Erziehung. „Vergessen Sie nicht", schreibt Marabel Morgan, „daß er dazu erzogen wurde, nie zu weinen, wenn er sich das Knie aufgeschlagen hatte." Und dabei sagte man zu ihm: „Du bist ein Junge, nur Mädchen weinen." Und so brachte man ihm bei, die Frau zu verachten und gleichzeitig den natürlichsten Ausdruck der Gefühle als für einen Mann unwürdig anzusehen. Diese Dressur ist am meisten in aristokratischen Kreisen und bei den oberen Zehntausend verbreitet, wo sie ein geradezu unmenschliches Niveau erreichen kann. Viele Frauen haben mir gesagt, daß sie ihren Mann nie weinen gesehen hätten. Aber sie waren es, die mich aufsuchten und nicht ihr Mann!

Das alles ist indessen zu allgemein verbreitet und zu schwierig zu verbessern, als daß man annehmen könnte, die Erziehung und die gesellschaftliche Suggestion würden als Erklärung genügen. Es besteht beim Mann eine angeborene Tendenz zur Verdrängung der Gefühle. So wohl er sich fühlt, wenn es um intellektuelle und abstrakte Begriffe geht, so unbehaglich fühlt er sich bei der persönlichen Beziehung.

Und wie steht es bei mir? Ich allein nur weiß, wie schwer es mir fällt, eine solche herzustellen. Man hält mich in dieser Hinsicht für begabt, aber gerade das Gegenteil ist der Fall. Wenn ich sage, wie schüchtern ich sei, will es mir niemand glauben. Man fragt mich, wie man es machen muß, aber ich weiß es nicht; gerade deshalb, weil es sich jeder Technik entzieht. Es fällt mir sehr schwer, auf persönliche Weise zu sprechen. Kürzlich habe ich zum Beispiel entdeckt, daß ich sogar bei Selbstgesprächen in Gedanken „meine Mutter" anstatt „Mama" sage, oder „mein Vater" anstatt „Papa". Es ist sicher nicht nur deswegen, weil ich meine Eltern früh verloren habe, sondern weil Vater und Mutter objektive Begriffe sind, Papa und Mama hingegen persönliche; das erste bezeichnet eine Rolle, das zweite eine Beziehung.

Beim Patienten beginnt man zunächst natürlich mit einer technischen Annäherung. Die erste Aufgabe des Arztes bleibt immer seine wissenschaftliche Arbeit; das ist selbstverständlich und sehr bequem. Die Technik dient oft als Eingangstüre. Eine Traumanalyse beispielsweise erinnert mich an eine Gefühlssituation, die ich selbst durchgemacht habe oder noch erleide. Wenn ich davon spreche, kommt es auf ganz natürliche Weise, ohne daß man es sich vorgenommen hätte, zu einem persönlichen Kontakt.

Aber ich empfange nicht nur Patienten. Da kündigt mir eine Amerikanerin, die eine Reise nach Europa plant, ihren Besuch an. Sie ist Schriftstellerin; ich habe eines ihrer Bücher gelesen und ihre große Feinfühligkeit bewundert. Wenn sie mich sehen will, so bestimmt, weil sie von mir diesen warmherzigen Kontakt erwartet, und das ängstigt mich, läßt mich von vornherein erstarren! Sie wird sehr enttäuscht sein. Ich verwünsche die Bücher, in denen ich diese seelische Einsamkeit beschrieben habe, unter der unsere Welt leidet. Aber nur durch ein Wunder habe ich mich aus der Sache ziehen können, und das Wunder müßte sich jedesmal wieder erneuern, aber Wunder lassen sich nicht künstlich erzeugen.

Was tun? Ich hatte eine Idee: einen Tisch in einem guten Restaurant reservieren lassen. Oh, das zählt, das ist wichtig für den Kontakt. Und dann habe ich beschlossen, ihr sogleich zu gestehen, wie sehr ich mich vor ihrem Besuch gefürchtet hatte, wie sehr ich mich gehemmt und unfähig fühle, meinen Empfindungen Ausdruck zu verleihen. Selbst wenn sie mich nicht verstehen würde, wäre dies das einzige Mittel, um meine innere Panik zu überwinden.

Ja, dem Mann fällt es viel schwerer als der Frau, sein Herz sprechen zu lassen. Er fühlt sich in der objektiven Welt der Dinge viel wohler als in der persönlichen. Das wirft nun ein neues Licht auf dieses uns seit dem Beginn des Buches beschäftigende Problem: Wenn der Mann Gefallen findet an der Welt der Dinge, so deshalb, weil er dort in Sicherheit ist vor den seelischen Erregungen und Forderungen nach mitfühlendem Verständnis von seiten der Frau, worauf er keine richtige Antwort weiß; in Sicherheit auch vor den grundlegenden irrationalen Fragen, die das geheimnisvolle Leben mit seinen Leiden stellt. Das läßt an die „Zerstreuungen" denken, von denen Pascal sprach. Deswegen vielleicht kann Annie Leclerc, sich an die Männer wendend, schreiben: „Eure Vorstellung vom Glück ist immer die von Zerstreuung."

Ja, wahrscheinlich hat der Mann diese unpersönliche Zivilisation nicht nur aus Freude an den Dingen und an ihrer Bearbeitung erschaffen, sondern auch, um der unangenehmen Lage zu entfliehen, die eine persönliche Beziehung mit sich bringt. Diese unpersönliche Zivilisation ist ein Zufluchtsort. Das hat gerade vor einigen Tagen Pfarrer Alain Blancy vom Ökumenischen Institut von Bossey bemerkt. Ich hatte dort über all dies vor einer Zuhörerschaft gesprochen, die mich begeisterte. Da waren Studenten aus achtundzwanzig verschiedenen Nationen; und die mich bei der Diskussion am meisten in Erstaunen versetzten, waren ein Schwarzer aus Südafrika, ein Äthiopier von eindrucksvoller Statur und eine junge Frau von den Fidschi-Inseln. Ja, andere Kulturen haben mehr Gefühlswärme und Gemeinschaftssinn bewahrt und ihre Vertreter bemerken besser als wir, die wir darin stecken, wie sehr unserer Kultur die Wärme fehlt.

Unsere eigene Welt ist anonym und zweckgebunden. Jeder wird darin nicht so sehr als Person, sondern durch die Rolle, die er spielt, die Funktion, die er ausübt, definiert. Wenig bedeutet, wer er ist und welches seine persönlichen Probleme sind. Er hat seine Funktion zu erfüllen, das ist alles, was man von ihm verlangt, nach seinen Gefühlen fragt man nicht. Man spricht es offen aus: „Geschäft ist Geschäft", und das bedeutet, Gefühle haben dabei nichts zu tun und Gewissensbisse ebenfalls nicht. Man hat nur praktische Beziehungen zueinander. Und das funktioniert: Viele Jahre kann man so erfolgreich zusammenarbeiten, ohne sich wirklich zu kennen, ohne indiskrete Fragen zu stellen, während man nichts über die eigentlichen Sorgen der Mitarbeiter weiß.

Das funktioniert wie eine Maschine, bei der alle Teile miteinander vertauschbar sind. Der Mann hat eine angeborene Neigung zur Mechanik. Selbst wenn er sich im Haushalt mit etwas beschäftigt, so hat das im allgemeinen mit Mechanik zu tun. Seine Frau könnte eine durchgebrannte Sicherung gut selbst ersetzen, aber sie läßt ihm dieses Vergnügen. Und unsere männliche Gesellschaft dreht sich unerbittlich wie eine riesengroße Maschine. In einer solchen Welt fühlt sich die Frau behindert. Mein Schwiegervater sagte immer: „Die Frauen und die Mechanik, das paßt nicht zusammen." (Natürlich hat das seine Tochter nicht ermutigt, sich dafür zu interessieren.) Aber die Frau kann vor allem lästigfallen wegen ihrer gefühlsmäßigen Bevorzugungen: „– Ich liebe dieses, ich verabscheue jenes." – „Warum?" – „Ich weiß es nicht, aber es ist so." Unmöglich darüber zu diskutieren!

Während man unter Männern endlos diskutieren kann.

Denn man diskutiert nur über technische Probleme. Der Mann kombiniert leidenschaftlich gern, sucht nach geschickten Lösungen. Aber die Kunstgriffe lassen sich nur in der Welt der Dinge anwenden, niemals in den persönlichen Beziehungen. Und dann besteht die Freude an der Mechanik im Aneinanderfügen von Teilen, im Konstruieren von immer größeren und komplizierteren Maschinen, so wie der Knabe es mit seinem Baukasten macht.

Daher scheint mir diese Vorliebe zur Mechanik der Usprung von dreierlei großen Tendenzen unserer modernen Zeit zu sein: Da ist zunächst die Zentralisation der großen Staaten zu nennen, die in Gegensatz steht zu diesem Mosaik von kleinen Gemeinwesen nach menschlicher Rangordnung, wie sie das Mittelalter charakterisierte. Dann die Konzentration im Wirtschaftsleben, die Trusts, die Multinationalen, wo sich die Verantwortung verteilt. Schließlich die Bürokratie, ein Übel unseres Zeitalters, sowohl in den kommunistischen Ländern wie im Westen. Auch da ist die persönliche Verantwortung im Schwinden begriffen. Man vermehrt die Verfahren und Reglemente, um zu vermeiden, ein persönliches Urteil fällen zu müssen. Richtig ist, was dem Reglement entspricht, und das Reglement ist anonym.

So sieht diese vom Mann aufgebaute Welt aus, aus der er während drei oder vier Jahrhunderten die Frau ausgeschlossen hat. – „Und die Romantik des 19. Jahrhunderts?" werden Sie mir entgegnen. Hören Sie also, was die Fachgelehrten dazu sagen. Gewiß brachte diese, wie Michèle Perrot uns sagt, „eine wunderbare Befreiung der Gefühle, man hatte wieder das Recht zu weinen, ohnmächtig zu werden, alles frei herauszusagen, worin man sich heute zurückhält: die falsche Sentimentalität, die Empfindsamkeit ... Die Frauen haben sich auch mit einer Art Wohlbehagen in diese Ideologie gestürzt, um sich erneut darin vollständig gefangen zu sehen." Und Jean-Paul

Aron überbietet diese Aussagen noch: „Tatsächlich hatte das 19. Jahrhundert einen Schrecken vor der Romantik."

Was bedeutet das? Nun denn, es ist das Jahrhundert des Realismus, des Positivismus, der Industrialisierung, das Jahrhundert des Triumphs dieser Welt der Dinge, in der die Vernunft, die Objektivität und der Profit herrschen. Offensichtlich aber konnte man die Gefühle und die Frauen nicht ganz übergehen, da hat man sie hinter die Kulissen verbannt. Dort konnten die Frauen ohnmächtig werden; Victor Hugo konnte die Armen bedauern, ohne daß es das Schauspiel auf der Bühne gestört hätte. Weder die Romantik noch die Frau haben den Lauf der Geschichte beeinflußt. Wo waren demnach die Frauen „gefangen", wie Perrot schreibt? Eben gerade hinter den Kulissen, außerhalb der Wirklichkeit des Lebens. Von diesem Verbannungsort der Frauen schreibe ich hier.

Dieses Bild von der Bühne und den Kulissen gefällt mir ganz besonders! Ich habe von einer Verdrängung der Gefühle ins Unbewußte gesprochen. Ist nun das Unbewußte nicht, wie es uns die Tiefenpsychologie offenbart hat, gewissermaßen eine Kulisse unseres persönlichen Lebens? Dieser Hintergrund, wo die Fäden der Bühnenausstattung gezogen werden und von wo aus man dem Schauspieler einflüstert, was er zu sagen hat?

Diese Welt der Dinge ist ein wunderbares Abenteuer für den in die Technik, die Macht und die Leistung verliebten Mann gewesen. Aber die Frau hat darunter zu leiden. Hören Sie Annie Leclerc: „Die Angelegenheiten des Mannes sind nicht nur dumm, trügerisch und bedrückkend; sie sind vor allem öde, sterbenslangweilig und zum Verzweifeln." Übrigens hat auch ein für die geistigen Werte offener Mann, Paul Ricœur, von dieser Langeweile der hochindustrialisierten Gesellschaft gesprochen.

Seien wir gerecht: Anderswo hat Annie Leclerc gesagt: „Ich denke, daß die Frauen imstande sind, es ebenso schlecht und ebenso töricht zu machen; warum auch nicht? Aber vorläufig haben nicht sie diese Gesellschaft gemacht, und sie ist offenkundig schlecht für sie." Hat man nicht vergessen, sich gegenseitig zu ergänzen, wie es der Natur entspricht und wie es die Absicht Gottes ist, wenn er sagt, daß es nicht gut sei, daß der Mann allein bleibe (1 Mose 2, 18)? Wäre es nicht besser, wenn man miteinander spielen würde, anstatt daß einer auf der Bühne steht und der andere sich hinter den Kulissen aufhält?

Jetzt beginnt die Frau wieder auf die Bühne zurückzukommen. Es hat sich deswegen aber noch nicht viel geändert, wie mir scheint. Vielleicht weil die Frau sich zuerst in das angeordnete Spiel hat einfügen, sich dem männlichen Vorbild hat anpassen müssen. So hat sie sich beispielsweise in der Politik folgsam in das hundertjährige Modell der traditionellen Parteien eingefügt. Wenn sie es aber wagte, sie selbst zu sein, sich ihrer besonderen Aufgabe bewußt zu werden, wenn ihr Einfluß zunähme, würde dann unsere Gesellschaft menschlicher werden?

Kann die Angst
unser Leben fruchtbarer machen?

Ein junges Mädchen zitierte voll innerer Erregung den Satz, den seine Mutter unablässig im Munde führte: „Du wirst verflucht sein." Ein anderes Mädchen sagte mir öfters: „Es scheint, daß ich nicht das Recht habe zu leben." Es erzählte schließlich, daß es als Kind seinen Vater über es sagen gehört hätte: „Die da hätte nicht auf die Welt kommen sollen." Ein Mann war bei einem Heilpraktiker gewesen. Dieser hatte, um seinen Mißerfolg zu beschönigen, zu ihm gesagt: „Wenn ich Sie nicht heilen konnte, so deshalb, weil Sie vom Teufel besessen sind."

Die Angst ist der Katalysator der Suggestion, und die Suggestion sät tausenderlei hartnäckige und absurde Ängste in das Herz der Menschen, sogar der gescheitesten und mutigsten. Die Angst treibt sie zur Handleserin, und ein törichtes Wort von dieser impft ihnen eine Angst ein, die ihr ganzes Verhalten fälscht: „Sie werden Ihre Tage tragisch und in Schrecken enden." Mitunter werden solche Suggestionen in der besten Absicht ausgesprochen: Um eine Kranke zu beruhigen, die sich „vor der Angst, sie könne Selbstmord begehen, fürchtet", sagt ihr ein Arzt, sie habe ein „Temperament", daß sie auf Selbstmordgedanken bringe. Unnötig zu sagen, daß dieser Ausspruch, statt sie zu beruhigen, sie innerlich verfolgt.

Tragisch ist, daß man gerade bei sensiblen, eindrucksfähigen und ängstlichen Kindern versucht ist, zu den Methoden der Einschüchterung zu greifen. Ihre Kameraden erzählen ihnen phantastische Geschichten, um sich an ihrer Schreckhaftigkeit zu ergötzen und damit eine gewisse Überlegenheit ihnen gegenüber zu genießen. Aber selbst Erwachsene, Kindermädchen, Eltern kommen auf die Idee, abends plötzlich als Geist verkleidet ins Schlafzimmer der Kinder einzutreten!

Es gibt Mütter, die um ihr Kind zu beherrschen, das Schreckgespenst der Gewissensbisse gebrauchen: „Du wirst schon sehen, wenn ich erst tot bin, wirst du den Kummer schwer bereuen, den du mir bereitet hast."

Hinzu kommen die zufälligen Schrecken, die Feuersbrünste, Bombardierungen, Blitzschläge. Oder auch die Bestrafung durch Einsperren im Keller oder in einer dunklen Kammer; die Begegnung mit einem Irrsinnigen, der epileptische Anfall eines Schulkameraden. All diese Dinge spielen eine enorme Rolle in der Geschichte unserer Patienten. Denn das alles findet im menschlichen Herzen einen fruchtbaren Boden. Nichts gedeiht darin besser als die Angst.

Ich kann natürlich nicht alle Arten von Angst aufzählen, von denen die Menschen geplagt werden und die sie so sehr beherrschen, daß sie sich fürchten, sie einzugestehen. Von jener vagen Angst, die um so hartnäckiger ist, als sie keinen bestimmten Gegenstand hat und deshalb einen gewissermaßen unmöglichen Kampf gegen einen unsichtbaren Feind von uns erfordert, bis hin zu jenen besonderen Ängsten, die auf einer bewußten oder unbewußten Ideenverbindung beruhen: Angst, nicht nur vor Krankheiten im allgemeinen, sondern vor dieser oder jener bestimmten Krankheit, von der die Leute mit besonderem Nachdruck sprechen: Tuberkulose, Wahnsinn, Krebs; Angst davor, im selben Alter oder an der gleichen Krankheit zu sterben wie der Vater; Angst vor den Wechseljahren; Angst vor Bakterien; Angst vor einer ärztlichen Untersuchung, weil man bangt, sie möchte die so gefürchtete Diagnose bestätigen, während sie vielmehr gerade von dieser falschen Angst befreien könnte; Angst, ein anormales Kind zu bekommen, was so viele Frauen von der Mutterschaft abhält; Angst, während des Schlafs zu sterben oder als scheintot begraben zu werden, Ursache von Schlaflosigkeit; Angst vor einer Operation; Angst vor der Narkose und Angst, darin durch irgendein verräterisches Wort ein Geheimnis zu verraten; Angst vor dem Tod, die auch auf die Umgebung des Kranken übergreift und sie hindert, ihm im Kampf gegen den Tod beizustehen; Angst, den Vater, den Gatten, ein Kind zu verlieren, was eine falsche Abhängigkeit zur Folge hat; Angst vor der Einsamkeit; Angst, ohne Heim zu sein; Angst, seine gewohnte Umgebung zu verlieren; Angst vor Verantwortlichkeit; Angst vor dem Unbekannten; Angst, ohne Geld zu sein; Angst, Schmerz zu bereiten, die uns hindert, aufrichtig zu sein, oder Angst, nicht verstanden zu werden, die die Ehegatten von der Aussprache zurückhält und zwischen ihnen einen Graben des Unverständnisses aufreißt; Angst davor, wieder Allein zu sein, die davon abhält, eine Verlobung aufzulösen, der die echte Liebe fehlt; Angst, in der Freundschaft enttäuscht zu werden, was zur Zurückhaltung führt, wodurch die Freundschaft getötet wird; Angst vor dem Augenblick, da ein Vergnügen zu Ende geht, die uns hindert, das Vergnügen zu genießen; Angst, von der Wirklichkeit enttäuscht zu werden, was zum Träumen verleitet; Angst vor Ratschlägen; Angst, beeinflußt zu werden; Angst, sich nicht mehr selbst um das Gute verdient gemacht zu haben, wenn man jene Ratschläge befolgt, und nicht mehr länger die Freiheit zum Bösen zu haben, wenn man sie nicht befolgt; Angst zu enttäuschen; Angst, gescholten zu werden.

Alle Ängste reichen sich gleichsam die Hand bis hin zu jener „Angst vor der Angst", von welcher der heilige Franz von Sales sprach. Sie werden immer größer nach dem Schneeballsystem, bis zu jenem Taumel, wo die Seele jeden Widerstand gegen die Angst und jeden gesunden Menschenverstand verliert: Man wird von Ängsten geplagt, die sich gegenseitig ausschließen; man fürchtet den Erfolg und gleichzeitig die Niederlage. Eine meiner Patientinnen sagte mir: „Ich fürchte mich vor dem Tod und fürchte mich vor dem Leben." Andere fürchten, krank zu bleiben, fürchten aber auch, gesund zu werden und den Lebenskampf wiederaufnehmen zu müssen.

Die Angst schafft das, was sie befürchtet. Ich habe das an anderer Stelle gezeigt, auf der sozialen Ebene, bei Anlaß des Krieges. Ich beobachte es täglich im individuellen Verhalten der Menschen: Das Lampenfieber läßt uns stottern; die Angst, seinem Vater oder seiner Mutter zu gleichen, führt dazu, daß man ihnen tatsächlich immer ähnlicher wird, und spielt eine mindestens ebenso große Rolle wie die eigentlichen Erbanlagen. Die Angst, seine Entschlüsse nicht halten zu können, hindert einen, sie mit ungeteiltem Herzen zu fassen, was eine Bedingung zum Erfolg wäre. Die Angst, der Onanie zu erliegen, bewirkt, daß man ihr todsicher erliegt. Die Angst, verrückt zu werden, macht nervös, derart nervös, daß die Umgebung einem den Wahnsinn prophezeit. Die Angst vor einem Zusammenbruch, die Angst, nicht genügend Kraft für eine Arbeit zu haben, untergräbt die Kräfte und läßt uns zusammenbrechen. Die Angst, seinen Verlobten zu enttäuschen, nimmt einem jungen Mädchen seine Natürlichkeit, so daß sie ihn tatsächlich enttäuscht. Die Angst, nicht geliebt zu werden, fälscht das Verhalten einer Frau, so daß ihr Mann ihrer überdrüssig wird und sich von ihr löst. Die Angst, nicht hübsch genug zu sein, führt zum Verlust der Schönheit und treibt eine Frau dazu, sich durch lächerliches Schminken zu verunstalten. Die Angst abzumagern hindert einen am Zunehmen. Die Angst, das Vertrauen seiner Frau zu verlieren, treibt den Mann dazu, sich zu verstellen, so daß er ihr Mißtrauen erregt. Die Angst, alt zu werden, macht alt. Die Angst vor dem Leiden führt zu tausenderlei Irrtümern, die tausenderlei Leiden mit sich bringen. Die Angst, ohne Geldmittel zu sein, führt zum Spekulieren, wobei man das Wenige, das man besitzt, noch verliert. Die Angst, keine Anstellung zu finden, treibt einen jungen Mann dazu, seinen Beruf zu wechseln, so daß er schließlich wirklich stellenlos bleibt. Die Angst nicht heiraten zu können, mangels einer ausreichenden Position, nimmt ihm den Schwung, der nötig wäre, um sich im Berufsleben durchzusetzen.

Eines Tages besuchte mich ein englischer Freund. Es war ein typischer Engländer, von kühler Gemütsart, charakteristisch für diese Art Mensch, die sich vor nichts zu fürchten scheint. Überdies nahm er in den intellektuellen und politischen Kreisen seines Landes einen hervorragenden Rang ein, der gewiß geeignet war, ihn mit Selbstvertrauen zu erfüllen. Noch bevor ich ein Wort sagen konnte, nahm er fröhlich Platz und begann zu erzählen: „Ich habe eine wundervolle Woche in Ihrem schönen Land verbracht; um mich besser kennenzulernen, habe ich ein Verzeichnis von Leuten, von Dingen und von Ideen aufgestellt, vor denen ich Angst habe. Das ist eine fruchtbare Meditation. Ich habe mehrere Hefte mit meinen Notizen angefüllt, aber die eine Woche hat nicht ausgereicht; ich werde mein Inventar noch geraume Zeit fortführen können."

Jenen Besuch werde ich nie vergessen. Jedesmal muß ich daran denken, wenn ein armer, vom Leben erdrückter Mensch mir wie ein großes Geheimnis anvertraut, daß er sich vor irgend etwas fürchte. Dabei wird mir klar, daß sein Leiden zu einem guten Teil auf einem großen Irrtum beruht. Er glaubt, die „Starken" hätten keine Angst; er schämt sich seiner Angst, als wäre sie eine außergewöhliche Schwäche, wogegen mein Engländer ganz unbefangen davon sprach.

Man glaube also nicht, daß diese vorhin erwähnten zahlreichen Angstgefühle nur das Herz der Schwachen, Erdrückten, der Neurotiker heimsuchen. Männer, die mitten im gesellschaftlichen Erfolg stehen, vor denen jedermann zittert, die leitende Posten in Politik, Wirtschaft oder Militär innehaben, die in bestimmten Lebenslagen eine hervorragende Tapferkeit an den Tag legten, haben dennoch auch lächerliche Ängste, die sie nicht loswerden können. Wie viele fürchten sich vor ihrer Frau oder haben Angst vor sich selbst!

Die Wahrheit ist, daß man seine Angst vor andern wie auch vor sich selbst leichter verbirgt, wenn man stark erscheint. Um sie zu erkennen, muß man wie mein englischer Freund sich in der Stille sammeln. Im gesellschaftlichen Erfolg stehend, kann man das Gesicht wahren, eine glänzende Rolle spielen. Die Angst, die der Schwache vor dem Starken empfindet, hindert ihn daran, diesen scharf ins Auge zu fassen, um auch bei ihm die heimliche Angst zu erkennen.

Wenn der Schüler vor dem Lehrer Angst hat, so hat auch der Lehrer vor dem Schüler Angst. Kein Pädagoge wird mir hier widersprechen. Aber je mehr der Lehrer Angst hat, um so strenger und unter Umständen ungerechter wird er sein, desto eher wird er sich der Einschüchterung bedienen, um seine Angst zu tarnen. Wenn der Kranke vor dem Arzt Angst hat, der vielleicht eine schwere Krankheit entdecken oder eine indiskrete Frage stellen könnte, so hat auch der Arzt Angst vor dem Patienten, Angst, ihn zu enttäuschen, Angst, sich zu irren oder ihn nicht heilen zu können; und je größer seine Angst ist, um so größer ist die Gefahr solcher Mißerfolge. Wenn der Arbeiter Angst hat vor dem Chef, der ihn mit einem Wort um seine Anstellung bringen könnte, so hat auch der Chef Angst vor dem Arbeiter; und je mehr er Angst hat, um so autoritärer und anmaßender wird er sich benehmen. Der Konkurrent fürchtet den Konkurrenten. Wenn die Geschäfte schlecht gehen und man Angst vor dem Bankrott hat, trägt man die unbekümmertste Miene zur Schau ... „um nicht zu scheinen, als schiene man ...", wie ein Journalist so artig schrieb. Weil man Angst hat, sucht man Angst zu machen. Diese starken Reaktionen, von denen wir sprachen, sind wie eine Schutzwand, hinter der wir unsere Ängste verbergen; aber ihre wahre Ursache ist die Angst, gleich wie sie auch die Ursache der schwachen Reaktionen ist.

Man glaube nicht, daß nur die Patienten, die uns um Rat fragen, solche Ängste kennen. Sie sind latent selbst bei jenen vorhanden, die sich am meisten in der Gewalt zu haben scheinen. Denn wir wissen alle um gewisse Untugenden, die wir niemals zu überwinden vermochten, trotz all unserer Bemühungen und unserer Entschlüsse, oder über die wir nur vergängliche und unvollkommene Siege davongetragen haben. Je mehr wir diese Untugenden zu verbergen suchen, um so mehr untergraben sie unser Selbstvertrauen, und um so zahlreicher werden unsere schwachen Deckreaktionen, die ihrerseits unsere sittliche Kraft gefährden. Gerade deswegen ist die Beichte für jede Befreiung unerläßlich. Es gibt hervorragende Menschen, die unter gewissen heimlichen Fehlern fürchterlich leiden; je banaler diese Fehler sind, um so stärker werden sie dadurch gedemütigt: Es sind das Zerstreutheit, Trägheit, sinnliche Begierde, Liederlichkeit, Zorn, Onanie, irgendeine Marotte oder eingefleischte Gewohnheit. Je größeres Ansehen solche Menschen in der Gesellschaft genießen, je einflußreicher, bekannter, geehrter sie sind, um so größer ist ihre Scham und ihre Verlegenheit, wenn sie diese Fehler eingestehen sollten. Das ist das Drama im Leben so mancher Pädagogen, Industriellen, Richter, Ärzte oder Geistlichen, die mitunter von einem furchtbaren Gefühl der Heuchelei gequält werden, wenn sie ihre ehrenvolle Laufbahn fortsetzen, als ob sie eine Rolle spielten. Die vornehmsten Leute haben niedrige Gedanken, die sie nicht beichten können, ohne die heftigsten Widerstände ihrer Eigenliebe zu überwinden. Die Mutigsten erinnern sich an erstaunliche Feigheiten, die Mustergültigsten an Handlungen oder an Phantastereien, die sie erröten lassen.

Um das zu verstehen, müssen wir diese allzu abstrakte Aufzählung beenden und auf konkrete Einzelheiten eintreten. Mancher sehr tätige und vielbeschäftigte Mann weiß, daß er in gewissen Augenblicken seine Zeit auf stupide Weise vergeudet und daß er unfähig ist, etwas dagegen zu tun, trotz der Beschämung, die er dabei empfindet. Eine Frau, die unter der Impulsivität ihrer Mutter gelitten hat, ist verwirrt, als sie denselben Fehler bei sich entdeckt, und sie fühlt sich ohnmächtig, Herr zu werden über die sie plötzlich überfallende Gereiztheit, die sie dazu treibt, ihrem Kind eine Ohrfeige zu geben. Ein Mädchen, das zu stehlen angefangen hat, ist bestürzt über die natürliche Geschicklichkeit, die es dabei entfaltet – wie bei einem unwiderstehlichen Spiel –, und über die Arglosigkeit, womit seine besten Freundinnen ihm willfährig die Gelegenheit dazu verschaffen. Ein Mann von peinlicher Ehrlichkeit im Geschäftsleben kann sich nicht enthalten, die Steuererklärung leicht zu fälschen oder das Zollamt um eine kleine Summe zu betrügen, die für sein Budget völlig belanglos ist. Ein anderer, der sich immer in der Hand zu haben scheint, sieht sich außerstande, dem lockenden Anreiz einer Zigarette, einer Crèmeschnitte oder einer pornographischen Zeitschrift zu widerstehen. Ein bis über die Ohren in Geldnöten steckender Mann, der seiner Frau fortwährend Sparsamkeit predigt, wagt nicht, ihr gewisse Ausgaben zu bekennen, die in seinen Augen völlig sinnlos sind. Er unterläßt es sogar, sie aufzuschreiben und zu addieren, um sie vor sich selbst zu verbergen; oder aber er leiht einem Freund eine beträchtliche Summe, aus Schwäche, aus Angst, ihm seine eigene Geldverlegenheit einzugestehen, trotz der Einsicht, daß er unklug handelt. Die Unbeherrschtheit im Geldausgeben ist eine unversiegbare Quelle von Schwächegefühlen, und ihr Symptom ist nicht weniger konstant. Man findet sehr oft gleichzeitig eine übertriebene Sorge, keine Schulden zu machen, und einen absurden Trieb zum Vergeuden als eitle Kompensation.

Was manche Leute auch demütigt und quält, das ist, feststellen zu müssen, wie unbeständig ihre Gefühle sind. Sie sagen uns: „Ich beneide Sie um ihren festen Glauben; ich selbst falle immer wieder aus allen Höhen in alle Tiefen!" In Wahrheit sind wir alle so; denn das Gefühl ist eine Bewegung; wäre es unbeweglich, so empfände man es nicht mehr. Der Glaube ist nichts anderes als eine fortwährende und beharrliche Rückkehr zu Gott, von dem wir uns immer wieder entfernen. Er ist nicht dem Gleichstrom ähnlich, der keinerlei Induktionseffekt hervorruft, sondern vielmehr dem Wechselstrom, dessen negative und positive Phasen einander ablösen. Ein ähnlicher Wechsel kennzeichnet die der Affektivität eignende Schwingung. Eine wahrhafte Sündenerkenntnis zum Beispiel ist äußerst selten und flüchtig; man erlebt sie für ein paar Sekunden, länger würde man sie nicht ertragen. Während Jahren, durch ein ganzes Leben hindurch wird die periodisch wiederkehrende Erinnerung daran das geistige Leben neu entfachen. In mehr oder weniger intellektueller Weise werden wir bei vielen Gelegenheiten unsere Sünde erkennen, aber das wird stets nur ein mattes Zerrbild jener erschütternden Erleuchtung sein, während welcher wir plötzlich unsere Nichtigkeit vor der Größe und Heiligkeit Gottes empfunden hatten.

Und wie es Wanduhren gibt, die man nur einmal wöchentlich aufziehen muß, während andere täglich aufzuziehen sind, so wechselt auch diese periodische Wiederkehr der Gefühle von Mensch zu Mensch, und das stürzt die Unbeständigsten unter ihnen in schreckliche Zweifel an sich selbst.

Hinsichtlich des Aussetzens der Gefühle möchte ich auf ein psychologisches Gesetz hinweisen, das die Nervösen immer beunruhigt, das Gesetz der verzögerten Depression. Wenn solche Menschen schwere Sorgen, einen Konflikt haben, beispielsweise vom Bankrott bedroht sind oder vom Ehebruch ihres Gatten erfahren, so halten sie durch, solange die Aufregung andauert. Wenn sie aber später zu uns kommen, rufen sie ganz gedemütigt aus: „Ich verstehe das nicht, jetzt, wo alles erledigt ist, breche ich zusammen!" Gewöhnlich verhält es sich so: Solange der Kampf andauert – mochte er noch so schwer sein –, entfachte er eine instinktive Abwehrkraft in ihnen, die aufhört, sobald sie gegenstandslos geworden ist, und sie bleiben in niedergedrückter Stimmung zurück.

Was in all diesen seelischen Nöten die Kräfte am weitgehendsten untergräbt, das ist das Bewußtsein, sich selbst untreu zu werden. Wir finden es als Ursache der folgenschwersten schwachen Reaktionen. Ein sehr begabter Künstler zum Beispiel verzichtet auf die Künstlerlaufbahn aus ganz gewöhnlicher Angst, seinen Lebensunterhalt nicht verdienen zu können, und wird Bankangestellter oder Beamter. Das unbeschreibliche Gefühl, sich selbst verraten zu haben, verläßt ihn nicht mehr und macht einen in allen Lebenslagen schwachen Menschen aus ihm. Dasselbe gilt für den intelligenten Schüler, der sein Studium in einer momentanen Aufwallung von Trotz aufgibt, oder für einen Verliebten, der seine Liebe aus Angst, abgewiesen zu werden, nicht zu erklären wagt.

So erscheint uns, vom geistigen Standpunkt aus betrachtet, die spezifisch menschliche Angst immer an das Schuldgefühl gebunden zu sein. Dies drückt die Bibel so vortrefflich aus, wenn sie uns zeigt, wie Adam und Eva gleich nach ihrem Ungehorsam gegen das göttliche Gebot vor Gott fliehen und sich vor ihm verbergen (1 Mos 3, 8). Es ist dieses tief in uns vorhandene Schuldgefühl, selbst wenn es mehr oder weniger verdrängt, unbewußt, unbestimmt bleibt, das in unserem Herzen eine den Tieren unbekannte Angst hervorruft, die wir dann auf äußere Dinge projizieren. Wir lassen uns daher von Gespenstern erschrecken, die wir gewissermaßen selbst schufen, um eine zu unerträgliche, unbestimmte Angst zu personifizieren und zu lokalisieren. Sie kommt aus unserem eigenen

Herzen, und das macht sie so hartnäckig: Hat ein Gespenst für uns seinen Schrecken verloren, so tritt sofort ein anderes an seine Stelle.

Das zeigt uns eindringlich die Befreiung mancher Schüchterner. Man kann die Schüchternheit durch methodische Übungen, wie sie uns gewisse Bücher und gewisse Anstalten für angewandte Psychologie vorschlagen, nach und nach überwinden. Dieser Weg ist nicht zu verachten. Allein, es kann geschehen, daß wir bei Schüchternen zu Zeugen einer ganz andersartigen, plötzlichen, sozusagen explosiven Befreiung werden, in dem Augenblick, wo sie eine vollständige und konkrete Beichte ihrer Sünden ablegen. Tatsächlich sind derartige Fälle selten; denn selten ist auch eine solche Beichte. Niemand findet den Mut dazu, wenn er nicht von Gott selbst dahin geführt wird. Aber diese Fälle sind erschütternd.

So wie wir den Menschen einerseits vom geistigen Standpunkt aus betrachten können, so können wir ihn andererseits auch immer vom technischen, vom psychologischen Standpunkt aus sehen. Das widerspricht unseren geistigen Betrachtungen nicht, bewahrt uns indessen davor, zu einfache Schlüsse daraus zu ziehen oder Urteile zu fällen. Vom psychologischen Gesichtspunkt aus gesehen, beruhen all diese seltsamen Verhaltensweisen, von denen wir sprachen, auf inneren Konflikten, wie es uns die Psychoanalytiker aufgezeigt haben. Wenn zwei gegensätzliche Kräfte in der Seele aufeinanderprallen, wird diese gelähmt und versinkt in schwache Reaktionen. Es ist das ein unermeßlich großes und hochwichtiges Thema, das ich hier nur mit wenigen Beispielen streifen kann.

So macht der Schwache sich Vorwürfe, weil er sich nicht selbst verwirklicht, sich vor dem Starken beugt, auch wenn dieser im Unrecht ist; weil er seine Fähigkeiten und Talente aus Schüchternheit verbirgt und sie sogar noch verleugnet, wenn man sie ihm aufzählt; weil er den Besiegten und Unfähigen spielt, während er sich doch verborgener Kräfte bewußt ist. Jedermann ist erstaunt, wenn er entdeckt, wie sehr solche Menschen sich in schwierigen Lagen tapfer und mutig zeigen können. Sie selbst fühlen die in ihnen schlummernde, potentielle Kraft und tadeln sich, daß sie diese im Alltagsleben verbergen. Es besteht ein innerer Konflikt zwischen ihren schwachen Reaktionen und der Kraft, die sie verschleiern; und dieser Konflikt gibt ihren schwachen Reaktionen neue Nahrung. Hier noch das Beispiel einer Frau, die sich stark im Geschäftsleben und schwach in der Liebe erweist. Im Lebenskampf hat sie den Beweis einer starken Energie erbracht, und doch bringt sie es nicht fertig, eine Verbindung abzubrechen, die ihr kein Glück schenkt und sie wahrscheinlich daran hindern wird, es zu finden.

Hier ferner das Beispiel eines Mannes, der den artigen kleinen Jungen spielt. Ich entdecke in ihm eine Abenteurerseele, die es nie gewagt hat, sich zu behaupten, ein phantastisches Verlangen, den menschlichen Konventionen zu trotzen. – Ein anderer zeigt sich unentschlossen, friedliebend und im Übermaß fügsam und gehorsam. In Wahrheit ist er eine Kämpfernatur. In seinem Herzen liefert er all jenen, die ihn beherrschen, stürmische Wortgefechte; und er bleibt stumm, aus Angst, allzu heftig zu werden, wenn er seine Gefühle zum Ausdruck brächte. Eine Frau erscheint furchtsam, während sie in Wahrheit das kühne Trachten ihres Herzens bremst, das man in ihrer Kindheit unterdrückt hat. Man erkennt also eine Art Umkehrung des Charakters, die an viele andere biologische Phänomene erinnert, entsprechend dem Gesetz des „Alles oder nichts". Alles spielt sich so ab, als wäre das verwegene Kind unfähig, seine Kühnheit einfach durch einen Zuschuß von etwas Vorsicht zu mäßigen, und fiele dann plötzlich unter der Wirkung des erzieherischen Zwanges ins gegenteilige Extrem, das der Kleinmütigkeit. Aber die beiden Neigungen, die ausgelöschte natürliche und die künstliche, stoßen sich gegenseitig.

So ist die menschliche Lage; der Mensch ist unendlich komplex und zerbrechlich, tausenderlei falschen Suggestionen unterworfen, von zahlreichen Ängsten gequält, von unaufhörlichen inneren Konflikten zerrissen. Gewiß, es gibt einfache Naturen, die sich keine Rechenschaft geben von dem, was sich in ihnen abspielt; und andere, subtile, die sozusagen Zuschauer ihrer inneren Stürme sind. Aber die Unbewußtheit der ersteren erscheint wie eine instinktive Verteidigung gegen die Angst. Es gibt folglich nicht, wie man gewöhnlich meint, zweierlei Menschen: solche mit inneren Konflikten und solche, die davon frei wären. Wenn sich eine Abgrenzung machen läßt, dann eher die: Die einen leugnen ihre Angst, die andern gestehen sie sich ein. Nun verhält es sich so: Wenn wir unsern Ängsten ins Auge sehen, sie uns bewußtmachen, macht uns das Angst; dennoch ist es das einzige Mittel, ihnen standzuhalten. Masson-Oursel erwähnt folgende Maxime: „Es gibt Leute, die nichts fürchten und allem unterliegen. Es gibt Leute, die alles fürchten und nie unterliegen." Bekannt ist auch der Ausspruch des Grand Condé: „Man muß den Feind auf Distanz fürchten, um nicht in der Nähe vor ihm Angst zu haben."

Die starken Reaktionen, wie Prahlereien und Großsprechereien, führen gewisser zur Niederlage als das Bewußtsein der eigenen Schwäche. Gerade dieses Bewußtsein ist die Voraussetzung jeder Ehrlichkeit gegen sich selbst, jeder geistigen Erfahrung, jedes schöpferischen Werkes.

Ich erinnere mich an einen mit Freunden verbrachten Abend. Es waren zwei Geistliche zugegen. Der eine, ein sehr geschätzter Kanzelredner, der die Massen anzog, gestand uns die schreckliche Angst, die er vor jeder Predigt hatte. Er widmete ihrer Vorbereitung, wie er sagte, jeweils lange Stunden mit immer wachsender Angst. Am Samstag noch warf er seinen Plan um. Zitternd pflegte er auf die Kanzel zu steigen, und wenn er wieder herunterkam, hatte er das Gefühl, sein Amt verraten zu haben. Sein Kollege mischte sich ins Gespräch und sagte: „Predigen hat mich nie geängstigt. Am Sonnabend kommt mir der Text ganz von selbst in den Sinn, und ich lege mich ruhig schlafen. Wenn ich auf der Kanzel stehe, ist es mir, als sprudelten die Worte ohne mein Zutun hervor." Doch sofort fügte er hinzu: „Entmutigend ist dann vielmehr, vor leeren Bänken predigen zu müssen. Die Gläubigen vergessen ihre Pflicht; die Kirche sollte etwas tun und energisch verlangen, daß sie zum Gottesdienst kommen."

So gibt es also kein fruchtbares Werk ohne Angst. Es gibt keinen guten Schauspieler, der nicht gegen das Lampenfieber zu kämpfen hätte, keinen berühmten Redner, der nicht zitterte. Ich gestehe, ohne mich zu schämen, die Angst ein, mit der ich dieses Buch schreibe, und ich weiß, daß sie unvermeidlich ist. „Sehnsucht, Angst, Traurigkeit", sagte der heilige Augustin, „können von der Liebe zum Guten und von der Nächstenliebe herrühren und sind an sich keine Fehler." „Die Angst", schreib Dubois, „ist, sofern sie gewisse Grenzen nicht überschreitet, eine außerordentlich nützliche Regung."

Wenn wir daher auf die Utopie eines Lebens frei von Angst verzichten, wenn wir unsere angsterfüllte menschliche Lage annehmen, so ist das keineswegs eine gewöhnliche Resignation. Wir nehmen die Angst vielmehr als etwas Gutes, als eine Gabe Gottes an, die in seinem Plan ihre Bedeutung hat.

Wenn die Angst universell ist, so deshalb, weil sie ein Instinkt ist. Sie ist der Hebel des Selbsterhaltungstriebes. Ihr Sinn ist ein gottgewollter. Sie ist die Quelle jedes Fortschritts und die treibende Kraft der ganzen Zivilisation: die der Wissenschaft, welche die schreckenerregenden Geheimnisse der Natur zu durchdringen sucht; die der Philosophie und der Religion, welche nach der Wahrheit fanden; die der Arbeit, des Ackerbaus und der Industrie, womit die Menschen gegen ihre materielle Unsicherheit kämpfen; die der Gesellschaft, der sozialen Zusammenarbeit, worin sie ihre Kräfte vereinigen und vergessen, was sie trennt. Das wird deutlich, wenn ein Land bei plötzlicher Gefahr von außen die unantastbare Einigkeit und den sozialen Frieden verwirklicht, die es in mühelosen Zeiten vergeblich anstrebte. Die Angst vor allem Neuen gibt unserm persönlichen Leben und dem gesellschaftlichen Leben ihre Beständigkeit und jenes feste Gefüge von Gewohnheiten, ohne die es nur Verwirrung gäbe. Es ist auch die Angst, die glücklicherweise die Menschen einigermaßen davor zurückhält, blindlings ihren Leidenschaften zu gehorchen, deren verderbliche Folgen sie aus Erfahrung kennen.

Aber es kommt noch etwas anderes hinzu: Die Angst ist auch jene enge Pforte, von der Christus spricht, und außerhalb deren man Gott nicht finden kann. Die Gnade wird dem verheißen, der seine Schwachheit anerkennt, und nicht dem, der sich seiner Stärke rühmt. Die Bibel mit ihrer realistischen Kenntnis des menschlichen Herzens wiederholt 365mal die Worte: „Fürchte dich nicht." Sie spricht auch von der „Gottesfurcht" als vom Anfang aller Weisheit. Christus, der jeder Seele auf den Grund sieht, weiß, daß es kein Leben ohne Angst gibt. Er selbst war davon nicht frei, wie Weatherhead bemerkt. „Sein Schweiß wurde wie Blutstropfen" (Lukas 22, 44). Daher rät er, die unheilvollen Ängste durch eine fruchtbare Angst zu verjagen. „Fürchtet euch nicht vor denen, die den Leib töten und die Seele nicht töten können; fürchtet euch aber vielmehr vor dem, der Leib und Seele verderben kann in der Hölle" (Matthäus 10, 28).

So ist die Angst nützlich oder schädlich, je nachdem sie in unserm Leben die Rolle spielt oder nicht, die Gott ihr in seinem Heilsplan zugewiesen hat. Die Bibel empfiehlt uns nicht, aus dem Lager der Schwachen in das der Starken hinüberzuwechseln, sondern unsere Schwachheit einzugestehen. Wenn es uns so schwerfällt, unsere Ängste zu bekennen, so liegt es daran, daß wir immer stark erscheinen möchten. Und diese Scham ob der eigenen Angst fixiert die Angst und läßt sie schädlich werden. Eine Patientin, die an einem Brusttumor litt, schrieb mir, sie fürchte sich vor Krebs. Sie fügte hinzu: „Eine wirkliche Christin sollte sich nicht fürchten." Nicht doch, liebe Frau, auch ein Christ fürchtet sich, aber er legt seine Ängste vor Gott nieder. Der Glaube unterdrückt die Angst nicht; er erlaubt uns, trotzdem weiterzugehen. Als mein englischer Freund seine Ängste aufzeichnete, tat er es, um ihnen mit Gottes Gnade die Stirne zu bieten. Wenn wir uns in der Stille sammeln, lassen wir die stoische Utopie eines Lebens ohne Angst fahren, die die Ursache so vieler Verdrängungen und so vieler Lügen ist. In Gottes Gegenwart können wir der Angst ins Auge blicken und sie ihm bekennen, damit er fruchtbar mache, was göttlich in ihr ist.

Aber selbst dieser Weg wird vom „Drachen" der Angst bewacht. Alle Menschen fürchten sich vor Gott. Man öffne die Bibel, und man wird sehen, daß jedesmal, wenn Gott zu den Menschen spricht, Angst ihre erste Äußerung ist. Sie fürchten sich vor Gott, weil sie ein schlechtes Gewissen haben und weil sie Angst haben, daß er Opfer von ihnen verlangen könnte.

Ich habe oft den Eindruck, daß mein Beruf, sowohl in psychologischer wie in geistiger Hinsicht, eine bloße Jagd nach der Angst sei. Abwechselnd kommen Starke und Schwache, um vor mir die Ängste zu beichten, die sie lähmen und ihre Reaktionen verfälschen. Menschlich gesehen, habe ich keine Antwort. Die Angst entzieht sich dem Willen. Man kann sie verdrängen, aus der Welt schaffen kann man sie nicht. Man kann sich mit ihr abfinden, sein Leben einengen, um sich ihr nicht auszusetzen. Aber ein Sieg ist das nicht. Und ich muß ehrlich gestehen, daß ich all diese Ängste selbst auch kenne.

Wenn ich gleichwohl bisweilen den andern helfen

kann, so dann, wenn ich ihnen nicht wie irgendeine wichtige Persönlichkeit vorkomme, die an ihren Kämpfen nicht teilnimmt, sondern wenn sie fühlen, daß ich ihnen nahe bin, und auch darum, weil ich selbst gelernt habe, meine Ängste einzugestehen und mich nicht mehr in der trügerischen Hoffnung wiege, ihnen entkommen zu können. Ich habe im Gegenteil folgende Erfahrung gemacht: Wenn wir der Angst ins Auge schauen, wenn wir sie im Glauben vor Gott bringen, so können wir sie überwinden. Das ist keine einfache Sache. Hier wie im Krieg ist der Stärkere nicht derjenige, der sich stark wähnt und die Macht des Gegners unterschätzt.

Es gilt daher, die menschliche Lage, in die Gott uns nach seinem Willen gestellt hat, damit wir uns ihm zuwenden, realistisch anzunehmen; wir sollen Tag für Tag das Sündige an unserer Angst ablegen und ihren Stachel bewahren, soweit Gott selbst ihn in unser Herz gelegt hat, um uns unser Elend bewußtzumachen.

Wie vermag die Frau
in einer von männlichen Werten
geprägten Gesellschaft zu wirken?

„Die abendländische Kultur", schreibt Karlfried Graf von Dürckheim, „ist eine Kultur des männlichen Geistes. Aus der einseitigen Entwicklung der männlichen Eigenschaften ergibt sich die Verkennung, wenn nicht sogar die Unterdrückung der weiblichen Möglichkeiten." Und das entsprechende Verhalten der Frau ist nicht weniger offensichtlich: Weil sie beiseite geschoben worden ist, weil sie kaum mehr eine Rolle in der Entwicklung der Kultur gespielt hat, unterwarf sie sich den männlichen Werten wie Macht, Vernunft, Technik. Wenn der Mann diese Welt der Dinge aufgebaut hat, so deshalb, weil er es allein tat.

Wir haben folglich einen doppelten Vorgang, zwei Verbindungen von Ursache und Wirkung, die sich überlagern und einen Teufelskreis bilden und sich gegenseitig durch das ganze moderne Zeitalter hindurch verstärken: Eine von den männlichen Werten geprägte Gesellschaft verachtet die Frau und lehnt sie ab – und eine Gesellschaft, in der die Frau keinen Einfluß mehr hat, richtet sich immer mehr nach diesen männlichen Werten aus.

Sie werden mir vielleicht entgegnen, daß zu Beginn dieser Entwicklung keine wirkliche Wahl stattgefunden hat, daß es Notwendigkeiten oder politische und hauptsächlich wirtschaftliche Ereignisse waren, die unsere westliche Welt auf diesen Weg geführt haben. Das stimmt nicht. Die Renaissance hat entschlossen das Rationale anstelle des Irrationalen gewählt, die „Ich-Es-Beziehung" anstelle der „Ich-Du-Beziehung"; sie hat sich für die Objektivität und gegen das Gefühl und die Mystik, für die Physik und gegen die Metaphysik entschieden. Der westliche Mensch erhielt sehr wohl die Welt, die er gewollt hat.

Denis de Rougemont hat deutlich aufgezeigt, daß die freiwillige Entscheidung über dem Determinismus der wirtschaftlichen Erfordernisse steht, so daß der Mensch viel stärker, als er glaubt, für seine Zukunft verantwortlich ist. Denis de Rougemont führt ein sehr aktuelles Beispiel an, das des Autos, welches im Laufe dieses Jahrhunderts das ganze wirtschaftliche System umgewandelt, die Energiekrise hervorgerufen, die Städteplanung gestört und die Umwelt in Mitleidenschaft gezogen hat. Und das hat ein solches Ausmaß angenommen, daß man das Auto nicht mehr entbehren kann.

Und all das, weil Ford auf die Idee gekommen ist, Autos zu konstruieren, zu einer Zeit, da, nach seinem eigenen Geständnis, niemand welche kaufen wollte. Die Schwierigkeit bestand also nicht darin, Autos zu konstruieren, sondern die Kunden zum Kauf zu überreden, ein Bedürfnis zu schaffen. Die Technik würde ohne die Propaganda zwecklos sein. Ford hat sich der reinen Luft als Werbeslogan bedient: „Mit dem Auto werden Sie der verdorbenen Luft der Städte entfliehen und auf das Land fahren, um reine Luft zu atmen!" Er hatte nicht vorausgesehen, daß die Autos mehr in der Stadt als auf dem Land zirkulieren und dort die Luft noch mehr verpesten würden.

In Wirklichkeit hat der Mann immer nur getan, was er gerne tun wollte, und das wurde ihm immer durch seine geistigen Vorbilder suggeriert. Nun, diese Vorbilder haben ihm seit der Renaissance in natürlich tausenderlei Nuancen, aber mit zunehmender Gewißheit, wie Ihnen wohl bekannt ist, folgendes gesagt:

– Die alte Vorstellung von einem Gott, der das Universum erschaffen und ihm seine Gesetze gegeben hätte, der den Menschen erschaffen, ihm seinen Geist eingeflößt und ihm eine gewisse Freiheit zugestanden, aber seinen Gehorsam verlangt hätte; der sich ihm offenbart und ihm Propheten gesandt hätte; der selbst in die Geschichte eingetreten sei, um den Menschen von den aus seinem Ungehorsam entstandenen Leiden zu erlösen ...

– All das seien naive, poetische, erbauliche Geschichten, die aber von den Menschen in der Zeit der Unwissenheit erfunden worden sind; es waren Mythen, wie die von allen Völkern ersonnenen Legenden, die sie in ihrer Machtlosigkeit der Natur und dem Schicksal gegenüber trösten konnten; aber von nun an sind das nur noch Überreste eines religiösen Zeitalters der Geschichte, aus einer primitiven Zeit, die jetzt vorüber ist, seitdem die Wissenschaft uns durch das objektive Studium die wahre Erkenntnis gebracht hat.

– Der Mensch soll sich nur noch auf sich selbst verlassen, auf seine Vernunft und seinen schöpferischen Geist, auf seine Wissenschaft und seine Technik, die einzigen Quellen jeden möglichen Fortschritts; er soll Geschichte machen, statt sie zu erleiden; er soll seine Werte selbst frei wählen und den Mut haben, die Verantwortung zu übernehmen; nichts ist heilig, nichts ist tabu. Die Träumereien, die Zärtlichkeiten, die Gefühle, Dinge, die der Frau teuer sind, ihnen kann er sich hingeben, wenn er in der Intimität des Privatlebens mit ihr zusammen ist, aber im gesellschaftlichen, politischen, wirtschaftlichen und beruflichen Leben soll er sich nicht damit belasten; denn hier regieren nur das Gesetz des Stärkeren und der Machtwille.

Wie man sieht, besteht eine Wechselbeziehung zwischen dieser Entwicklung des Denkens seit der Renaissance und der Verdrängung der Frau in ihre private Sphäre. Diese Verdrängung, die die Gesellschaft in den letzten vier Jahrhunderten charakterisiert hat, bewirkte zugleich in der Seele des Mannes eine Verdrängung der Tendenzen, die die Frau verkörpert: das Herz, die persönliche Beziehung, das Gefühls- und Gemütsleben, die Hingabe, die Selbstverleugnung, die Scham, die Milde.

Ja, die Ergänzung der Geschlechter bedeutet nicht nur eine äußere Harmonie, die sich zwischen zwei unterschiedlichen Wesen, dem Mann und der Frau, in der Ehe und in den gesellschaftlichen Beziehungen einstellen muß. Es bedeutet auch eine innere, seelische Harmonie bei allen Männern und Frauen in unsern männlichen und weiblichen Tendenzen. Diese doppelte Harmonie symbolisiert das bekannte chinesische Bild von Yang und Yin. C. G. Jung nennt die in der weiblichen Seele vorhandene männliche Tendenz *animus* und die in der männlichen Seele vorhandene weibliche Tendenz *anima.*

Um seine Männlichkeit zu bestätigen, verdrängt der Mann mehr oder weniger seine *anima,* und die Frau macht das Umgekehrte. Ich sage absichtlich mehr oder weniger; denn eine zu radikale Verdrängung macht aus beiden unvollständige, unharmonische Wesen, denen etwas fehlt. Und das hat sich seit der Renaissance zugetragen, darunter leidet unsere Zivilisation. Jetzt bringt die Frau ihren *animus* wieder zur Geltung – und manchmal zu heftig –, aber sie könnte auch dem Mann helfen, seine *anima* wieder hervorzuholen. Das ist, wie ich glaube, bei mir geschehen; denn ich fühle mich sehr oft meinen Patienten gegenüber ebensosehr als Mutter wie als Vater.

Freud hingegen hat lebhaft protestiert, als Hilda Doolittle ihm sagte, sie habe in ihm eine Mutter gefunden, und er entgegnete ihr: „Ich muß Ihnen sagen (Sie waren immer offen zu mir, ich werde es auch zu Ihnen sein), ich bin nicht gern die Mutter in einem Transfer. Das überrascht und schockiert mich immer ein wenig. Ich fühle mich so männlich." Nebenbei sei vermerkt, daß Freud hier in dem Bestreben, offen zu sein, nicht so neutral und unpersönlich im Dialog geblieben ist, wie seine Schüler es manchmal von ihm behaupten.

Aber ich glaube, daß Freud so reagiert hat, weil er ein

Pionier seiner Zeit war, einer Zeit, in der der Rationalismus gerade auf seinem Höhepunkt stand: Er mußte sich gegen die offizielle Medizin verteidigen, die sein Werk anklagte, nicht wissenschaftlich zu sein, und um Zustimmung zu finden, mußte er seine männliche Objektivität bekräftigen. Aber er war von einer Zärtlichkeit und künstlerischen Feinfühligkeit, die Hilda Doolittle, der ausgezeichneten Dichterin nicht entgangen war, als er ihr seine schöne Sammlung ägyptischer und griechischer Statuetten zeigte.

Er war es, der „die Subjektivität wieder in die Medizin eingeführt hat", wie Viktor von Weizsäcker schrieb. Und die Subjektivität, nicht wahr, das ist gerade das weibliche Prinzip, das Gefühlsleben, der Sinn für das Persönliche. Und das war ein großes Ereignis, der erste Einbruch in das System, das seit der Renaissance und besonders seit Descartes die Vorherrschaft hatte: nämlich daß die Vernunft die einzig sichere Quelle der Erkenntnis sei. Jedermann nimmt an, daß diese Entwicklung des abendländischen Denkens im Zeitalter der Renaissance ihren Anfang genommen hat. Aber die Verdrängung der Frau, geht sie nicht noch weiter zurück?

Nun, es hat den Anschein, daß das nicht der Fall ist. In dieser gleichen Epoche hat sich auch eine Änderung in der Haltung des Mannes der Frau gegenüber vollzogen, eine tiefgehende Änderung, wie ich sie selbst nicht vermutet habe, als ich anfing, dieses Buch vorzubereiten. Und auch die feministischen Autorinnen, die ich las, sprachen nicht davon. Im Gegenteil, sie behaupteten, für die Befreiung der Frau aus ihrer „mittelalterlichen Stellung" zu kämpfen, indem sie dadurch zu verstehen gaben, daß die Verachtung der Frau schon vor der Renaissance allgemein und unerbittlich war.

Das stimmt nicht. Im Mittelalter war die Frau viel geachteter und im gesellschaftlichen Leben aktiv. Ein von Marc Oraison zitiertes Buch hat mir die Augen geöffnet;

es ist das Buch von Régine Pernoud, einer Historikerin und Spezialistin auf diesem Gebiet. „Wieviele Kämpferinnen der Frauenbewegungen", schreibt sie, „denken in gutem Glauben, daß die Frau immer in eine Kemenate eingeschlossen gewesen sei, wenigstens im moralischen Sinn, und daß nur die Fortschritte unseres 20. Jahrhunderts ihr einige Freiheit im Ausdruck, in der Arbeit und im persönlichen Leben gewährt haben."

Im Mittelalter hatte die Frau Zutritt zur politischen Macht. In Frankreich wurden die Königinnen so feierlich gekrönt wie die Könige, und zwar immer durch den Erzbischof von Reims. Und es handelte sich nicht nur darum zu herrschen, sondern zu regieren, die Macht auszuüben, eine weit absolutere Macht, als sie irgendein Staatsmann unserer Tage besitzt. „Eine Eleonore von Aquitanien, eine Blanche von Kastilien", schreibt Régine Pernoud, „beherrschen ihr Jahrhundert wirklich." Das hat sie nicht davon abgehalten, Kinder zu gebären; Eleonore hatte zehn, wie übrigens auch Katharina von Medici.

Aber es handelt sich nicht nur um Königinnen. Unsere Historikerin berichtet, daß „die Frauen wie die Männer in den Gemeindeversammlungen abstimmen konnten, sowohl in der Stadt wie auf dem Land". Und in voller geistiger Unabhängigkeit, wie der Fall von Gaillardine de Fréchou bezeugt, die als einzige *nein* gestimmt hat, während der ganze Rest der Bevölkerung *ja* stimmte. Die Äbtissinnen verfügten „über eine außerordentliche Macht im Mittelalter". Es gab sogar eine Klostergemeinschaft, die nicht nur ein Kloster für Nonnen, sondern auch eines für Mönche enthielt, „und die nicht unter der Autorität eines Abtes, sondern einer Äbtissin stand" ... einer jungen Frau von zweiundzwanzig Jahren. „Die Nonnen jener Zeit sind in der Mehrzahl äußerst gebildete Frauen, die sich an Wissen mit den kultiviertesten Mönchen hätten messen können ..." Politische und kulturelle Gleichheit.

Wie verhält es sich aber im wirtschaftlichen Leben? –

„Aus den Notariatsakten ist häufig ersichtlich, daß eine verheiratete Frau selbständig handelt, zum Beispiel einen Laden eröffnet oder ein Gewerbe betreibt und das, ohne verpflichtet zu sein, eine Erlaubnis des Ehegatten vorzulegen. Schließlich zeigen die Steuerrodel (wir würden sagen die Steuerregister) ... eine Menge von Frauen, die einen Beruf ausüben: wie Lehrerin, Ärztin, Apothekerin, Gipserin, Färberin, Kopistin, Miniaturmalerin, Buchbinderin usw."

„Erst im 17. Jahrhundert muß die Frau den Namen ihres Mannes tragen." Das sagt viel aus über den Kern des Problems, nämlich über die Selbständigkeit der Frau. So auch die Tatsache, „daß Vater und Mutter gemeinsam damals die Aufgabe der Erziehung und Beschützung der Kinder übernahmen wie eventuell die Verwaltung ihres Eigentums ..." Man wird einwenden, daß eine Tochter nicht nach freier Wahl heiraten konnte! Gewiß, aber in dieser Hinsicht war der Jüngling nicht freier. Gleichheit der Geschlechter!

Da es sich schließlich hier um unsere Haltung als Mann der Frau gegenüber handelt, kann ich diese Hinweise nicht abschließen, ohne das Kapitel jenes Buches zu erwähnen, das der höfischen Lyrik gewidmet ist, diesen so feinen und zarten Liedern, die so verschieden von den unsrigen sind, und der mittelalterlichen Literatur im allgemeinen, die von großer Zartheit voller Achtung der Frau gegenüber zeugt. Eric Fuchs schreibt ebenfalls: „Im Hinblick auf die Einrichtung der Ehe erscheint die höfische Lyrik wie eine Forderung der Frau, als solche, das heißt als Person anerkannt zu werden."

Es ist wohl, wie es scheint, das erste Mal in der Geschichte, daß dieser Begriff der Gleichheit der Frau als Person erwähnt wird. Verständlicherweise war ich tief beeindruckt von dem Buch von Régine Pernoud, die unsere Vorurteile und die der Feministinnen über die Stellung der Frau im Mittelalter anprangert. Die Befreiung der

Frau war sicher nicht beendigt – sie ist es heute noch nicht –, aber sie war viel fortgeschrittener, als sie es im ganzen Altertum gewesen ist.

Es geschah folglich später, daß die Zügel angezogen wurden, daß es zu einer Art kultureller Revolution in den Beziehungen zwischen Mann und Frau kam. Sie fällt in die Renaissance und ins klassische Jahrhundert Frankreichs, am Anfang der Neuzeit. Damals kam es zur großen Ungerechtigkeit, zur juristischen Degradierung der Frau, zu ihrem Ausgeliefertsein.

Es war die Wiederentdeckung des römischen Rechts in der Renaissance, die das besiegelt hat. Régime Pernoud unterstreicht diesen Punkt besonders. Denn das mittelalterliche Recht war ein anpassungsfähiges Gewohnheitsrecht, überaus unterschiedlich, je nach den Lehnsherrlichkeiten, den lokalen Gepflogenheiten und Bräuchen. Die Übernahme des römischen Rechts hat der großen politischen Bewegung, die auf die Renaissance folgte, gedient, der Festigung der Macht des Königs, dem Städtebau und der Zentralisierung, die zu den modernen Staaten mit ihrem Nationalismus führen mußten. Gleichzeitig bestätigt dieses Recht nach dem Vorbild des antiken Rom die unmündige Haltung der Frau. Es war Richelieu, der sagte: „Nichts ist geeigneter, dem Staat zu schaden, als dieses Geschlecht" (zitiert von Benoîte Groult).

Diese wichtige chronologische Unterscheidung wird von einem andern Historiker, Jean Delumeau vom Collège de France, bestätigt. Régine Pernoud ist Spezialistin für das Mittelalter und setzte sich voll Eifer dafür ein, dieses von den falschen Urteilen zu befreien, unter denen es steht. Jean Delumeau ist Spezialist für die Renaissance. Auch er datiert die erwähnte Veränderung seit dieser Epoche und schreibt sie ebenfalls der Einführung des römischen Rechts zu, und vor allem erklärt er uns die Entwicklungsgeschichte.

Er zeigt uns, wie sehr wir uns durch den „bestechenden

Begriff von der Renaissance" haben täuschen lassen. – Wir stellen sie uns sicher auch deswegen, weil sie uns so viele künstlerische, literarische und philosophische Schätze gebracht hat, gerne als eine Art goldenes Zeitalter vor, wo sich die Menschen in aller Ruhe den heitersten Beschäftigungen hingeben konnten. In Wirklichkeit war es eine Zeit, in der Furcht, Angst, Panik in grausamer Weise geherrscht haben! Eine Katastrophe folgte der andern: das niederschmetternd wirkende Wiederauftreten der Pest, das große Schisma, durch Mißernten verursachte Hungersnöte, weitverbreitete Revolten, die Raubzüge der Soldateska im Dreißigjährigen Krieg, die Bedrohung durch die Türken, dann die Zerrissenheit der Kirche durch die Reformation!

Es war, wie J. Lortz sagt, „eine Atmosphäre des Weltuntergangs". Katholiken und Protestanten erwarteten ihn als unmittelbar bevorstehend; sie erforschten die apokalyptischen Prophezeiungen und sahen überall den Satan: Er ist es, der „offensichtlich ... wutentbrannt seinen letzten Kampf vor dem Weltuntergang führt. Bei diesem äußersten Einsatz ist ihm jedes Mittel und jede Tarnung recht. Er läßt die Türken weiter vordringen; er inspiriert die heidnischen Kulte in Amerika; er wohnt in den Herzen der Juden; er verführt die Ketzer; er versucht mit Hilfe weiblicher Verführungskünste und einer seit langem für schuldhaft angesehenen Sexualität, die Ordnungshüter von ihrer Pflicht abzulenken; er stört mittels Hexenmeistern und vor allem Hexen das öffentliche Leben, indem er Menschen, Tiere und Ernten verhext. Es ist nicht verwunderlich, wenn sich diese verschiedenen Angriffe gleichzeitig abspielen."

Man sieht, es ist der bei den Psychologen wohlbekannte Mechanismus des Sündenbocks. In der höchsten Not sucht man Schuldige und prangert sie an. Satan bedient sich für seine Zwecke der Türken, der Juden, der Ketzer – respektive des Klerus für die Protestanten – und der Frauen. Die Türken sind mächtig und verteidigen sich. Katholiken und Protestanen haben ebenfalls ihre Armeen und führen grausame Religionskriege, wobei sie alle einen einzigen Feind, Satan, bekämpfen. Aber die Heiden in Südamerika sind wehrlos. Es kommt zu einem Blutbad und ihre alte Zivilisation wird ausradiert. Schließlich haben weder die Frauen noch die Juden Mittel, um sich zu verteidigen, und sie werden verfolgt.

Und dann kommt es zu den Hexenprozessen, die so viele Leute dem Mittelalter zuschreiben. Nun, sie haben ihre tragische Ausbreitung erst in der Renaissance erreicht und ihren Höhepunkt erst im 17. Jahrhundert, zur Zeit von Descartes, den niemand ins Mittelalter verlegen würde! So kam es im selben Augenblick, da dieser Philosoph seine Prinzipien der wissenschaftlichen Vernunft formulierte, die die moderne Zeit inspirieren sollten, überall zu einer eindrücklichen Manifestation der irrationalen Angst vor der Frau. Und geschah das nicht deswegen, weil die Frau dem Mann als faszinierendes Mysterium erscheint, das mehr oder weniger mit den irrationalen Mächten des Gefühls verbunden ist?

Ist übrigens das berühmte „Ich denke, folglich bin ich" von Descartes und sein Erfolg nicht auch eine Reaktion auf die große Panik, die Delumeau beschreibt? Er sagt es nicht, aber man kann es, wie mir scheint, wohl annehmen: Das Suchen nach einer Sicherheit inmitten der Verwirrung, nach einem soliden Grund für das Denken, im Augenblick, da die Theologen als Träger einer irrationalen Botschaft in ihren ausweglosen Kontroversen versinken.

Jetzt ist der Mann in dem „Ich denke, folglich bin ich" ganz allein auf sich selbst angewiesen; er steht da, ohne andere Beziehung als die zu seinem „Ich", ohne Beziehung zu einem „Wir", zu einem andern, ohne Verbindung zum Mitmenschen. Das ist der Ursprung des modernen Individualismus, eines modernen und männlichen Individualismus. Die Beziehung, sie gehört zur Frau, die ein wesentliches Bedürfnis danach hat. Nur durch die Beziehung hat sie das Bewußtsein zu existieren. Sie würde sagen: „Ich stehe in einer Beziehung, folglich bin ich." Für den Mann kommt die Beziehung in zweiter Linie oder besteht überhaupt nicht wirklich. Am Scheideweg der Renaissance ist die Beziehung vergessen worden.

Ich kämpfe nicht gegen den Rationalismus. Er ist legitim und notwendig: er ist das männliche Prinzip; was ich beklage, ist, daß man seine Ergänzung unterdrückt hat, die Beziehung, die nicht rational ist. Ich war sogar von einer „Société Rationaliste" in Frankreich eingeladen worden, um einen Vortrag zu halten, und ich war begeistert von diesen Leuten und wurde sehr herzlich empfangen. Ihr Präsident ist ein Kollege von mir, den ich sehr schätze, und der, obwohl er ganz rationalistisch ist, Sinn für die Beziehung hat. Ich sprach über die in unserer heutigen Gesellschaft so seltene persönliche Beziehung. Es folgte eine lebhafte Diskussion ohne jede philosophische Kontroverse. Das wahre Problem ist psychologischer Art: Diese Welt der Dinge, so vollkommen sie auch sein mag, läßt das in jedem menschlichen Herz schlummernde Bedürfnis nach einer persönlichen Beziehung ungestillt.

So kommt es in der Renaissance und zu Beginn des modernen Zeitalters zu einer wichtigen psychologischen Entscheidung, zu einer Wahl: Das Gefühl gerät in Mißkredit zugunsten der Vernunft, der Körper zugunsten des Verstandes, die Person zugunsten der Dinge. Weit mehr noch, es ist eine Art Verdrängung: die Verdrängung des Gefühls- und Gemütslebens, der Empfindsamkeit, der Emotionen, der Zärtlichkeit, des Wohlwollens, der Achtung vor dem andern, der persönlichen Beziehung, der mystischen Gemeinschaft … und der Frau, die mit all diesen Begriffen, die ich hier aufgezählt habe, in spontaner Gedankenassoziation verbunden ist. So sieht unsere heutige abendländische Welt aus, diese so vollkommene, so mächtige, so leistungsfähige, aber auch so kalte, so harte und langweilige Welt, in der die dem objektiven Studium zugänglichen Krankheiten überwunden sind, in der sich aber die durch einen Liebesentzug entstandenen Neurosen vervielfacht haben, in der man viele Dinge gewonnen, wobei sich aber die „Lebensqualität", die zur Ordnung der Gefühle gehört, verschlechtert hat.

Die Feministinnen kämpfen für die Beseitigung einer Ungerechtigkeit. Damit bin ich einverstanden, aber es kommt noch dazu, daß diese Ungerechtigkeit ein Irrtum war, den wir mit dieser so wenig menschlichen Zivilisation bezahlen. Dieser Irrtum der Renaissance und die sich daraus ergebende Verbannung der Frau sind zwei Aspekte eines selben Problems, es ist das Problem, daß wir den Sinn für die Person verloren haben. Man versteht, daß Emmanuel Mounier davon gesprochen hat, die Renaissance zu wiederholen, dieses Mal aber auf die Person ausgerichtet.

Indessen haben die Dinge bereits begonnen, sich zu ändern. Die Gelehrten haben ihre Ansprüche aufgegeben, durch den technischen Fortschritt ein goldenes Zeitalter herbeizuführen. Viele Junge lehnen diese unpersönliche Gesellschaft ab, und die Frauen haben sich zu regen begonnen, Breschen in die Mauern ihres Gefängnisses geschlagen, und Überfälle nach „außen" gemacht. Ich entnehme dieses so einfache und banale Wort einem Aufsatz von Claude Enjeu und Joana Savé. In einem Gemeinschaftsbuch, betitelt „Les femmes s'entêtent", erwähnen die Autoren diese beiden Gebiete, das „Innen" und das „Außen", den familiären Bereich und den gesellschaftlichen Raum mit einer Barriere dazwischen, die sich für die Männer öffnete, nicht aber für die Frauen.

Diese konventionelle Schranke, die einen freien Verkehr nicht zuläßt, hat auch einen ganz gebräuchlichen Namen. Ich war erstaunt, ihn in den feministischen Anklagereden nicht gefunden zu haben: „Apartheid". Diese Apartheid war in meiner Kindheit, zu Beginn unseres Jahrhunderts noch sehr mächtig. Als meine Frau in den

Religionsunterricht ging, ungefähr im Alter von 15 oder 16 Jahren – ich kannte sie damals noch nicht, aber sie hat es mir oft erzählt –, erlaubten ihre Eltern ihr nicht, um sechs Uhr abends allein nach Hause zu gehen; ihr Pfarrer begleitete sie bis zu einem Platz, wo mein Schwiegervater auf sie wartete.

– Vorsichtsmaßnahmen gegen den Mädchenhandel? – Sie scherzen! Die Sicherheit in Genf war damals nicht weniger gewährleistet als heute. Nein, ganz einfach: „Es war nicht schicklich." Einige Jahre später, als wir verlobt waren, habe ich sie rittlings auf dem Gepäckträger meines kleinen Motorrades mitgenommen, und da war ich es, der sich eine Kritik zugezogen hat, weil es nicht schicklich war: wenn es ein Knabe gewesen wäre, hätte niemand etwas gesagt.

Jene Apartheid ist teilweise aufgehoben worden. Diese Anekdoten lassen den zu meinen Lebzeiten durchlaufenen Weg ermessen. Viele Frauen haben die Türe nach „außen" durchschritten, ins öffentliche Leben, in die Freiheit hinaus. Einige haben ausnahmsweise sogar wichtige Stellungen in der Gesellschaft eingenommen. Man erwähnt sie, um sich ein gutes Gewissen zu verschaffen.

Aber um zugelassen zu werden, müssen sie sich an diese männliche Welt, die die Geschichte gestaltet hat, anpassen. Nun frage ich mich folgendes: Wenn eines Tages die Apartheid abgeschafft sein wird, wenn es den Frauen gelingen wird, ihren Platz voll und ganz zu erobern und ebensoviel Einfluß wie die Männer auf unsere Gesellschaft auszuüben, werden sie diese dann von der Krankheit heilen können, an der sie leidet, von diesem verlorengegangenen Sinn für das Persönliche? Das ist meine Hoffnung. Deshalb schreibe ich dieses Buch. Denn die Frau hat mehr als der Mann Sinn für das Persönliche.

Worin besteht die besondere Sendung der Frau?

Die Frau begann am Ende des Mittelalters aus der unmündigen Randstellung in der Gesellschaft, wo sie seit dem Altertum festgehalten worden war, herauszutreten; und dann kam es während der großen Panik der Renaissance zu einer ungeheuren Bremswirkung; man kehrte zum römischen Recht zurück, zur Herrschaft des Mannes über die Frau, zum Triumph des männlichen Ideals der Objektivität und der Macht. Jetzt hat die Frau angefangen, ihre Rechte zurückzuerobern. Dadurch wird ihr, wie mir scheint, eine Mission übertragen, diejenige, die Entwicklung unserer Zivilisation zu lenken, um sie stabiler werden zu lassen.

Ich möchte Sie darauf aufmerksam machen, meine Damen, daß dies nicht leicht sein wird; denn der Mann hat sich während vier Jahrhunderten daran gewöhnt, ganz allein über alles zu entscheiden. Er ist jetzt zwar damit einverstanden, daß Sie sich in seine Angelegenheiten mischen, vorausgesetzt, daß Sie sich schön ruhig verhalten. Er nimmt nicht gern Ratschläge von einer Frau entgegen, wer immer sie auch sei, und wäre es jene, die mit ihm die Verantwortung für sein Leben trägt. Ich habe diese Erfahrung hundertmal gemacht. Wenn meine Frau eine andere Ansicht vertrat als ich, war meine erste Reaktion im allgemeinen, daß ich dachte, sie sei im Unrecht und ich im Recht. Und es kamen mir zahlreiche Argumente in den Sinn, um es ihr zu beweisen.

Erst später, beim nachträglichen Überdenken und sehr

oft während der inneren Sammlung fiel mir ein, daß ich ganz ruhig prüfen sollte, ob sie nicht doch recht habe, und sogar, ob das, was sie sagte, nicht eine Warnung Gottes sei. Aber dann erhob sich der Dämon meiner männlichen Eitelkeit, und ich dachte mit Vorliebe, daß Gott wohl hätte direkt zu mir sprechen können, statt durch den Mund von Nelly.

Das läßt mich an eine Begebenheit denken, anläßlich einer Ärztetagung in Holland, an der Professor van den Speck den Vorsitz hatte. Plötzlich sagte er: „Wir wollen auch Madame Tournier hören", und er rief sie aufs Podium. Ich erinnere mich hauptsächlich an einen ihrer Sätze: „Ich habe gelernt, daß ich sorgfältig den richtigen Augenblick und die geeigneten Worte auswählen mußte, wenn ich meinem Mann etwas Wichtiges zu sagen hatte." Alle meine Kollegen lachten: Man lacht immer, wenn der Redner eine Wahrheit ausspricht, die man für gewöhnlich verbirgt. Aber ich war sprachlos, ich, der ich mich für so aufmerksam und verfügbar hielt!

Aber ich bin nicht der einzige, der sich hierin getäuscht hat. Ja, der Mann hat während vier Jahrhunderten das Rennen ganz allein gemacht und dabei alle seine Kräfte eingesetzt. Er zeigt so gern seine Macht und seine technische Gewandtheit! Jedes Jahr strebte er einen Wachstumszuwachs von 4% an. Er hätte wissen sollen, wohin das nach Ablauf von vier Jahrhunderten führen würde, er, der die Zahlen so sehr liebt: zur Maßlosigkeit. Ich habe es verstanden, als ich das neueste Buch von Jacques Ellul las: „Verrat am Abendland". Zuerst war ich erstaunt, weil er sagt, daß die Vernunft verraten worden sei, er, der lange vor mir den modernen Rationalismus und das Überhandnehmen der Technik anprangerte. Aber ich habe schnell erkannt, daß die Vernunft, von der er hier spricht, nicht die des Rationalismus ist, die vom Herz nichts wissen will, sondern jene, die sich der Unvernunft und dem Übermaß widersetzt. Es war eine Frau, eine Jungfrau, die dem

Mann Weisheit und Maß beibrachte. Ihr Tempel auf der Akropolis war groß und eindrucksvoll, aber keineswegs überdimensioniert. Er war im Gegenteil das Symbol der Ausgeglichenheit, der Harmonie, des Maßes, wodurch dieses goldene Zeitalter gekennzeichnet gewesen ist.

Es war auch eine Frau in der Antike, die den Mann eingeladen hatte, sich selbst zu erkennen. Aber er hat es in der modernen Zeit vorgezogen, die Welt kennenzulernen, das Objekt und weniger die Person. Das hat ihn bis auf den Mond geführt. Oh, ich leugne diesen Erfolg nicht! Ich habe das wunderbar gefunden. Es wäre nur notwendig gewesen, daß der Sinn für das Persönliche sich ebenso behauptete wie die Technik der Dinge, das weibliche Prinzip ebenso wie das männliche. Wäre folglich die Aufgabe der Frau, jetzt, da sie anfängt, ihre Stellung in der Gesellschaft wiederzufinden, nicht die, daß sie Gerechtigkeit forderte, nicht nur Gerechtigkeit für sich selbst, sondern das richtige Maß in der Zivilisation?

Viele Junge fordern sie nicht nur mit Worten, sondern durch ihre gewalttätigen Reaktionen, ihr rebellisches Verhalten. Ich habe kürzlich ein wunderbares Buch von Pater Stan Rougier, einem katholischen Priester, gelesen; er hat während Jahren unter jungen Delinquenten gearbeitet und zitiert viele in ihrer Wahrheit erschütternde Briefe und Erklärungen von diesen rebellierenden und verzweifelten Mädchen und Jünglingen, die seine Liebe gewonnen haben. Es ist tragisch. Er fügt übrigens ein ganz persönliches Geständnis hinzu: „Wenn mir die Verzweiflung, geboren aus einer Welt, der die göttliche Sonne entrissen wurde, nicht durch den Selbstmord einer Freundin so zu Herzen gegangen wäre, würde ich wahrscheinlich daran vorbeigegangen sein." Und weiter unten: „Die schädliche Aggressivität ist nichts anderes als frustrierter Liebeshunger." Er prangert diese Welt an, die leer ist an persönlichen Beziehungen, und betitelt sein Buch: „L'ave-

nir est à la tendresse". (Die Zukunft gehört der Zärtlichkeit.)

Ja, ich denke wohl, daß die Zukunft der Zärtlichkeit
gehört; aber ich fürchte, mißverstanden zu werden. Ich
komme soeben vom Ökumenischen Institut zurück, wo
ein Seminar über die Dienste der Kirche an den Kranken
und bei der Krankenheilung abgehalten wurde. Ich hatte
das Vergnügen, dort Rev. Granger Westberg wiederzusehen, der zur Förderung eines echten Dialogs zwischen
Theologen und Ärzten so viel getan hat. Natürlich haben
sich einige Teilnehmer um uns gruppiert, und sofort hat
man mich über das Buch befragt, an dem ich gerade
schrieb. Eine liebenswürdige Polin, Frau Halina Bort-
nowska, hat meine Ausführungen übersetzt.

Plötzlich unterbrach sie ihre Übersetzung und wandte
sich persönlich und voller Leidenschaft an mich, indem sie
sagte: „Die Zärtlichkeit! Oh, wie ist das ärgerlich für die
Frau, unaufhörlich an ein Amt der Zärtlichkeit erinnert
zu werden! Ist das nicht, als ob man sie in die Kinderstube
zurückschicken würde, außerhalb des aktiven Lebens, an
den Rand der Gesellschaft, als ob man ihre intellektuellen
und objektiven Fähigkeiten bestreiten und sie auf eine
minderwertige Funktion als Trösterin herabsetzen
würde?" Ich habe selbst, um zu versuchen, sie zu trösten,
in meinen Ton so viel Zärtlichkeit hineingelegt, wie man
sie in einem so nüchternen Milieu anwenden darf.

Vor allem habe ich versucht, das Mißverständnis zu
zerstreuen. Ich bestreite die objektiven Fähigkeiten der
Frau ebensowenig, wie die Fähigkeit des Mannes zur
Zärtlichkeit. Wir bleiben von dieser Zärtlichkeitsverach-
tung geprägt, wodurch unsere Gesellschaft gekennzeichnet ist. Sie mindert die Zärtlichkeit herab zu einer
törichten, falschen Sentimentalität, zu tröstenden Liebkosungen, zu einer bloßen Rührung, womit man in dieser
harten Wirklichkeit des Lebens nichts anfangen kann. Die
wahre Zärtlichkeit ist etwas anderes. Ich schlage eine an-

dere Definition vor: Die Zärtlichkeit ist die Rücksichtnahme auf die Person des Mitmenschen. Deshalb habe ich durch das ganze Buch hindurch von der Person, von der persönlichen Beziehung gesprochen, die es wiederzufinden gilt. So wie Erich Fromm es schreibt: „Der moderne Mensch hat den Kontakt zu sich selbst, zum andern und zur Natur verloren." Wahrscheinlich ist in der Kinderstube dieser persönliche Kontakt noch erhalten geblieben. Aber überall anderswo fehlt er geradezu auf tragische Weise; in der Gesellschaft, in der Welt der Arbeit, in den Büros, den Werkstätten und Laboratorien fehlt es auf schmerzliche Weise an Rücksichtnahme auf die Person. Wie könnte ich von einer Aufgabe der Frau in dieser Gesellschaft sprechen, wenn die Frau noch abseits gehalten würde?

Als ich über dieses Thema in Basel sprach, hat die Frau, die als erste das Wort in der Diskussion ergriff, mich ebenfalls so verstanden, als ob ich von einer Aufgabe der Frau sprechen würde, um sie von neuem auf ein anderes Tätigkeitsfeld als das des Mannes zu verweisen, außerhalb der Welt der Arbeit, in die ich sie ja gerade rufe, damit sie diese Mission ausübe. Wahrscheinlich lassen sich solche Interpretationen nicht vermeiden. Das Problem ruft zu viele Leidenschaften und Verletzbarkeiten hervor. Frauen, die in schweren Kämpfen das Recht erobert haben, aus der Apartheid herauszukommen, sind schnell dabei, mich zu verdächtigen, sie wieder dahin zurückversetzen zu wollen, und ich kann sie verstehen.

Ich muß aber wenigstens deutlich zum Ausdruck bringen, daß dies genau das Gegenteil meiner Idee wäre. Diese besondere Aufgabe der Frau, von der ich hier spreche, betrifft alle Frauen, jede da, wo sie gerade steht, ob zu Hause oder im Beruf tätig oder beides, immer ist es dieselbe Aufgabe, die Wiederherstellung des Vorranges der Person über die Sache. Aber gerade im öffentlichen und kulturellen Sektor ist dieser Vorrang am meisten in Mißkredit geraten. Folglich mußte die Frau dort unbedingt zuerst wieder Zutritt erhalten, und ihre Autorität sollte noch mehr anerkannt werden. Und auch in der Politik müßte das geschehen, wo es so selten zu persönlichen Beziehungen kommt zwischen jenen, die sich in ausweglosen Parteikämpfen gegenüberstehen, weil sie sich gegenseitig so wenig kennen. Ein ehemaliges Mitglied unserer Regierung hat mir anvertraut, daß er sich mit zweien seiner politischen Gegner aufs beste verstanden habe.

In Wahrheit ist es nicht leicht, eine echte persönliche Beziehung herzustellen. Und den Männern fällt es noch schwerer als den Frauen, weil sie größere Angst vor der Emotion haben, die durch eine tiefgehende Öffnung hervorgerufen wird. Männer können über sehr interessante technische oder akademische Berufsfragen bis ins Unendliche diskutieren, ohne von ihren wesentlichen Sorgen etwas preiszugeben. Das ist liebenswürdig, angenehm, sogar sympathisch. Man bedenke jedoch, was sich hinter dieser konventionellen Fassade an gegenseitigen Vorurteilen, an geheimen Leiden, an Eifersucht, an unausgesprochenen Hintergedanken, Ängsten oder Groll verbirgt.

Zwischen Frauen kommt viel öfter ein Unbehagen, eine verletzte Eigenliebe zum Vorschein. Man nimmt an, daß es sich so verhält, weil sie empfindlicher als die Männer sind. Aber es ist deswegen so, weil sie persönlicher und intuitiver sind; ihre Affektivität ist immer wach, sie lassen auf naive Weise eine Kritik hinter einer scheinbar harmlosen Äußerung durchblicken, und jene, die sich betroffen fühlt, täuscht sich nicht. Kurz, es gibt zweierlei Gebiete, das der objektiven und abstrakten Ideen, über die man sehr wohl leidenschaftlich diskutieren kann, aber ohne Gefahr zu laufen, verletzt zu werden, und das der persönlichen Probleme, die ganz mit Emotion geladen sind. Vor diesen verschließt der Mann gerne die Augen. Er respektiert klugerweise die Grenze.

Das habe ich letzten Monat noch bemerkt: Ich nahm in Frankreich an einem Treffen von alten Freunden der Gruppe von Bossey teil. Es war überaus nett. Man denke, seit so manchem Jahr sind wir eng befreundet, wir wissen um die Bedeutung des persönlichen Kontakts, wir sprechen gegenseitig offen miteinander, wir glauben uns vorbehaltlos zu kennen. Und dennoch hatte ich, vielleicht gerade deshalb, den Eindruck, daß wir an der Oberfläche blieben, daß wir uns in einer Euphorie befanden, weit über den persönlichen Wirklichkeiten. Wir hatten die vorhin erwähnte Grenze kaum überschritten.

Und da waren es plötzlich die Frauen, die das Wort ergriffen haben. Frauen, die selbst in so einem privilegierten Milieu noch viel zu bescheiden bleiben; ich hatte es bis jetzt noch nie bemerkt. Mehrere aus der Gruppe beschränkten sich, wenn die Reihe zu sprechen an ihnen war, darauf, bescheiden zu sagen: „Oh, ich habe zu dem, was mein Mann gesagt hat, nichts besonderes mehr hinzuzufügen." Plötzlich geschah es. Alle sieben haben ausgiebig gesprochen, eine nach der anderen, während des ganzen Vormittags.

Eine von ihnen, Simone Scherding, hat diesen Redefluß ausgelöst. Es war gerade Muttertag in Frankreich. Daher hat sie auf die Entbindung hingewiesen, dieses höchste Glück der Frau, das kein Mann je wird erleben können. Man sieht, wir kommen hier wieder auf dieses Thema zurück, von dem ich im 11. Kapitel anläßlich der Bücher von Frauen gesprochen habe, das Thema des Geburtserlebnisses, das wirklich wie es Claude Maillard sagt, Initiationswert besitzt. Es war davon nicht mehr die Rede an diesem Vormittag, aber wie durch einen Zauberstab war die Türe geöffnet worden!

Es kam wie ein Sturzbach, aber das Wort ist zu schwach. Ich hatte eher den Eindruck, als ob ein Staudamm hoch oben in den Bergen nachgegeben hätte, so daß sich das ganze Wasser des Stausees ins Tal ergoß. Was gibt es nicht für persönliche Probleme in jeder Familie! Wirklich, die Frauen sind in dieser Hinsicht hellsichtiger als wir Männer. Wie wir ihnen zuhörten! Wir sahen uns gegenseitig an. Es war, als ob die Frauen uns gesagt hätten: „Das ist die Wirklichkeit des Lebens, das ist es, was ihr nicht sehen könnt oder nicht sehen wollt!" Während eine von ihnen ihre familiären Schwierigkeiten und die ihrer Kinder und Enkel nacheinander aufzählte, neigte sich mein Nachbar gegen mich und flüsterte mir ins Ohr: „Wenn man bedenkt, daß ich glaubte, es gäbe in dieser Familie keine Probleme!"

Ja, meine ganze Laufbahn hat es mich gelehrt, und wir sahen es hier bestätigt: Die Frau ist viel realistischer als wir und viel mutiger, wenn sie sich den Problemen stellen muß, vor denen wir so gerne die Augen verschließen. Wie oft hat Nelly mir die Augen geöffnet, sowohl über die Probleme in unserer eigenen Familie als auch über die unserer Freunde, meiner Kollegen, meiner Patienten. Aber besonders über meine eigenen Probleme. Und das tat nicht nur meine Frau, sondern auch die zahlreichen Frauen, mit denen ich in meinem Sprechzimmer im Gespräch war.

Warum hören wir den Frauen so wenig und so unaufmerksam zu und erwarten von ihnen nur liebenswürdige Zerstreuungen? Weil die Probleme, die sie sehen, beängstigender und schwieriger zu lösen sind als die technischen Probleme, die uns Männer begeistern. Und glauben Sie nicht, daß es auch in allen Unternehmungen sowie im gesellschaftlichen und politischen Leben solche Probleme gibt? Und daß man auch da mehr auf die Frauen hören sollte?

Weil es eine Verschwörung des Schweigens gibt, weil man von den Problemen des Gefühls- und Seelenlebens nicht spricht, empfinden viele unserer Zeitgenossen diese drükkende Einsamkeit, wovon heute die Soziologen wie beispielsweise Riesman sprechen.

Ja, es gibt eine neue Einsamkeit, die für unsere westliche Zivilisation charakteristisch ist, diese technisierte, überorganisierte, überdimensionierte Zivilisation, eine Einsamkeit der Masse. Selbst in den organisierten Freizeitbeschäftigungen kann man sich entsetzlich einsam fühlen. Und die Frau leidet unter dieser modernen Einsamkeit noch mehr als der Mann. Gerade deshalb hat es, wie ich glaube, in den Sprechzimmern der Psychotherapeuten mehr Frauen als Männer. Verheiratete Frauen, wie ich sie erwähnt habe, deren Gatte nur von Tatsachen und Ideen spricht, und nicht von Gefühlen, ein Gatte, der sich nur an ihre intellektuelle Seite wendet und nicht ihr eigentliches Wesen, ihre Gefühlswelt, ihre Person anspricht. Aber mit um so größerem Recht sind es zahllose unverheiratete Frauen, die ein so großes Bedürfnis hätten, im gesellschaftlichen Leben zuverlässige und tiefe männliche Freundschaften zu finden, die sich aber von den Männern nur als Arbeitsmaschinen betrachtet sehen, ohne irgendwelche Rücksicht auf ihre Person, außer den begehrlichen Blicken, gegen die sie sich verteidigen müssen.

Mit meiner männlichen Mentalität habe ich mich wie viele Psychotherapeuten lange, aber mit wenig Erfolg, angestrengt, bei diesen Frauen ein Streben nach Selbständigkeit zu erwecken, damit sie nicht nur ihre Einsamkeit annehmen, sondern sich auch damit aussöhnen würden und stolz seien, nur auf sich selbst zu zählen. Aber die Frau strebt nicht so sehr nach Selbständigkeit, als nach einer dauerhaften und tiefen Beziehung, trotz der sicheren Haltung, die sie zur Schau trägt. Sie sieht nicht die Abhängigkeit, wie man es manchmal sagt, sondern eben die Beziehung; denn es ist die wahre Freiheit, die sie dabei sucht. France Quéré hat es gut ausgedrückt: Für den Mann bedeutet Freiheit Selbständigkeit, während die Frau Freiheit nur in einer geglückten Beziehung erlebt.

Folglich scheint es mir besser zu sein, daß man, statt die Frau einzuladen, diese Einsamkeit anzunehmen, sie bittet, uns von ihr zu heilen, diese eiskalte Welt der Objektivität zu erwärmen, dieser mechanisierten Gesellschaft wieder eine Seele zu geben! Das ist die Mission, die ich der Frau vorschlage, und es scheint mir, daß die Frauenbewegung darin ein gültiges Ziel finden kann. Dies bringt Claire Evans-Weiss, eine kämpferische Feministin, in ihrem Buch „Frau sein – frei sein" zum Ausdruck. Ein Buch, das ein geistiges Testament ist, da sie es zu schreiben begonnen hat, nachdem sie erfahren hatte, daß sie von einem unoperierbaren Krebs befallen sei.

Sie erzählt von ihrer Jugend. Es war die Zeit der ersten feministischen Siege. Als junges Mädchen war sie von dem Ehrgeiz beseelt, „die erste Frau zu sein, die …" Da ihr Vater Testpilot war, wollte sie „die erste Frau sein, die eine Weltreise machte, indem sie dabei die beiden Pole überflog". Und dann erzählt sie ihr Leben, das ganz anders, aber nicht weniger abenteuerlich verlief, nachdem sie gleich nach dem Krieg die von Frank Buchman gegründete geistige Bewegung kennengelernt hatte, der ich ebensoviel verdanke wie sie.

Dann begann sie über den Sinn des Feminismus nachzudenken: „Fragen Sie die Anführerinnen dieser Bewegung", schreibt sie, „wovon sie ihre Schwestern zu befreien beabsichtigen; Sie werden sie nie in Verlegenheit bringen. Die Liste ist lang und vielseitig: von der Ausbeutung durch die Männer, von der wirtschaftlichen Ausbeutung, vom Einfluß der Tabus, von der Last der Schwangerschaft, von der Eintönigkeit der Hausarbeit, von der Diskriminierung auf Grund des Geschlechts und noch von vielem anderen." – „Frei sein wovon?" fügt sie hinzu, „das ist klar. Aber frei sein wofür, das ist es weniger."

Das heißt die Frage stellen, welches Ziel die Frauenbewegung letzten Endes anstrebt, die Frage nach einem frischen Wind, der sie antreibt und belebt, die Frage, ob die

Freiheit, die sie für die Frau fordert, dieser von nun an erlauben würde, eine historische Aufgabe zu erfüllen. Folglich schreibt Claire Evans: „Und wenn wir Frauen uns zuerst für das Ziel entscheiden würden, für das wir frei sein möchten, ein Ziel, das uns über uns selbst und unsere Begrenzung hinaushebt, ein Ziel, das in direkter Beziehung steht zu den Widersprüchen der gegenwärtigen Welt?"

In diesem Geist habe ich mein Buch geschrieben, während ich dachte, daß die Frauen, wenn sie wirklich sehen, was unserer westlichen Welt fehlt, besser erkennen können, was wir von ihnen erwarten, im Austausch zu dem, was sie von uns erwarten. Ihre wesentliche Forderung ist, wie mir scheint, daß sie als Person anerkannt werden. Das schließt das Kommen einer Zivilisation der Person mit ein, wobei der technische Fortschritt seinen Sinn im Dienst am Menschen erhält.

Und die Person? Was ist das? Es ist der Mensch, so wie Gott ihn erschaffen und gewollt hat; der Mensch in seiner Ganzheit und Einheit, in seiner Gesamtheit, wie André Stark es sagt: Geist, Seele und Körper. Es ist auch der Mensch, der nicht isoliert ist, sondern in Beziehungen steht, in Beziehung zum Nächsten, zur Natur und zu Gott; denn durch die persönliche Beziehung wird er Person.

Schließlich ist die Person auch Mann und Frau zusammen und nicht nur der Mann allein. In seinem schönen Buch „Le désir et la tendresse" erinnert Erich Fuchs an das Wort Jesu: „Habt ihr nicht gelesen, daß der Schöpfer sie von Anfang an als Mann und Weib geschaffen ..." (Matthäus 19, 4). Und er erklärt uns, daß in der Sprache Jesu dieser Ausdruck „von Anfang an" nicht nur ein Frühersein in der Zeit bedeutet, sondern „symbolhaft den ursprünglichen Willen Gottes bedeutet, seinen Schöpferwillen". Das Fundament der Person, die „Ebenbild Gottes" ist, der selbst Person schlechthin sowie Harmonie und Fülle ist, worauf dieses Wort hinweist, dieses Fundament ist die unlösbare gegenseitige Ergänzung zwischen Mann und Frau. Zum Zweck der Zeugung? – Gewiß, da er ihnen sagt: „Seid fruchtbar und mehret euch und füllet die Erde", und sogleich fügt er noch hinzu: „und machet sie euch untertan" (1 Mose 1, 28). Beschwört dieses Wort nicht die ganze Geschichte und Zivilisation herauf? Es handelt sich also darum, sie miteinander zu erbauen, nicht eine männliche Geschichte, die nur erfüllt ist von den Schicksalsschlägen eines unaufhörlichen Rennens nach Macht, oder eine männliche Zivilisation, die die Dinge über die Person stellt.

Wird die Frau durch die Arbeit im Beruf wirklich aufgewertet?

Meine Großmutter mütterlicherseits war der Typus der aktiven Frau vom Anfang dieses Jahrhunderts. Sie arbeitete unermüdlich von morgens bis abends in ihrem Haus. Ich erinnere mich an die Tage, an denen sie die Butter ausließ: Wir freuten uns schon vorher darauf, weil wir die Butterrückstände essen durften. Und der Duft, wenn sie den Kaffee röstete! Und dann das Einpökeln des Fleisches; das war eine wirkliche Kunst. Und der große Käselaib, den sie jedes Jahr aus dem Greyerzerland kommen ließ. Sie bewahrte ihn in einem Steintrog auf, in eine mit Weißwein getränkte Sackleinwand gehüllt, um ihn frisch zu erhalten.

Über jeden ihrer Gäste führte sie ein Verzeichnis mit der Speisekarte, um sicher zu sein, ihm nicht zweimal das gleiche aufzutischen. Aber dem Pfarrer, der sich besonders für die Abstinenz einsetzte, bot sie unter der Bezeichnung von Himbeersirup einen Likör an, den sie selbst fabriziert hatte und der ihm sehr mundete. Und der Waschtag, der Glättetag und das große Frühlingsreinemachen. Und die Obst- und Beerenernte im Garten und die zahllosen eingemachten Früchte und Gemüse und die Marmeladen. Oh, die Marmeladen! Wie oft hörte ich sämtlich Nachbarsfrauen davon sprechen. Jede wußte irgendein wunderbares Rezept. Das geht schneller im Supermarkt, aber viel behagliche Freude ist dabei verlorengegangen.

Nicole-Lise Bernheim sagt ironisch: „Die Männer sind

große Philosophen, die Frauen große Kartoffelschälerinnen." Der Ausspruch ist hübsch, aber die Autorin weiß vielleicht nicht, wieviel vertrauliche Mitteilungen sich die Frauen beim Kartoffelschälen machen konnten. Natürlich hatte meine Großmutter Dienstmädchen für solche Arbeiten, aber sie gehörten zur Familie und teilten die Freuden mit ihr. Sie hingen sehr an den Kindern, um die sie sich oft mehr kümmerten als die Mutter, und jene hingen ebenso an ihnen.

Das war auch bei Nelly, meiner Frau, so. Jedes Jahr führte ich sie in ein kleines Waadtländer Dorf, damit sie die Frau besuchen konnte – und das bis in deren letzte Tage –, die eine so große Rolle in ihrer Kindheit gespielt hatte. In einem andern Dorf habe ich auch jene besucht, die sich um mich selbst so liebevoll gekümmert hatte, als meine Mutter so krank war. Dienstmädchen wird es keine mehr geben, einverstanden. Aber sind viele der Routinearbeiten in den Fabriken wirklich interessanter für so viele Frauen als Kartoffelschälen? Sie werden besser bezahlt, gewiß, aber der Sinn für das persönliche wird dabei nicht befriedigt. Denn dort regt der Lärm der Maschinen nicht zum Plaudern an: Die echten Vertraulichkeiten werden nur leise ausgetauscht.

Übrigens sind nicht alle Ehemänner große Philosophen. Und viele Philosophen sind den Problemen des praktischen Lebens gegenüber erstaunlich unbeholfen. Das sieht man gut, wenn sie ihre Frau verlieren. Diese hatte, ohne Anspruch auf Philosophie zu erheben, einen Sinn für ihr Leben darin gefunden, ihrem Mann solche Probleme zu ersparen, damit er sich seinem für die Menschheit so bedeutungsvollen Werk widmen konnte. Und das erfüllte sie mit Stolz. Heute würde man ihr sagen, sie lebe nur durch ihren Mann. Aber hätte man von ihrem Mann, was das reelle Leben anbelangt, nicht auch sagen können, er lebe nur durch seine Frau?

Diese Geschichte von den Kartoffeln erinnert mich an

eine Begebenheit. Als Nelly und ich im Frühjahr 1946 an einer Ärztetagung in Deutschland waren, aß man dort kaum etwas anderes als Kartoffeln in der Schale. Wir hatten allen Teilnehmern Freude gemacht, indem wir ihnen aus der Schweiz Kaffee und Schokolade mitbrachten. Beim Essen bemerkte Nelly, daß eine Professorenfrau sie beharrlich anschaute, so daß sie diese schließlich nach dem Grund fragte. – „Sie schälen ihrem Mann ja die Kartoffeln nicht!" Nelly begann laut zu lachen. – „Sie kennen meinen Mann nicht. Er ist viel zu unabhängig, um das zuzulassen!"

In diesen fernen Zeiten hatte man in Deutschland noch eine große Verehrung für die Professoren! Aber indem sie ihren Mann verehren, sonnen sich da viele Frauen nicht selbst ein wenig an dieser Ehre? Und geschieht es nicht ein wenig aus Eifersucht, wenn andere Frauen ihnen vorwerfen, sie lebten nur durch ihren Mann? Ich bin kein großer Philosoph, aber das Problem stellt sich allen Ehepaaren, und Nelly und ich, wir haben sehr oft darüber gesprochen. Sie war mir so ergeben, daß ich mich immer gefragt habe, ob ich ihr Leben ausfülle oder sie erdrücke. Nur sie selbst konnte es mir sagen; denn das beruht nicht so sehr auf Tatsachen als darauf, was die Frau empfindet.

Im ehelichen Gespräch kann die Frau sich dessen bewußt werden und ihr Gefühl auszudrücken wagen, sie kann sagen, ob sie den Eindruck hat, ein persönliches Leben zu leben oder nur eines in Stellvertretung. Wenn ich die Bücher jener Frauen lese, die sich beklagen, nur durch ihren Mann gelebt zu haben, bin ich erstaunt, keine Andeutung auf eine freie Aussprache mit ihrem Mann zu finden. Liegt das wirkliche Problem nicht in diesem Fehlen eines Dialogs?

Es scheint mir, daß die Frau nie glücklicher ist, als wenn sie sich einem Mann widmet. Nicht nur in der Ehe, sondern beispielsweise als Sekretärin eines Chefs, den sie hochachtet. Daß der Mann diese natürliche Ergebenheit der Frau oft ausgenützt hat, ist offensichtlich und empörend. Aber ganz „männlich" objektiv sage ich, daß die Frauen mir dies oft zu suchen scheinen, sich wenigstens leicht dazu hergeben, ohne sich dessen bewußt zu werden. Meine Frau hat mir oft gesagt: „Was ich an dir ärgerlich finde, ist, daß du immer alles allein machen willst; man weiß nie, was man für dich tun kann."

Und wie viele andere Frauen haben mich gefragt, ob sie mir nicht einen Dienst erweisen könnten! Sicherlich um mir Freude zu machen, aber auch weil ihnen das selbst Freude macht, eine Freude, deren ich sie beraubt habe mit meinem stolzen Anspruch, alles allein machen zu wollen und niemandem für irgendeine Gunst zu Dank verpflichtet zu sein. Deshalb zweifle ich auch, ob es den Feministinnen gelingen wird, die Frauen von diesem Bedürfnis zu dienen abzubringen. Wenn sie sich weniger für ihren eigenen Mann aufopfern, werden sie es für andere Männer tun. Denn das hängt mit ihrem Sinn für die Person zusammen: Ob im Büro oder beim Kartoffelschälen, die Frau arbeitet nie nur für eine Sache, sondern vorwiegend für jemanden. Nur dann verliert die Frau ihren Arbeitseifer und fühlt sich als Magd ausgenützt, wenn sie die Eitelkeit ihres Mannes oder ihres Chefs entdeckt.

Ich habe oft Kartoffeln geschält, früher viel öfter als jetzt, wo ich als Witwer selbst koche und die Kartoffeln mit Vorliebe geschält und in der Büchse im Supermarkt kaufe. Ich erinnere mich, mit welchem Vergnügen ich eine kunstvolle kleine Maschine entdeckt hatte, bei der sich die Knollen vor einem Schälmesser drehten. Meine männliche Neigung zur Mechanik wurde hier befriedigt, während meine Frau ihr altes Messer vorzog.

Nelly hatte keinen Beruf erlernt. Sie gehörte zu der Generation von Mädchen, die angefangen haben, andere Dinge als gesellige Künste ins Auge zu fassen, während sie auf die Heirat warteten. Aber sie dachten dabei mehr an soziale Dienste als an einen Beruf. Daher hatte Nelly, ein wenig um ihre Schwester nachzuahmen, mit Studien am „Institut des Ministères Féminins" begonnen. Es wurden dort Gemeindehelferinnen ausgebildet, die einige theologische Kenntnisse besaßen. Es waren aber rein intellektuelle Studien, die der Schwester meiner Frau zusagten, die in dieser Hinsicht sehr begabt war, aber keineswegs meiner Frau, die die Schule verabscheut hatte.

Sie mußte darauf verzichten, was für sie eine große Enttäuschung gewesen war. Damals ahnte sie noch nicht, daß sie eines Tages ein echtes geistiges Amt ausüben würde, das sich nicht auf Studien und auf ein Diplom gründete, sondern auf persönliche, religiöse Erfahrungen, von denen sie Zeugnis ablegen durfte. Diese von so vielen Frauenrechtlerinnen vertretene Idee, daß nur ein Studium, ein Beruf und ein Titel eine Frau aufwerten können, ist ganz und gar männlich! Und diese Feministinnen scheinen mir hier seltsam durch das männliche Vorurteil beeinflußt zu sein.

Das gehört zu dieser von Männern erdachten, „funktionellen" Gesellschaft, von der ich gesprochen habe; hier ist es die Funktion, die die Person aufwertet, und nicht die Person, die die Funktion aufwertet. Die, welche sich damit abfinden, zweifeln in Wirklichkeit an ihrem Wert als Person. Man verstehe mich recht: Ich bin nicht gegen die Berufsarbeit der verheirateten Frau, soweit sie sich mit ihren mütterlichen Aspirationen verträgt. Es sind die Beweggründe, die mich beschäftigen, ob es geschehe, um der Menschheit nützlich zu sein, oder eher, zur eigenen Aufwertung.

Aber kommen wir auf die historische Entwicklung zurück: Die Industriegesellschaft der Männer – die den Frauen selbstverständlich auch Vorteile bietet – hat ihnen viele Tätigkeiten genommen, an denen sie unbestreitbar Gefallen fanden; die Frauen wurden durch sie aufgewertet, weil sie Geschicklichkeit erforderten und weil sie dabei ihr eigener Herr und Meister waren mit einem freien

Stundenplan; ferner konnten sie, was besonders wichtig war, die Arbeit zu Hause ausüben, ohne die Kinder verlassen zu müssen; oder in dem Haus, wo sie lebten und ohne dabei durch die Benützung der immer ungenügenden öffentlichen Verkehrsmittel unerhört viel langweilige Zeit verlieren zu müssen.

Und diese gleiche Industriegesellschaft hat die Frauen wieder zu meistens subalternen, monotonen und unpersönlichen Anstellungen angeworben. Gewiß, sie verdienen dort mehr Geld zu eigenem Gebrauch, aber ihr Lohn hängt vom Niveau ihres Postens ab, vergessen wir das nicht. Das bedeutet, daß in Frankreich nach Jacqueline Gelly „die Entlöhnungen der Frauen um 33% niedriger sind als die der Männer"; in Amerika erhalten nach Kate Millett die Frauen einen im Durchschnitt um die Hälfte kleineren Lohn als die Männer.

Madame Francève hat die Verteilung der Beschäftigungen in einem Supermarkt studiert: „Das Basispersonal setzt sich aus 90% Frauen zusammen, der Kader aus 25%", das ist schon eine bedeutend kleinere Zahl. Die Autorin fügt hinzu: „Was versucht man uns einzureden mit diesem irreführenden Slogan ‚gleicher Lohn für gleiche Arbeit', da es sich doch um eine Frage des Aufstiegs handelt?" Ja, das ist das eigentliche Problem. Die Soziologin Evelyne Sullerot stellt ebenfalls fest, daß die Frau hauptsächlich subalterne Funktionen ausübt, und im Beruf langsamer und seltener befördert wird. Das hauptsächlichste Argument für die Arbeit der verheirateten Frau ist ihre Aufwertung. Dann sollten aber nicht der Mehrheit von ihnen untergeordnete Stellen zugeteilt werden.

Ich will die Statistiken nicht vermehren. Man findet solche in allen Büchern, und es ist für jedermann ersichtlich bei allen Verwaltungen und in allen industriellen, wirtschaftlichen und kulturellen Unternehmungen. Ich habe in Lausanne und in Genf bei Zusammenkünften von Personalchefs einer großen Zahl von Unternehmungen über die Probleme der Pensionierung gesprochen. Wenn es einen Posten gibt, der für die Frau besonders geeignet wäre, so offensichtlich der des Personalchefs! Nun, es befand sich eine einzige Frau unter all diesen Herren, und sie war es gerade, die ihre Kollegen auf diese Probleme aufmerksam gemacht hatte.

Das will nicht heißen, daß es diesen Herren an Sinn für das Persönliche fehle. Im Gegenteil, es liegt mir daran, ihre Verdienste hervorzuheben. Mit vielen von ihnen habe ich in Seminarien zur Vorbereitung auf die Pensionierung eng zusammengearbeitet und Freundschaft mit ihnen geschlossen. Ich habe stets den menschlichen Geist bewundert, von dem sie beseelt sind. Es ist ganz offensichtlich, daß der Mann sich für die Person interessieren und versuchen kann, sie zu verstehen, so wie ich selbst es tue; und ebenso paßt sich heute die Frau den früher den Männern vorbehaltenen Berufen an: Aber eben: Der Posten des Personalchefs steht in der Rangordnung des Unternehmens auf einer höheren Stufe, und bekanntlich ist der Konkurrenzkampf zur Erreichung einer höheren Rangstufe schon unter Männern groß. Daher sind die Frauen auf der Ebene der Generaldirektoren noch seltener.

Verbirgt sich dahinter noch ein altes Vorurteil? Das Vorurteil, daß der Mann zum Befehlen geeigneter sei? Gewiß, er ist aggressiver. Ich glaube aber nicht, daß die Aggressivität die beste Eigenschaft ist, um ein ausgezeichneter Vorgesetzter zu werden. Die Frau befiehlt auch, aber sie tut es auf andere Art, mehr mit dem Herzen als durch lautes Reden. Man kann das in vielen Familien sehen, wo niemand wagen würde, etwas zu tun, was die Mama nicht billigt. Manchmal ist es sogar ein kleines Mädchen, das alle in seiner Umgebung um den kleinen Finger wickelt. Und wenn die Geschäftswelt ein bißchen weniger aggressiv und grausam sein könnte, glauben Sie nicht, daß das die Lebensqualität verbessern würde?

Es ist allgemein bekannt, daß die Frauen weniger tödliche Verkehrsunfälle verursachen. Ein Übermaß an Wagemut und Unerschrockenheit reizen den Mann immer und verschaffen ihm einen besonderen Genuß, solange alles gut abläuft. Und das ist oft der Fall. Aber plötzlich einmal kommt es zur Katastrophe. Verhält es sich in der Politik und in der Geschäftswelt, wo der Mann befiehlt, nicht ebenso? Unsere ganze Gesellschaft ist als immerwährende Kraftprobe zu verstehen: in den zwischenstaatlichen Beziehungen, und im Inland zwischen den Parteien, zwischen der Linken und der Rechten, und bis in den Wettkampf vor Gericht, wo es zur Kraftprobe zwischen zwei sich gegenüberstehenden Parteien kommt, vertreten durch zwei Advokaten oder durch den Staatsanwalt und einen Advokaten, von denen jeder kühn eine tendenziöse und ungerechte Rede hält.

Und ebenso ist es in den wirtschaftlichen und sozialen Beziehungen, in den Beziehungen zwischen dem Norden und dem Süden und in den Arbeitskonflikten. Man spricht heute viel von Dialogen. Aber der Mann ist zum Dialog viel weniger geeignet als die Frau. Er verwechselt ihn im allgemeinen mit der Diskussion. Die Diskussion geht selbst in akademischen Debatten darauf aus, den Gegner zu besiegen. Im echten Dialog ist man bestrebt, den Gesprächspartner zu verstehen. Und Lösungen werden nur gefunden, wenn jeder sich verstanden fühlt. Andernfalls kommt es nur zu einer kurzen Pause, während welcher man auf die Revanche wartet.

Der Mann ist objektiv, und die Objektivität analysiert und trennt stets. Es ist die Subjektivität, die zur Synthese und Einigung führt. Ein ungeheures, subjektives Bedürfnis, verstanden zu werden, wonach sich alle in dieser an persönlichen Beziehungen so armen Welt sehnen, liegt kaum merkbar allen Konflikten zugrunde, bis hin zu den Streitigkeiten zwischen den Generationen oder zwischen Männern und Frauen. Eine unverhoffte Entspannung entsteht, sobald eine der Parteien bei der andern ein echtes Verlangen, sie zu verstehen, bemerkt, und ihrerseits erweckt die Entspannung bei ihr den Wunsch, den andern zu verstehen.

Nun sind die Delegierten der Arbeitgeberverbände sowie die der Gewerkschaften fast ausschließlich Männer; vielleicht weil man mehr auf ihre Aggressivität als auf ihren Verständigungswillen zählt. Indessen haben sich vor mehr als einem Vierteljahrhundert in meinem Land, der Schweiz, zwei mutige Männer, deren *anima* wahrscheinlich weniger verdrängt war als bei andern, persönlich eingesetzt; der eine vertrat die Arbeitgeber, der andere die Arbeitnehmer und beide suchten nach einem Kontakt und gegenseitigen Verständnis zwischen den Parteien.

Und das ist ihnen wider alles Erwarten und trotz der allgemeinen Skepsis gelungen. Daraus entstand ein „Arbeitsfrieden", unter dem wir heute noch leben, so unvollständig er auch sein mag; in der gegenwärtigen Wirtschaftskrise ist er schwieriger aufrechtzuerhalten, aber er ist sicher ein wesentlicher Faktor, um ihr zu begegnen; und wir haben damit mehr sozialen Fortschritt erreicht als mit Krawallen. Und das trotz des so konservativen Charakters unseres Volkes, das ein souveräner Schiedsrichter in Gesetzesangelegenheiten ist: ein Volk, das alle ihm vorgelegten Neuerungen meistens verwirft. Nebenbei gesagt erklärt sich daraus, wie ich denke, warum mein Volk als letztes das Frauenstimmrecht eingeführt hat; denn es ist das einzige gewesen, bei dem der Entschluß vom Volk abhing und nicht vom Parlament.

Aber wie steht es mit dem Verständnis zwischen Männern und Frauen? Es scheint mir, wenn die Männer die Frauen besser verstünden, würden sie mehr von ihnen erwarten, und wenn sie mehr von ihnen erwarteten, würden sie sie zu höheren Verantwortungen heranziehen. Bis jetzt war das, was man den Aufstieg der Frau in der Arbeit

genannt hat, kaum etwas anderes gewesen, als die Erlaubnis, Berufe auszuüben, die bis vor kurzem den Männern
vorbehalten gewesen waren, vorausgesetzt, daß die
Frauen es brav so machten, wie es die Männer beschlossen
hatten, und daß sie dabei eher untergeordnete Stellen einzunehmen hatten als leitende.

Es scheint, daß sich die Frau gleichsam darauf verlegt
hat, Autostopp zu machen, wobei der Mann ihr wohl erlaubt, in seinen Wagen zu steigen, sich aber davor hütet,
ihr das Steuer zu überlassen, selbst auch nur abwechslungsweise. Und es ärgert ihn, wenn die Mitfahrerin ihm
Ratschläge über die Fahrweise erteilen will. So bleibt die
Wirtschaft männlichen Kriterien der Vernunft, des Profits und der Macht unterstellt, wobei man danach trachtet, möglichst viele Dinge zu tun, ungeachtet des Vergnü-
gens, das Mann und Frau dabei finden könnten. Oh, das
fängt jetzt an, sich ein wenig zu ändern! In der Soziologie
sieht man, wie sich die Frauen Gehör verschaffen, wenn
sie Analysen vorschlagen, die von den unsrigen ganz verschieden sind. Als ich dieses Buch zu schreiben begann,
fiel mir die große Autorität auf, deren sich Simone Veil
bei der französischen Regierung erfreute, und nun hat sie
im Europaparlament eine leitende Stellung. Und überall
muß man mit den Frauen in den Konsumentinnenverbän-
den rechnen.

Es besteht eine ziemlich allgemeine Übereinstimmung
in der Diagnose über unsere Zeit, eine Diagnose, die auf
dem offensichtlichen Triumph der männlichen Tendenzen beruht: das Ausgeliefertsein an die Technik, die Ent-
menschlichung und die Verpolitisierung, die die edelsten
Initiativen in ein gewöhnliches Streben nach Macht um-
wandelt: eine maßlose Macht, die ihrerseits sofort jene
verdirbt, die sie an sich reißen, von nun an greift man im
Lager der Unterdrückten diese Macht an, wodurch sich
dieser unerbittliche Teufelskreis schließt. Aber das Heilmittel? Könnte die Frau es bringen, wenn sie jetzt wieder

auf die Bühne zurückkehrt? Sentimentale Ergüsse werden nicht genügen.

Ein Austausch, ein Dialog, eine echte Zusammenarbeit zwischen Männern und Frauen auf allen Stufen kann eine tiefgreifende Änderung bringen. Das ist viel schwieriger, als wenn ein Geschlecht über das andere triumphiert. Man erkennt, daß der Aufstieg der Frau weit über das Problem des Lohnausgleichs hinausgeht. Man darf Macht nicht mit Führung verwechseln. Es ist gerade der Mann, der dazu neigt, sie zu verwechseln, weil er stets durch die Macht fasziniert wird und immer die Macht im Auge hat, wenn er allein befiehlt.

Das sieht man deutlich an der Entwicklung unserer Gesellschaft während dieser vier Jahrhunderte, während denen er die Frau nicht um ihre Ansicht gefragt hat. Die echte Führung würde eher darin bestehen, daß man über die Ziele der Zivilisation, ihrer Institutionen und ihrer Unternehmen nachdächte. Das könnte weitgehende Folgen haben, wenn Männer und Frauen anfangen würden, es zusammen zu tun. Denn wenn der Mann von der Macht fasziniert ist, so ist es die Frau von der Person und der grundlegenden Achtung, die sie erfordert, die Achtung des Mächtigen vor dem Schwachen, der Mehrheit vor den Minderheiten, die Achtung der abstrakten Doktrinäre vor dem Bedürfnis nach Affektivität und die der Realisten vor der Poesie.

Eine in Paris geborene Amerikanerin, Anaïs Nin, hat mich in dieser Hinsicht sehr beeindruckt. Sie war eine Dichterin, aber es fehlte ihr weder an praktischem Sinn noch an Mut; denn sie hat ihre beiden ersten Arbeiten in ihrem Keller selbst gedruckt, weil die Verleger diese abgelehnt hatten, während sie sich später um deren Veröffentlichung rissen. Sie stellte sich die Frage: „Warum schreibt man?" und sie antwortete: „Ich glaube, man schreibt, um eine Welt zu schaffen, in der es sich leben läßt." Hier habe ich mich sofort mit ihr einverstanden gefühlt. Diese Umwandlung unserer gegenwärtigen Welt durch eine weniger konventionelle, intimere und persönlichere Beziehung zwischen dem Mann und der Frau zieht sich durch ihr ganzes Buch.

„Ich möchte", schreibt sie, „daß dieser Sinn für das Persönliche, für den direkten Kontakt von Mensch zu Mensch von der Frau nicht mehr als Schwachheit aufgefaßt wird, sondern daß sie ihn bewahrt als eine Eigenschaft, die eine ganz andere Welt schaffen könnte, in der die intellektuellen Fähigkeiten sich mit der Intuition und diesem Sinn für das Persönliche verschmelzen würden." Sie spricht von einer neuen Frau und gleichzeitig von einem neuen Mann, einem Mann, der von seiner Angst vor den Gefühlen befreit wäre, bereit, „seine Empfindsamkeit anzuerkennen", und fähig, „sich gehen zu lassen und zu weinen", der sich für sein Heim ebenso interessiert wie für seine Geschäfte; und von einer Frau, die keine Schuldgefühle empfinden würde, wenn sie etwas anderes tut, als eine gute Gattin zu sein und Kinder zu erziehen. Anaïs Nin zitiert Yoko Ono, die davon spricht, „die weiblichen Eigenschaften als Kraft, die die Welt verändert, zu benützen ... sich zu wandeln, anstatt zu revoltieren".

Viele Befreiungen –
aber wirkliche Freiheit?

Ich glaubte, die Befreiung der Frau sei fortschreitend erfolgt, mehr oder weniger rasch natürlich, gemäß den Ländern des Westens, aber in einer kontinuierlichen Bewegung. Es war das Buch der Amerikanerin Betty Friedan „Der Weiblichkeitswahn oder die Mystifizierung der Frau", das mir gezeigt hat, wie sehr ich mich getäuscht hatte. Ein sympathisches Buch, weil es persönlich ist: Sie erzählt von ihrer eigenen Unschlüssigkeit, ihren Ansichtsänderungen, indem sie die Entwicklung der Ideen über die Rolle der Frau in den Vereinigten Staaten darlegt.

Sie beschreibt drei Perioden, die sich so stark voneinander abheben, wie die drei Streifen – rot-weiß-rot – der österreichischen Fahne! Zuerst kommt die feministische Epoche der ersten Hälfte dieses Jahrhunderts, wo sowohl das Frauenstimmrecht als auch das Recht auf ein Studium und die Ausübung irgendeines Berufes verlangt werden, um es den Männern gleichzutun. Man muß allerdings eingestehen, daß, wenn die Männer im letzten Jahrhundert den Frauen den Zutritt zur Universität verwehrten, es nicht deshalb geschah, weil sie diese für unfähig hielten, sondern in der Absicht, sie zu beherrschen und sie sich dienstbar zu machen: „Die Ausbildung der Mädchen soll Ihnen ein Greuel sein", schrieb Balsac. „Man lasse eine Frau die Bücher lesen, die sie selbst ausgewählt hat, so bringt man ihr damit bei, sich allein zu behelfen" (zitiert von Benoîte Groult).

Ich erinnere mich, in meiner Jugend das Stück von Ibsen „Ein Puppenheim" gesehen zu haben, das damals die Gemüter sehr erregte. Die Forderungen der Frau wurden darin in der Person von Nora verkörpert, die, die Türe hinter sich zuschlagend, davonlief, um sich in die Freiheit zu stürzen. Plötzlich entdeckte die Frau, daß sie unter Berufung auf ihre ehelichen und mütterlichen Pflichten gefangengehalten wurde. Bald darauf strömten die jungen Mädchen zu den Universitäten, zogen ihre Studien in die Länge und schoben die Ehe hinaus: Sie wollten zuerst einen Beruf erlernen und nur wenige Kinder haben, um nachher weiter beruflich tätig zu sein.

Aber da beginnt ganz plötzlich ab 1945, nach dem Krieg, die zweite Periode, die Betty Friedan die Periode der Mystifizierung der Frau nennt. (Die Feministinnen der Gegenwart würden sagen, „die in die Falle gelockte Frau", sie lieben diesen Ausdruck sehr.) Tatsächlich hat ein wahrhafter Mythos der Ehe und des Heims die Vereinigten Staaten begeistert. Es ist die Gegenoffensive! Das ist eine Utopie, dieses Streben nach einer öffentlichen Tätigkeit, wodurch die Frau nur von ihrer wirklichen Bestimmung abgelenkt wird. „Die Teilnahme der modernen Frau am politischen Leben", so schreibt man, „vollzieht sich durch ihre Rolle als Gattin und Mutter."

Betty Friedan leistet der Bewegung Folge; sie verzichtet auf ein eben erhaltenes Stipendium, sie heiratet und hat Kinder. „Damals", sagte sie, „heirateten die jungen Amerikanerinnen schon mit zwanig Jahren und noch jünger ... In zwanzig Jahren verdoppelte sich die Zahl der Amerikanerinnen, die drei und mehr Kinder hatten ... Die Geburtenziffer erreichte fast die Höhe derjenigen von Indien ... Eine bekannte Universität, an der Frauen studierten, übernahm folgenden Slogan zu ihrer Verteidigung: Wir unterrichten die Frauen nicht, um Gelehrte aus ihnen zu machen, sondern Gattinnen und Mütter ... Man mußte den Chemieunterricht durch einen Kochkurs ersetzen ... . Zwei von drei Studentinnen verließen die Universität vor Beendigung ihrer Studien." Und anläßlich einer Umfrage gestanden 70% von ihnen, daß sie auf der Universität einen Mann suchten.

Für diese jungen Frauen, sagte Betty Friedan, „war der Feminismus eine überholte Angelegenheit geworden." Diese Tatsache wird von der wohlbekannten französischen Soziologin, Evelyne Sullerot bestätigt; sie erlebte es, daß zwei ihrer Arbeiten von amerikanischen Verlegern mit der Begründung abgelehnt wurden, daß „der Feminismus nicht mehr in Mode sei". Ja, allerdings handelte es sich um eine Mode. Es war die Zeit, in der man in großer Zahl prunkvolle Villen in den Vororten erbaute, kleine Paläste für jene Frauen, die sich in ihr Heim zurückgezogen haben und die Stadt, wo man arbeitete, mieden. Sie führten ihre Kinder mit dem Auto in die Schule, holten sie wieder ab und kamen aus diesem Umkreis kaum heraus. Daher waren die Frauenzeitschriften voll von Ratschlägen über alles, was die Frauen für ihr Heim tun konnten: Vorhänge und Tapeten wechseln, Kochrezepte, Aufsätze über die Psychologie des Kindes und wie sie dem Gatten gefallen können. Aber dann kam die dritte Periode, und es hat den Anschein, daß Betty Friedan mit dem enormen Erfolg ihres Buches viel zu dieser Entwicklung beigetragen hat. Für sie war es auf alle Fälle wie eine Art Bekehrung: „... eines Morgens im April 1959 ... ein unbestimmtes Unbehagen ..." schrieb sie. Aber sie hat für dieses Unbehagen, das sie überfiel, rasch einen Namen gefunden: Es war die Langeweile. „Es glich schließlich einer Theatervorstellung, bei der es nur noch Pausen gab." Sie wurde plötzlich von einem Heimweh nach einem aktiveren Leben befallen. War diese Sehnsucht nicht legitim und natürlich? „Ich brauche mich nicht mehr zu schämen, etwas anderes zu wünschen", sagte sie sich.

Und viele andere Frauen sagten es sich auch. „Wir verstanden plötzlich, daß alle diese Frauen zu Hause mit ihren dreieinhalb Kindern furchtbar unglücklich waren." Und Margaret Mead, von deren glänzender Karriere als Ethnologin sie geblendet waren, nannte ihr Dasein ironischerweise „Rückkehr zur Frau der Höhlenbewohner". Da kehrte Betty Friedan auf die Universität zurück und nahm ihre Studien wieder auf.

In Wirklichkeit waren es nicht diese Studien, die ihr Leben erneuert haben, sondern die Tatsache, daß sie sogleich eine führende Rolle übernommen hat, wobei sich ihr begeisterte Frauen in großer Zahl angeschlossen haben. Sie gründeten zusammen eine Bewegung, für die Betty Friedan einen Namen gefunden hat: sie erzählt launig, wie sie erschöpft und erregt von der Begegnung spontan und ohne zu überlegen drei Buchstaben niederzuschreiben begonnen hat: NOW. Das sind natürlich die Initialen von einer „neuen Organisation der Frauen"; aber es bedeutet auch „jetzt" (now), und „jetzt" sagen, heißt, sich für die Zukunft einsetzen.

Ich könnte noch viele Zitate und Zeugnisse anführen, in denen, wie Betty Friedan es tat, verkündigt wird, daß es für die Entfaltung der Frau nicht genügt, wenn sie sich ihrem Mann, den Kindern und dem Haushalt widmet. Esther Vilar geht nicht zart um mit der Hausfrau: In ihren Augen ist es nicht ihr Mann, der sie ausnützt, sondern sie nützt ihn aus. Sie heiratet nur, um ausgehalten zu werden, und sie beklagt sich noch, „daß sie sich zu Hause langweile". Andere gehen noch weiter: Léon Eisenberg zitiert ein beißendes Wort von Jessie Bernard: „Hausfrau sein, macht die Frauen krank." Und in dem Buch von Claude Maillard erklärt eine Frau: „Was stört, ist, den andern leben zu sehen ... Das Leben zu zweit ist nicht ein Ziel an sich. Das Ehepaar ist eine Sackgasse." Eine andere sagt: „Ich habe verstanden, daß die Allgemeinheit von den Aktivitäten des Einzelnen abhängt. Solange ich selbst nichts tue, geschieht nichts, mit wem auch immer es sei." Es ist also der Erfolg des häuslichen Lebens selbst, der von diesen Frauen geltend gemacht wird, die die andern ermahnen, sich von ihren zu engen Grenzen zu befreien.

Ich gestehe, daß mich diese Geschichte von dem dreimal erfolgten Meinungsumschwung nachdenklich gemacht hat; die Sache ist so widerspruchsvoll, wie Betty Friedan sie erzählt. Und dennoch weiß ich wohl, daß wir alle – wir die Männer wie die Frauen und in Europa ebenso wie in Amerika – in unseren Entscheidungen viel weniger frei sind, als wir denken, daß wir vom gesellschaftlichen Druck und seiner Suggestion sehr stark beeinflußt werden. Und dieser Druck verzehnfacht sich unter einem solchen Sturm leidenschaftlicher und unversöhnlicher Argumentationen, die noch durch die Massenmedien mit ihrer Macht weiter verbreitet werden.

Es ist verwirrend, die Frau so hin- und hergeworfen zu sehen, in einem solchen Maß, daß ihre scheinbar größere Freiheit in Wirklichkeit gefährdet ist. Und es handelt sich nicht nur um zeitbedingte, sich ablösende Einflüsse, wie Betty Friedan es ein wenig schematisch nach den von ihr gemachten Erfahrungen beschrieben hat. Die beiden Ansichten stehen sich tagtäglich und immer ebenso radikal gegenüber und desorientieren und spalten die Frauen.

Man erkennt, wie heikel das alles ist. Es ist wirklich ein Problem, das die Person betrifft: Person sein heißt, die Verantwortung auf sich nehmen, auf den inneren Ruf hören, frei seine Lebensziele wählen und den Weg, den man gehen will. Aber wo ist die Freiheit? Starke Persönlichkeiten wie Betty Friedan wählen ihren Überzeugungen, aber auch ihrem Temperament entsprechend. Sie erzählen von ihren Erlebnissen, und ob sie es wollen oder nicht, reißen sie die andern mit, sie kreieren eine Mode. Und im Lärm der Propaganda, der Begeisterungsstürme und Aufregungen werden zahllose Frauen mitgerissen, denen es immer schwerer fällt, einen wirklich persönlichen Entschluß zu fassen.

Um die Frauen zu befreien, ist es unvermeidlich, daß

man sie anwirbt und einreiht. Sie erleben hier Stunden des Hochgefühls und wunderbarer, herzlicher Gemeinschaft; davon habe ich in ihren Büchern ein ergreifendes Echo gefunden! Aber sie laufen dabei Gefahr, ihren kritischen Sinn zu verlieren. Sie kämpfen für etwas, und das bedingt die Unterordnung unter einen Anführer. Das Problem der Meinungsfreiheit hat mich immer besonders beschäftigt, da es wesentlich zur Person gehört. Ich habe bereits den Ausspruch einer meiner Patientinnen zitiert: „Man ist immer der Gefangene seines Befreiers."

Das kleine Dorf, in dem ich wohne, ist während eines Jahrhunderts in die aufeinanderfolgenden Kriegsgeschehnisse zwischen Genf und Savoyen verwickelt gewesen. Als die Savoyarden zu bedrohlich wurden, riefen die Genfer die Berner zu Hilfe. Diese befreiten das Dorf, verboten die Messe und führten das heilige Abendmahl wieder ein. Aber sie zogen wieder ab, und die Savoyarden kamen zurück, um das Dorf von den Ketzern zu befreien und die Messe wieder einzuführen. Bis zur Rückkehr der Berner ... So gibt es in dieser Welt viele Befreiungen und sehr wenig Freiheit.

Meine kleine Heimatstadt Genf hat seit der Römerzeit nur ein einziges Mal in ihrer Geschichte eine fremde Besatzung gekannt. Es waren die Armeen der Französischen Revolution, die sie eroberten, während sie die Marseillaise sangen: „Geliebte Freiheit!" In Wirklichkeit verlangen die Menschen die Freiheit für sich selbst und verweigern sie den andern. Alle Revolutionäre werden, nachdem sie eine Tyrannenherrschaft beseitigt haben, selbst zu Tyrannen. Und alle politischen Kämpfe haben unter dem Deckmantel von Freiheitsfeldzügen immer nur ein Ziel im Auge: an die Macht zu gelangen. Die Demokratie ist in erster Linie bestrebt, zu verhindern, daß eine Minderheit die Mehrheit unterdrückt; das zweite, schwieriger zu verwirklichende Ziel jedoch ist, zu verhindern, daß die Mehrheit die Minderheit tyrannisiert. Selbst au-

ßerhalb des Krieges und der Politik will jeder unaufhörlich dem andern sein Verhalten diktieren, will ihm sagen,
was gut ist, sogar, was sein Glück ausmacht.

Aber es scheint mir sehr ärgerlich zu sein, wenn man
den Anspruch erhebt, jemanden zu zwingen, zwischen
zwei Wünschen zu wählen, die beide in seinem Herzen
gegenwärtig und mächtig sind: Ja, alle Frauen sehnen sich
nach beidem: nach der Ehe, der Mutterschaft, sie möchten diese intime, kleine Welt hegen und pflegen, sie für
sich haben, und gleichzeitig möchten sie Türen und Fen-
ster auf die große Welt öffnen, den allzu engen Grenzen
entrinnen, teilhaben an der lebendigen menschlichen Soli-
darität. Ein Ausgleich ist fast nie wirklich möglich; man
muß entweder das eine oder das andere verdrängen, aber
eines Tages wird ein Unbehagen aufsteigen, die Langeweile oder noch bewußter das Heimweh. Und diese Debatten rufen Gefühle der Frustration und des schlechten
Gewissens hervor: Die Hausfrau wirft sich vor, daß sie
mit ihren empfangenen Talenten nicht Früchte hervorge-
bracht habe, und die Berufstätige, daß sie ihre Kinder ver-
nachlässige. Gleicherweise beneidet die unverheiratete die
verheiratete Frau um ihr Familienglück und letztere die
andere um ihre Freiheit. Die freieste von allen ist vielleicht
die Ordensschwester, die aber durch ihr Gelübde gebunden ist!

Meine Großmutter, von der ich eben sprach, kannte
diese Sorgen nicht. Sie hatte nur ein Vorbild; sie paßte
sich ihm mit Leichtigkeit an und nannte es mit gutem Gewissen ihre Pflicht. Es gab noch andere Vorbilder wie das
der Abenteurerin, aber das betraf sie nicht. Keine Frau
fühlte sich frustriert, wenn sie nicht einen Beruf ausübte,
da keine von ihnen arbeitete, außer aus finanzieller Notwendigkeit. Das Bedürfnis, am Wirtschaftsleben aktiv
teilzuhaben, war ganz verdrängt. Ich bin glücklich, daß
die moderne Frau sich dessen wieder bewußt geworden
ist, aber ich sehe, daß sie diese Befreiung teuer bezahlt.

Diese moderne Frau hat viele Vorbilder, und sie kann keinem folgen, ohne Gefahr zu laufen, die mit einem andern verbundenen Vorzüge zu vermissen. Gewiß, das Leben ist voll von schwierigen Entschlüssen: Leben heißt sich entscheiden, und sich entscheiden bedeutet immer auf etwas verzichten – auch für einen Mann; eine Frau wählen heißt immer auf alle andern verzichten, und das ist für niemanden leicht. Jeder Mann lebt übrigens im Konflikt zwischen den Anforderungen seines Berufs und denen seiner Familie. Aber er zieht sich besser aus der Sache; oft ist er sich des Konflikts nicht recht bewußt, und es sind seine Frau und seine Kinder, die darunter leiden.

Aber für die Frau ist es etwas ganz anderes! Es ist ihr angeboren, dieses hartnäckige Verlangen nach einem eigenen Heim und einer Familie. Jene, deren Bücher ich gelesen habe, lieben es nicht, daß wir von ihrem Mutterinstinkt sprechen; denn man hat sich zu oft auf die Biologie berufen, um Mißbräuche zu rechtfertigen. Sie sprechen auch nicht von ihrem Herzen, aber mit Nachdruck von ihrem Bauch. Ja, von ihrem Bauch als dem Ort körperlicher Angst und mancherlei funktioneller Störungen. Die Frauen von heute sind freier, aber einer gewissen Verwirrung preisgegeben, was sehr verständlich ist und von den Ärzten sehr wohl gesehen wird. Jean-Paul Sartre hat es aufgezeigt: Es ist immer die Angst, die aufsteigt, angesichts einer notwendigen und unmöglichen Entscheidung. Vielleicht kommen deswegen mehr Frauen als Männer in die Sprechstunde der Psychotherapeuten.

Denn sie werden von diesem verwirrenden und ausweglosen Kampf zerrissen. Beruft man sich auf ethische Prinzipien oder selbst auf Abschnitte aus der Heiligen Schrift, aus der man unwiderlegbare Argumente zieht, dramatisiert man den Gewissenskonflikt noch, und jede Partei wählt jene Begründungen aus, die ihre These bestätigen.

Aber auch ganz aufrichtige, persönliche Zeugnisse tragen zur Verwirrung bei.

Vergleichen wir beispielsweise das von mir zitierte Buch von Betty Friedan mit dem von einer andern Amerikanerin, Marabel Morgan, das den Titel trägt „Die totale Frau". Es hatte in den Vereinigten Staaten ebenso großen Erfolg. Sie erzählt scherzend, daß ihr Mann sie, als er ihr den Hof machte, durch seine Geschwätzigkeit geblendet hat, daß er aber einige Zeit nach der Verheiratung sehr schweigsam wurde. Das kommt bei vielen Ehepaaren vor.

Nun, eines Tages verstand sic, daß ihr Mann deswegen nicht mehr sprach, weil er fühlte, daß sie gereizt und mit Unwillen auf alles reagierte, was ihr an ihm mißfiel, daß sie ihn nicht wirklich annahm, wie er war. Darin bewundere ich sie. Sie zieht jedoch eine Lehre daraus: „Eine totale Frau", sagt sie, „fügt sich den Launen ihres Mannes, ob es sich nun um Salat, Sex oder Sport handle." – Das hat sie sich zum Vorsatz gemacht. Und sie fährt fort: „Auf jeden Vorschlag, was immer es auch sein möge, antworte man mit größtmöglichem Enthusiasmus: ‚ja, einverstanden!'"

Wenn ich recht verstehe, ist das die vollständige Kapitulation, gerade das Gegenteil der Forderungen der Feministinnen, und zwar in einer kategorischen Form, wie ich sie meines wissens sonst nirgends angetroffen habe. Und sie wiederholt mehrere Male: „Es lohnt sich." Und sie beweist dies auch: Nicht nur ist ihr eheliches Einvernehmen von keinem Wölkchen getrübt, sondern ihr Glück wirkt auch ansteckend. Alle Ehepaare des Fußballklubs ihres Mannes haben ihr System übernommen, und das Ergebnis ist, daß die Mannschaft die Weltmeisterschaft gewonnen hat. Um so besser für sie, aber ich hätte eine so wenig persönliche Frau nicht heiraten wollen.

Ja, meine Frau hat mich angenommen, und ich habe es gefühlt. Wenn sie aber nicht einverstanden war, hat sie es mir deutlich gesagt und manchmal auf explosive Art. Und das hat uns dazu geführt, einen andern Weg des Glücks einzuschlagen, den des Dialogs. Dieser Weg ist nicht wolkenlos, aber er bedeutet einen Entwicklungsfaktor für jeden der beiden Partner. War es nicht der Dialog, der fehlte, wenn Marabel Morgan gereizt und unwillig war, ohne etwas zu sagen? Immerhin muß man gerecht sein: Ihr Buch enthält eine große Menge von Bemerkungen und Ratschlägen voller Weisheit.

Es war nicht der Gatte, der von Marabel Morgan eine solche Unterwerfung forderte. Sie hat es freiwillig getan, es war also eine persönliche Handlungsweise. Darin liegt ein gewisses Paradoxon: Sie hat von sich aus ein für allemal den Entschluß gefaßt, ihre persönlichen Reaktionen zu unterdrücken.

Darin liegt auch eine gewisse Größe. Aber erfüllt sie ihre Aufgabe in dem Sinn, wie ich es hier meine? Sie läßt ihren Mann über alles entscheiden, läßt ihn alles machen, was er will. Diese Unterwerfung aus freien Stücken, war das nicht genau die Haltung der Frau in den vergangen Jahrhunderten? Und man sieht das Ergebnis, eine männliche Welt, die reibungslos wie ein Mechanismus funktioniert, ohne Rücksicht auf Gefühlsreaktionen zu nehmen.

Unsere Großmütter konnten sich eine andere Haltung nicht vorstellen, da sie kein Vorbild hatten. Während Marabel Morgan weiß, daß sie sich anders verhalten könnte, und sie hätte sicher den Mut dazu gehabt. Sie sagt von sich selbst: „Ich bin von Natur aus ein wenig autoritär." Das hilft uns vielleicht, das Buch zu verstehen: Es sind die Autoritären, die gewinnen, wenn sie die Erfahrung der Selbstverleugnung machen. Wie dem auch sei, meine Reaktion auf dieses Buch war, zu denken, daß es mich sehr gedemütigt haben würde, wenn meine Frau eine solche Taktik angewandt und auf diese Weise allein das Verdienst für unser gutes Einvernehmen gehabt hätte. Aus dieser Überlegung folgt, daß ich stolzer als Herr Morgan bin.

Ja, der Mann ist sehr stolz, und das kompliziert das Problem der Frau. Er verträgt es schlecht, wenn man ihm widerspricht, aber auch wenn man ihn schonen will, wie ich das eben fühlte. Die Frauen wissen das wohl, wagen es aber nicht zu sagen. Es ist vielleicht nötig, daß ein Mann es sagt. Aber wahrscheinlich setze ich auch wieder meinen Stolz darein, dieser Mann sein zu wollen. Es ist schon lange her, seit ich verstanden habe, daß man mit dem Stolz nie fertig wird. Denn man setzt ebensoviel Stolz darein, ihn zu beichten wie ihn zu verbergen. Und ich fürchte, daß besonders kühne Frauen, die den Stolz des Mannes anprangern wie Kate Millet, mehr dazu beitragen, ihn zu reizen, als ihn davon zu befreien.

Indessen muß man wohl einsehen, wie stolz es von seiten des Mannes war, die Frau während Jahrhunderten hinter die Kulissen der Geschichte zu verbannen und ganz allein nach seiner rationellen und technischen Art die moderne Zivilisation aufbauen zu wollen. Und der Aufstieg der Frau, den sie ihm in harten Kämpfen abgerungen hat, hat ihn verletzt. Auf dem Gebiet der Erziehung beispielsweise erleben wir eine Art Gegenstoß des Mannes: seine Abdankung als Vater.

Eine Mutter fragte mich wegen eines ihrer Kinder um Rat; sie legte mir den Fall sehr klar dar; ich konnte mit ihr wie mit einer Kollegin sprechen. Sie hatte Bücher gelesen, Vorträge angehört, die Elternschule besucht. Am Schluß fragte ich sie: „Was sagt Ihr Mann dazu?" – „Oh, er sagt nichts", antwortete sie, „ich versuche vergeblich mit ihm darüber zu sprechen." Alles verläuft so, als ob der Mann dächte: Da du so gelehrt geworden bist, ziehe dich selbst aus der Sache; ich mische mich nicht mehr drein. Es ist eine Trotzreaktion, aber sie ist unbewußt.

Auf den Beruf verzichten –
um der Familie willen?

Erinnern Sie sich an diesen Meinungsumschwung, der nach dem Zweiten Weltkrieg in den Vereinigten Staaten um sich griff? Ganz plötzlich verkündigte man, daß weder Studien noch eine Karriere die Frau aufwerten könnten, sondern in erster Linie ihre unersetzbare Rolle als Gattin und Mutter, wie Betty Friedan es dargelegt hat. Was mich sehr erstaunt hat, ist, daß letztere die Rolle anprangert, welche die industrielle Strategie ihres Landes dabei gespielt haben soll.

Sie sagt wohl, daß die Einsamkeit der Kriegsjahre „das Liebesbedürfnis (bei den Frauen) verstärkt habe". Aber sie betont vor allem, daß nach Kriegsende die Industrie eine schwierige Reorganisation zu vollziehen, neue Absatzmöglichkeiten zu finden hatte. „In den fünfziger Jahren kam die revolutionäre Entdeckung des Teenagermarktes." Auch des Marktes der Hausfrauen natürlich, denen man alle möglichen Apparate verkaufen konnte. Das genügte wahrscheinlich nicht, um die ganze industrielle Produktion auf der Suche nach neuen Märkten aufzunehmen. Aber es ist die Art und Weise, die uns interessiert. Wie ging das vor sich?

„Ich habe an dem Tag verstanden, wie", schrieb Betty Friedan, „als ich einen Mann besuchte, der fast eine Million Dollar im Jahr dafür erhielt, daß er die Frauen durch psychologische Manipulationen mit kommerziellen Zielen bearbeitete." Und sie zitiert den Ausspruch eines Spezialisten auf diesem Gebiet: „Wir verkaufen ihnen, was sie gerne haben möchten, wir lassen ihre unbewußten Wünsche zum Vorschein kommen." Hier haben wir eine unakademische Anwendung der Tiefenpsychologie. Ferner erwähnt sie diese Anweisung für Verkäufer: „Die verwendeten Argumente müssen geltend machen, daß es mit dem Mixer X keine undankbare und langweilige Arbeit mehr gibt, sondern ein schöpferisches Werk ... Daß dies der Frau erlaube, in ihrem Heim alle Fähigkeiten anzuwenden, die sie in einer Karriere entfalten würde." Und unsere Autorin schließt mit den Worten: „Wie wunderbar ist der moderne Lebensstil! Man hat den Eindruck, einen Betrieb zu leiten, der mit dem neuesten Handwerkszeug ausgerüstet ist."

All das zu vernehmen, ist sehr unerfreulich. Das Gesetz der Welt der Dinge, das Gesetz des Profits würde demnach immer noch der Drahtzieher sein. Hinter unsern Debatten über Prinzipien würden sich höchst eigennützige Einflüsse verbergen. Die Entscheidungsfreiheit der Frauen wäre nicht nur durch viele Vorurteile begrenzt, sondern auch noch durch das wohlerwogene Eingreifen der Geschäftsleute. Das erinnert an den Fall von Ford, von dem Denis de Rougemont gesprochen hat. Er hat ein künstliches „Bedürfnis" nach dem Auto erweckt, wovon ich in einem anderen Kapitel gesprochen habe.

In einer Ausstellung hat mich eines Tages ein Verkäufer aufs Korn genommen, ein Virtuose in marktschreierischer Reklame, und ich verließ die Ausstellung mit einem vielversprechenden Mixer. Ich glaubte, meiner Frau ein schönes Geschenk zu bringen, aber sie hat es nie benützt. Jetzt, als Witwer, habe ich den Mixer wieder aus dem Schrank geholt. Der Mechanismus hat mich interessiert: Er ist sehr ausgeklügelt, fast zu sehr. Die Zeit, die man bei der Benützung gewinnt, verliert man wieder beim Zusammensetzen und Auseinandernehmen der Teile und aller Zusatzgeräte, beim Reinigen und besonders auch beim Studieren der Gebrauchsanweisung; sie wurde aus dem

Englischen übersetzt, eine wortwörtliche Übersetzung, der es an Eleganz und an Klarheit fehlt. Kate Millet schreibt: „Wenn auch der Gebrauch von Haushaltapparaten die mühselige Arbeit erleichtert, so bringt er doch keinen wesentlichen Zeitgewinn."

Wie man sieht, führt uns all das auf sehr praktische Probleme zurück, die aber von großer Bedeutung in der Debatte sind, wie namentlich die Langeweile der Hausarbeit. Der Mann schlägt natürlich technische Lösungen vor. Aber wenn die Frau nicht für Dinge, sondern für Personen arbeitet, bedeutet das auch, daß sie gerne eine Arbeit selbst erledigt, das heißt lieber mit den Händen als mittels einer Maschine. Darum strickt sie immer noch von Hand, während doch die Industrie so viele billige Pullover liefert. Oft habe ich, wenn ich vor Frauen einen Vortrag hielt, zu ihnen gesagt, sie könnten ruhig stricken, während sie mir zuhörten; denn ich weiß, daß sie so besser zuhören. Ich sehe dann, wie einige von ihnen eine immer bereitliegende Arbeit aus ihrer Tasche nehmen. Die Frau eines französischen Chirurgen strickt bei den Tagungen der „Medizin der Person" fortwährend, und in der dort herrschenden Atmosphäre haben sogar die Männer nichts dagegen einzuwenden.

Beachten Sie auch, daß die Frau ein wenig an diese Personen denkt, für die sie arbeitet. Man macht zu gelehrte Berechnungen über die auf die Hausarbeit verwendete Zeit. Esther Villar betont, daß es genau zwei Stunden und siebzehn Minuten im Tag sind für eine Familie von vier Personen. Man müßte auch die Zeit der Träumereien hinzuzählen.

Was am meisten dazu beiträgt, bei der Frau Langeweile und Überdruß an der Hausarbeit hervorzurufen, ist meiner Meinung nach vor allem die geringe Beachtung, die der Mann dieser Arbeit schenkt. Die Wertschätzung des Mannes ist ein wichtiges Kriterium für die Frau, und auch für den Mann ist es von Bedeutung, daß die Frau ihn achtet: Sie bringen sich gegenseitig zur Geltung. Und der Mann ist im Unrecht, wenn er die Hausarbeit verachtet, es ist töricht von ihm, so selten seine Aufmerksamkeit und Dankbarkeit zu bezeugen. „Wenn du eine oder eineinhalb Stunden brauchst, um eine Mahlzeit zuzubereiten", sagt eine Frau, „dann ist sie in einer Viertelstunde gegessen, und niemand dankt dir dafür." Niemand? – Es sind manchmal die Kinder, die in ihrer spontanen Art in die Hände klatschen, wenn ihre Mama ihnen ihre Lieblingsspeise gemacht hat. Sie haben noch nicht gelernt, ihre Gefühle zu verdrängen.

Wenn der Mann wirklich wie diese Kinder verstehen würde, daß die Frau für die Person arbeitet, würde er auch verstehen, daß es ihre Liebe zu ihm ist, die dem, was sie tut, Wert verleiht. Und wenn sie sich auf diese Art verstanden und geschätzt fühlte, würde sie für ihre häuslichen Tätigkeiten einen unerhörten Eifer an den Tag legen. Man hat mir erzählt, daß in der Universität von Bern zwischen den verschiedenen Fakultäten ein Gespräch am runden Tisch über das Thema des Fortschritts stattgefunden hat; es war ein Mathematiker, der am Schluß gesagt hat: „Im Grunde ist die einzige Sache, die zählt, die Liebe!"

Jesus selbst hat für seine Jünger gekocht, während sie ihrer Arbeit als Fischer nachgingen (Johannes 21, 9). Und das nach seiner Auferstehung, wo er für irdische Dinge doch sehr wohl weniger Interesse hätte haben können. Ich denke beim Kochen oft daran, wenn ich es auch nur für mich selbst tue. Ich habe das Gefühl, zu den Ursprüngen zurückzukehren, was mich vor der intellektuellen Einseitigkeit schützt, das Gefühl, mit unseren entferntesten Vorfahren verbunden zu sein. Denn schließlich besteht hierin die Lektion des Prometheus: Das Feuer hat ebenso zum Kochen wie zum Schmieden von Werkzeugen gedient, und das ist es, was das Menschengeschlecht charakterisiert hat: Hier sind Frauen und Männer gleich. Und ich habe auch mein Vergnügen am Einkaufen von Lebensmitteln. Aber wahrscheinlich ist es verkehrt von mir, zu sehr die Bequemlichkeit des Supermarktes in Anspruch zu nehmen, während der wirkliche Markt auf der Straße doch viel persönlicher ist.

Die Dinge haben sich übrigens, was die Hausarbeit betrifft, zu ändern begonnen: viele junge Paare teilen sie „halb und halb" unter sich auf, und es entsteht dabei eine ganz neue Kameradschaft, die sehr geeignet zu persönlichem Kontakt ist. Das alte Vorurteil, daß die Hausarbeit eines Mannes unwürdig sei, verschwindet, als ob seine Würde davon abhinge, was er tut, und nicht davon, was er ist. Und gerade hier entpuppt er sich als faul und anspruchsvoll.

Aber wie verhält es sich nun? Gibt es keinerlei Wertmaßstab für unsere unterschiedlichen Tätigkeiten? Ist es gleichgültig, ob wir diesem oder jenem den Vorzug geben, ob die Frau zu Hause bleibt oder ob sie berufstätig ist? Ist es eine Illusion, wenn die Feministinnen behaupten, die Frau werde durch den Beruf aufgewertet? Oh, ich glaube das keineswegs! Aber was zählt, ist die persönliche Berufung, und das ist etwas streng Subjektives. Das, wozu die Frau sich berufen fühlt, darauf kommt es an, wenn das Leben überzeugt und zielbewußt sein soll. Unglücklicherweise ist niemand frei von den Vorurteilen seiner Zeit, nicht einmal, wie wir eben gesehen haben, frei von verborgenen und gewinnsüchtigen Einflüssen, gerade weil die Aufwertung von der öffentlichen Meinung abhängt.

Ja, wir trachten alle danach, und das in jedem Augenblick, uns durch die Zustimmung und Achtung des andern zur Geltung zu bringen. Als nur die Frauen aus bescheidenen Verhältnissen außerhalb des Hauses arbeiteten, suchten die andern sich durch die Ehe aufzuwerten. Und diese Aufwertung zählt heute noch. Eine Frau heiratet nicht nur aus Liebe und um eine Familie zu gründen, es geschieht auch der gesellschaftlichen Stellung wegen, die ihr die Ehe verleiht. Und auch die Eltern vergessen das nicht, selbst wenn der Verlobte nicht ihren Träumen entspricht. Die ledigen Frauen wissen das wohl, wenn sie sehen, wie die verheirateten geachteter sind als sie, einzig und allein deswegen, weil sie verheiratet sind, und ohne das geringste Verdienst.

Nach dieser Auffassung wird beispielsweise auch die Chemikerin höher eingeschätzt als die Köchin! Alle beide erwärmen, verdampfen, destillieren, filtrieren, kneten und mischen! Das ist vielleicht die Antwort auf die von Evelyne Sullerot gestellte Frage, warum die Chemie der einzige technische Erwerbszweig ist, in dem die Frauen zahlreich vertreten sind. Wenn die Chemie höher eingeschätzt wird, so deshalb, wie mir scheint, weil sie wissenschaftliches Ansehen hat, wenngleich die Kochkunst mehr persönliche Geschicklichkeit erfordert.

Es ist auch Evelyne Sullerot, die aufzeigt, daß die Löhne sinken, je mehr Frauen in einem Beruf arbeiten. Wenn also der Beruf die Frau aufwertet, so entwertet die Frau den Beruf! Es besteht eine Art Überlagerung von zwei Faktoren, der Funktion und der Person. Die Funktion ist ein männliches Kriterium und die Person ein weibliches. Ist es die Funktion, welche die Person aufwertet oder umgekehrt? Ich weiß es nicht.

Alles ist relativ. Die Frau, die keine höheren Schulen besucht hat, hat erst an Wert verloren, seit es Frauen gibt, die studieren. Sie hat das Anrecht auf ein Studium gefordert, als das Ansehen der Wissenschaft auf dem Höhepunkt stand. Aber dieses ist jetzt im Sinken begriffen. Ist die Atombombe daran schuld? Obwohl die Wissenschaftler dabei durch die Politiker und das Militär manipuliert worden sind. Und das Ansehen der Soziologie, der Biologie und der Psychologie scheint zu steigen, während das der exakten und der klassischen Wissenschaften im Sinken begriffen ist. Es war der Ruhm der Wissenschaft, der immer mehr Studenten angezogen hat, und weil es so viele sind, hat es den Anschein, daß er nun verblaßt. In Kreisen, in denen sich früher die Jungen verpflichtet fühlten, auf die Universität zu gehen, lehnen es viele heute ab zu studieren. Und ein amerikanischer Freund, ein Studentenarzt, hat mir gesagt, daß seit einigen Jahren die Zahl der weißen Studenten auf seiner Universität abnehme, während die der schwarzen im Steigen begriffen sei; sie suchen dabei noch eine Aufwertung.

Ja, die Aufwertung der Frau durch die Studien und die Wissenschaft scheint abzunehmen. Die Frau hat sogar angefangen, daran zu zweifeln. David Riesman macht darauf aufmerksam, daß die Frauen ihre Studien aufgeben, sei es entweder, um sich zu verheiraten, oder weil sie fürchten, daß zu viel Wissen „sie daran hindere, einen Mann zu finden“. Sagt man ihnen nicht, fügt Betty Friedan hinzu: „Wenn der Gatte ein Mann der Tat ist, soll man nicht zu gebildet sein …“? Und da die höheren Stellungen mehr den Männern vorbehalten bleiben, verdienen die Frauen mehr bei weniger gelehrten Tätigkeiten.

Denn der Verdienst läuft den Studien als Aufwertungsfaktor ein wenig den Rang ab. Es ist sogar für viele unverheiratete Frauen fast der einzige Faktor zur Aufwertung, viel mehr noch als wenn sie sich für alle aufopfern. Ist jemand in der Familie krank, sind Kinder da, deren Mutter arbeitet und sich nicht um sie kümmern kann, dann zählt man auf sie. Aber man findet das ganz normal, da sie ja weder Mann noch Kinder hat. Michèle Perrein würdigt sie in schöner Weise: Bei diesen „alten Jungfern“ findet man die weitherzigste und uneigennützigste Liebe, die nichts für sich fordert, nichts besitzen will … Aber das trägt ihnen kaum gesellschaftliche Achtung ein.

Während es ein sehr gültiger Ausgleich für ihre Gefühlsfrustration ist, wenn sie genügend Geld verdient, um sich eine kleine Wohnung geschmackvoll einzurichten, mit einer ausgezeichneten Hi-Fi-Anlage, wo sie viele Freunde empfangen kann. Selbst ohne Gatten ist es ein

Heim, und die Frau identifiziert sich mit ihrem Heim. Deshalb protestiert sie so stark gegen die Ungleichheit der Löhne. Sie kommt noch besser weg, wenn sie sich eine unabhängige kunstgewerbliche Stellung schaffen kann. In der Schweiz hat eine von den Frauenorganisationen zu diesem Zweck gegründete Institution wertvolle Dienste geleistet.

Die finanzielle Unabhängigkeit zählt aber auch sehr viel für die verheiratete Frau. Alle Aussagen stimmen darin überein. Sehr oft ist das der Grund, warum sie trotz der außerordentlichen Belastung, die das gleichzeitige Ausüben zweier Tätigkeiten mit sich bringt, eine Stelle annimmt; das ist noch ausschlaggebender als die Befriedigung, die sie bei einer beruflichen Arbeit findet, die manchmal langweiliger ist als die Hausarbeit. „Es ist ein wahres Verhängnis für die Frau", schreibt Gisèle Halimi, „daß sie Geld ausgeben muß, das ein anderer verdient hat." Wer zahlt, befiehlt, selbst wenn der Mann sich keineswegs Rechenschaft darüber gibt, welche Macht ihm das verleiht, wenn seine Frau um die kleinste Summe betteln muß. Das doppelte Einkommen verleiht dem ehelichen Gespräch mehr Freiheit.

Bei dieser Gelegenheit muß ich jedoch erneut daran erinnern, daß man stets der Gefangene seines Befreiers ist: Durch den Verdienst erreicht die Frau einen höheren Lebensstandard, an den sie sich gewöhnt, und das hält sie davon ab, ihre Arbeit aufzugeben, obwohl sie sich danach sehnt, mehr mit ihren Kindern zusammenzusein. Und dann muß sie mit den Reaktionen ihres Mannes rechnen: Eine junge Frau erzählt, daß sie vor ihrer Heirat die Bedingung gestellt habe, ihren Beruf ausüben zu können. „Er war einverstanden gewesen. Aber als wir dann verheiratet waren, änderte er seine Ansicht vollkommen." Ein solcher Fall ist, wie ich glaube, nicht selten und beruht auf der Tatsache, daß nach der Verheiratung beim Mann das Gefühl entsteht, seine Frau gehöre ihm und müsse ganz für ihn da sein. Anaïs Nin berichtet von einem andern, liberaler denkenden Mann, der mit der beruflichen Tätigkeit seiner Frau einverstanden war; sie aber hat darauf verzichtet, weil sie fühlte, daß ihr Mann dachte: „Wenn sie arbeiten will, so deshalb, weil sie mich nicht richtig liebt."

Man sieht, wie komplex all diese Probleme sind, die sich durch die Emanzipation der Frau und die Berufstätigkeit außerhalb ihres Heims stellen, mit allem, was damit zusammenhängt. Wie vermessen ist es, den Anspruch zu erheben, sie im Prinzip lösen zu können. Daher waren von all den Frauen, deren Bücher ich zu diesem Thema gelesen habe, jene mir am sympathischsten, die ihre Sorge und Verwirrung eingestanden, und nicht die kategorischen Frauen, so aufrichtig sie auch überzeugt gewesen sind. Wir haben den wiederholten Meinungsumschwung bei Betty Friedan gesehen. Sie ist jedoch nacheinander und vollständig bald auf die eine, bald auf die andere Seite umgekippt. Viel subtiler, viel nuancierter, viel sensibler in ihrem inneren Konflikt ist mir Christiane Collange, eine Französin, vorgekommen, beim Lesen ihres Buches „Ich will ins Haus zurück".

Sie gesteht von Anfang an, daß sie beides wollte: die Familie und den Beruf. Als ganz kleines Mädchen sagte sie: „Ich will Journalistin und Mutter einer großen Familie werden." Und tatsächlich ist sie eine bedeutende Journalistin geworden, welche die Leitartikel für eine angesehene Wochenzeitschrift schrieb und drei Söhne hatte. Aber sie verbirgt nicht, wie schwer es gewesen ist, beides miteinander zu verbinden, und sogar unbefriedigend, trotz des außergewöhnlichen Reichtums eines solchen Lebens. Und es wäre unmöglich gewesen, wenn sie nicht das heute so seltene Privileg genossen hätte, eine ständige und tüchtige Haushaltshilfe zu haben.

Sogar damit wird das Problem nicht gelöst, sowenig wie durch eine geschickte Zeit- und Arbeitseinteilung, wovon sie in ihrem vorhergehenden Buch „Madame und das wahre Glück" spricht. Denn das Problem liegt im Herzen. „Die dämonische Anziehungskraft des Heims hat mich schon bei der Geburt meines jüngsten Sohnes beunruhigt ..." schrieb sie. „Ein letztes Kind ist wie eine letzte Liebe." Und sie fügte hinzu: „Zu jener Zeit hat die Vernunft meinen Bauch zum Schweigen gebracht ... Wenn du jetzt aufhören würdest mit der Arbeit, würdest du mit vierzig am Daumen saugen ... Wenn die Kinder einmal groß sind, ist das Leben noch lang ..."

Aber der Bauch, wie sie sich ausdrückt, ist hartnäckig! Sie ist nicht umgekippt, sie hat nicht vollständig kapituliert, aber sie hat gefeilscht, sich angepaßt. Sie hat „ehrenvollere, besser bezahlte" Angebote abgelehnt, um etwas mehr Freiheit für ihr Heim zurückzugewinnen. Natürlich wurde sie von den Feministinnen kritisiert, wie ich aus einem Interview entnommen habe. Es schien ihnen, daß sie die Sache der Frau verrate. Indes erinnert sie daran, wie sehr sie für das Recht der verheirateten Frau auf Arbeit gekämpft, wie sie als Journalistin Umfragen in verschiedenen Ländern gemacht habe und daß sie weiterhin Anhängerin der Frauenbewegung bleibe.

Was ich bei dieser intelligenten Frau bewundert habe, ist ihre Feinfühligkeit. Die Anspielung beispielsweise auf das Drama, das schon durch eine ungefährliche Krankheit eines Kindes hervorgerufen wird. Und sie schlägt den Kompromiß der Teilzeitarbeit nicht als ideale Lösung vor, die für alle verheirateten Frauen gilt, nur gerade in ihrem Fall als die nicht schlechteste Lösung.

Sie sehen, wie komplex, heikel und schwierig die Entscheidung in diesen Dingen ist. Es gibt Frauen, die sich jung verheiratet haben und dabei entschlossen auf eine berufliche Karriere verzichteten, um sich ihrer Familie zu widmen. Und wenn die Kinder groß sind, besonders wenn das letzte sich verheiratet oder das Elternhaus verläßt, sehen sie sich ohne Arbeit, ohne berufliche Ausbildung.

Was tun? Nachträgliche Studien? Eine mit viel Schwierigkeiten verbundene Lehre? Eine unbezahlte Arbeit, die viele Leute nicht ernst nehmen? Ganztägig oder halbtägig? Andere Frauen haben um den Preis einer großen Belastung ihren Beruf wieder aufgenommen, sobald das jüngste Kind in die Schule kam, und später machen sie eine Gewissenskrise durch, wobei sie sich fragen, ob sie nicht ihre Kinder und ihren Mann dem persönlichen Ehrgeiz geopfert haben.

Man versteht, daß ich mich von Anfang an für nicht zuständig erklärt habe, Ratschläge zu erteilen. Die Frau als Person anzuerkennen heißt ihr die ganze Verantwortung für ihre Wahl überlassen, heißt ihre Freiheit respektieren. Aber der Gatte? Er kann nicht einfach eine abdankende Haltung einnehmen: „Das ist deine Angelegenheit; mach, was du willst." Wir haben anläßlich unserer letzten Tagung der Medizin der Person in Frascati darüber gesprochen. Mehrere Hausfrauen haben gesagt, daß ihnen bei ihrem Suchen nach einer Lösung ein offenes eheliches Gespräch sehr geholfen habe, wobei aber ihr Gewissen respektiert wurde und jeder seinen Standpunkt vertrat. Einige Frauen sagten, daß es ihr Mann gewesen sei, der vor ihnen erkannt habe, daß ihr Leben von nun an zu leer sei.

Es ist dieses eheliche Gespräch, das eine wesentliche Bedeutung hat, und zwar schon vom Beginn der Ehe an. Es handelt sich nicht so sehr um Debatten über Prinzipien, wie Polemiker es fordern, sondern um ein ehrliches Suchen, Schritt für Schritt, nach dem richtigen Verhalten, ich würde sagen, nach der Führung Gottes. Wie es Christiane Collange in bezug auf die Berufsarbeit der Frau mit gesundem Menschenverstand sagt: Es kommt auf die Dosierung an: Mit einem Kind, da geht es noch, mit zweien wird die Schwierigkeit nicht nur verdoppelt, sondern verzehnfacht, mit dreien, da geht es nicht mehr.

Das läßt natürlich an die Frage der Familienplanung

denken, wovon sie aber nicht spricht; und auch ich will es nicht tun, weil es den Rahmen dieses Buches sprengen würde. Die Abtreibungsfrage tut das noch in vermehrtem Maß, aber ich muß hier doch kurz etwas dazu sagen, da die Feministinnen sie für erlaubt erklären wollen, was zu einer ihrer hauptsächlichsten Forderungen gehört.

Es entspricht den Perspektiven dieses Buches, die Bedeutung der subjektiven, emotionellen und gefühlsbezogenen Faktoren zu unterstreichen. Und was, wie ich glaube, die Verbissenheit, mit der sie für ihre Forderungen kämpfen, sehr wohl erklärt, ist ihre Entrüstung über die ungerechte, vollständige Straflosigkeit des Mannes als dem wirklichen Verantwortlichen. Ob es nun ein junger Bursche sei, der ein junges Mädchen verführt hat, oder ein egoistischer Gatte, der sich weigert, die Last eines weiteren Kindes auf sich zu nehmen, es ist der Mann, der sich jedem ernsthaften Gespräch widersetzt und sich leichtfertig aus der Sache zieht, indem er sagt: „Schau, wie du damit fertig wirst", oder er sagt überhaupt nichts.

Die Justiz erscheint der Frau folglich wie eine große, unerbittliche Maschine, die von Männern erfunden wurde und blindlings ihrer Logik gehorcht, ohne sich um Gefühlsreaktionen zu kümmern; sie schiebt der Frau die Schuld in die Schuhe, weil das leichter geht, als wenn man den Mann beschuldigt, der sich aus der Sache zieht.

Nach meiner Erfahrung kann man öfter, als man denkt, einer Frau dazu verhelfen, ihr Kind zu behalten, indem man ernsthaft mit ihr darüber spricht, selbst von einem rein psychologischen Standpunkt aus. Jede Frau bleibt sehr empfänglich für die Tatsache, daß es etwas Lebendiges ist, das sich da in ihrem Schoß entwickelt. Und die Abtreibung hinterläßt immer eine tiefe Wunde in ihrem Herzen. Eine Wunde, die ich mich übrigens zu heilen befleißige, indem ich daran erinnere, daß die durch die Offenbarung verkündigte Gnade Gottes bedingungslos ist. Jesus hat unaufhörlich die moralische Heuchelei angeprangert, die Heuchelei der „Gerechten", deren Sünde nicht kleiner ist als die der andern, die sie verdammen.

Ich habe mir einen Tadel von einer Persönlichkeit meiner Kirche zugezogen, weil ich ein Manifest gegen die Abtreibung unterzeichnete anläßlich einer eidgenössischen Abstimmung, bei der dem Volk ein mühsam ausgearbeitetes Gesetz des Kompromisses unterbreitet wurde, das keine Lösung brachte für dieses unlösbare Problem. Aber ich denke, daß die Feministinnen sich nicht darüber Rechenschaft geben, was für Leiden sie den Frauen verursachen, wenn es zu einer totalen gesetzlichen Straflosigkeit der Abtreibung käme. Einer meiner alten Freunde, Dr. Ernst aus Ulm, hat eine internationale Gesellschaft von Ärzten gegründet, die Gegner dieser Liberalisierung sind.

Sind unsere Krankheiten
Ausdruck unserer Lebensprobleme?

Rückblickend muß ich Zeugnis ablegen für Frank Buchman. Ich habe diesen Mann sehr verehrt, und ich verdanke ihm alles, alles, was geistiges Abenteuer in meinem Leben gewesen ist. Frank Buchman und der von ihm ins Leben gerufenen Bewegung habe ich meine eigene Umwandlung sowie die unseres Ehe- und Familienlebens zu verdanken. Ihm verdanke ich auch meine ganze berufliche Laufbahn, diese neue Ausrichtung, die ich für das Verständnis der Medizin entwickeln konnte. Mein erstes Buch *Krankheit und Lebensprobleme* habe ich übrigens Frank Buchman gewidmet.

Gott ist es, der Frank Buchman inspiriert hat. Und durch ihn, seine Freunde, seine Mitarbeiter und jetzt durch sie alle ist mein Leben weitgehend fruchtbar beeinflußt worden. Und so konnte ich auch diese neue Art, die Dinge zu sehen, in der Ärzteschaft verbreiten, außerhalb von religiösen Zusammenkünften im eigentlichen Sinn.

Ich bin nun seit bald 60 Jahren als Arzt in Genf tätig. Im Frühjahr 1932 ist Frank Buchman anläßlich der Abrüstungskonferenz des Völkerbundes nach Genf gekommen. Damals machte ich meine ersten Erfahrungen mit der inneren Sammlung. So trage ich seit fünfzig Jahren ein Notizheft mit mir herum, worin ich meine Gedanken während der Sammlung eintrage. Ich sage nicht, daß ich nie einen Tag ausgelassen hätte. Ich habe die Meditationen oft versäumt, hauptsächlich früher, aber seit dem Tod meiner Frau vor acht Jahren nicht ein einziges Mal. Das ist die Grundlage meines Lebens und die Basis von allem, was daraus hervorgegangen ist. Die, welche für meine Bücher dankbar sind, wissen es wohl: dieses Hören auf Gott, dieses Amt der Seelsorge, diese Begegnungen sind von großer Bedeutung in meinem Leben gewesen. Die Leute haben sich mir eröffnet. Dabei habe ich entdeckt, wie zahllos die Lebensprobleme sind, die bei jedermann vorkommen. Ich erinnere mich, daß ich eines Tages gedacht habe: Es ist schrecklich, daß es in jedem Leben Geheimnisse, schwere Belastungen gibt. Wir Ärzte untersuchen, beobachten, stellen eine medizinische Diagnose; man sollte aber noch eine andere Diagnose stellen. Ich habe angefangen zu merken, was für eine Bedeutung all diese Lebensprobleme für die Gesundheit haben. Die Krankheit kommt viel seltener, als man glaubt, zufällig. Sie bereitet sich sehr oft während Jahren vor. Es besteht ein Zusammenhang zwischen der Gesundheit und all diesen Lebensproblemen, welche die Leute in sich tragen, für die sie eine Hilfe, eine Lösung suchen, ohne zu wissen, an wen sie sich wenden könnten.

Ich sehe hier den Vater von Dr. Marc Jaccotet, einen alten Kameraden von mir. Wir haben zur selben Zeit unsere medizinischen Examen gemacht. Eines Tages führte ich ihn auf den Salève hinauf, wo wir eine Farm besaßen. „Ich sehe, daß es Eier im Hühnerstall hat", sagte er, als wir oben ankamen. „Wir wollen einen kleinen Spaziergang machen und Pilze sammeln, damit wir ein Pilzomelette machen können." Ich dachte mir: „Das wird schön lange dauern!" Aber keineswegs. Er nahm einen Korb, und im Spazierengehen bückte er sich immer wieder und sammelte ein. Er war der Sohn eines Pilzkontrolleurs und kannte sich aus. Ich war sprachlos: In zehn Minuten war der Korb voll. Ich schaute und suchte, aber ich sah nur das Gras. Da verstand ich, daß man nur das sieht, was man zu sehen bereit ist. Es gab überall Pilze, aber ich sah sie nicht. So verhält es sich im Leben: Es ist voller Probleme, aber man sieht sie nicht. Auf der Fakultät erhalten wir Unterricht in pathologischer Anatomie, Physiologie und den Symptomen, sowie in Psychologie. Man wird gut ausgebildet in der ganzen medizinischen Wissenschaft, aber niemand lehrt uns, die Lebensprobleme zu sehen.

Überall in der Welt gibt es Tausende und Abertausende von Ärzten, die nur das wissenschaftliche Objekt sehen, was selbstverständlich notwendig ist – Sie alle vermuten, daß ich nicht gegen die Wissenschaft bin, ganz im Gegenteil –, aber das ist gleichsam nur die sichtbare Hälfte des Mondes, die objektive. Es gibt noch eine andere Hälfte. Viele Ärzte spüren intuitiv ein ganz klein wenig, daß eine große Zahl der Krankheiten der Ausdruck eines inneren Dramas ist, eines Leidens, eines Ehekonflikts, einer Niederlage, aber wie sollen sie darauf zu sprechen kommen? Sie wissen nicht, wie sie Hilfe bringen können. Und wenn diese Probleme ans Tageslicht kämen. Was könnten die Ärzte wohl dazu sagen oder tun? Niemand hat es sie gelehrt.

Wie hilft man also den Leuten? Sicher nicht mit Ratschlägen. Denn entweder werden sie gehorsam befolgt, wie von Kindern, oder sie werden nicht befolgt. Also nützen unsere Ratschläge nichts. Was den Leuten hilft, ist das, was auch mir geholfen hat, das heißt, die Begegnung mit Personen, die wirklich von ihren Leiden, ihren Schwierigkeiten, ihren Hindernissen, ihren Weigerungen, ihren Ausflüchten sprechen.

Diese Angst, welche die Ärzte haben, wenn sie ein Problem auftauchen sehen, ist eine mythische Angst. Man muß die Ärzte zu der Erkenntnis führen, daß sie, um den Patienten zur Heilung zu verhelfen, ihnen zuerst erlauben müssen, sich auszusprechen, aus sich herauszugehen. Indem man seine Schwierigkeiten zur Sprache bringt, befreit man sich von ihnen.

Ich war ein Bezirksarzt, ein Hausarzt. Meine Patienten glaubte ich von Grund auf zu kennen, und da plötzlich begannen sie, bei ihren Gesprächen mehr in die Tiefe zu gehen. Die Gesprächsebene hängt von unserer eigenen Bereitschaft ab zuzuhören. Was mir sofort aufgefallen ist, war die Tatsache, daß viele dieser Probleme im Zusammenhang stehen mit der Gegensätzlichkeit von Auflehnung – Annahme. Das Leiden ruft immer Auflehnung hervor, und die Lösung liegt immer in einer Annahme. Aber man verhilft niemandem zu einer Annahme, indem man sagt: „Man muß annehmen." Es müßte gelingen, den Ärzten diesen Zusammenhang verständlich zu machen, der nicht ein Zusammenhang der Kausalität ist, sondern ein geistiger. Die Annahme kommt im Kontakt mit Menschen zustande, die selbst angenommen haben, also erfolgt die Annahme bei unseren Patienten, wenn wir selbst unsere persönlichen Schwierigkeiten angenommen haben.

Es gibt einen Arzt, der viel mehr als ich dazu beigetragen hat, die Bedeutung der Lebensprobleme den Ärzten verständlich zu machen: Es war Michael Balint, ein ungarischer Psychoanalytiker, der zur Zeit Hitlers nach London geflüchtet war. Als ich die Arbeiten von Balint las, habe ich mir gedacht: Das mache ich nun seit dreißig Jahren! Balint sagt zu den Ärzten: „Sie stellen fortwährend Fragen; auf diese Weise erhalten Sie nichts anderes als ein wissenschaftliches Dossier. Lassen Sie einmal die Leute sprechen, lassen Sie sie ungezwungen sprechen, wenn nötig während einer Stunde. Ihre Lebensprobleme können nur sie selbst Ihnen auseinandersetzen."

Auf diese Weise habe ich selbst angefangen. Sehr oft, wenn die Patienten zu sprechen begannen, ahnte ich ihr Problem, und ich sagte dann zu ihnen: „Hören Sie, die Sprechstunde ist vielleicht ein wenig zu kurz; es warten noch andere Leute, aber kommen Sie mich heute abend am Kaminfeuer besuchen, nicht mehr als Patient, der seinem Arzt gegenübersitzt, sondern im Gespräch von Mensch zu Mensch." Am Kaminfeuer war die Atmosphäre eine ganz andere.

Immerhin besteht ein sehr deutlicher Unterschied zwischen Balint und mir. Die Psychoanalytiker bleiben Wissenschaftler: sie wollen die Probleme nur objektiv sehen. Mit mir sind sie stets sehr nachsichtig gewesen, man muß es sagen. Sie haben mich vorgeladen und gefragt: „Wie machen Sie es?" Ich habe ihnen geantwortet: „Ich weiß es nicht." – „Welches ist ihre Methode?" – „Ich habe keine." Das hat sie verwirrt. Was sie störte, war, daß ich eines der Grundprinzipien der Psychoanalyse verletzte: die moralische Neutralität des Arztes. Es konnte vorkommen, daß ich von meinen Erfahrungen sprach, sogar von meinem Glauben, und das brachte meine Kollegen aus der Fassung: denn ich verstieß gegen die von Freud und alle seinen Nachfolgern aufgestellte Regel Nr. 1: Wir sollten wie eine weiße Projektionsleinwand sein, auf welche die Patienten alle von ihnen gewollten Bilder projizieren konnten, aber es sollte kein vorausgehendes Bild vorhanden sein. Der Psychoanalytiker hört den Leuten zu wie sie ihr Leben erzählen; er erlaubt ihnen, von ihren Problemen zu sprechen, aber das Schlimmste für ihn ist, wenn der Arzt die objektive Haltung des Wissenschaftlers aufgibt. Er soll sich alles anhören, sogar Notizen machen, aber kein Wort sagen.

So gab es von Anfang an ein „Problem Tournier". Wissen Sie, wer mich verteidigt hat? Es war Professor Flournoy, einer der ersten schweizerischen Psychoanalytiker, der gleich auf Jung und Maeder folgte. In einem Artikel, der in der Internationalen Revue für Psychologie erschien, hat er geschrieben: „Man wirft Dr. Tournier vor, es an Neutralität fehlen zu lassen und sogar manchmal seine eigenen Überzeugungen zu äußern. Gestehen wir, daß wir das alle tun." Und er zitierte Charles Odier, einen andern Psychoanalytiker, der gesagt hat: „Früher oder später muß der Arzt von seinem wissenschaftlichen Piedestal heruntersteigen, um wieder menschlich zu werden." Das zeigte einen Weitblick seitens der Psychoanalytiker, wie ihn nicht alle Christen haben, und den ich sehr schätze.

Kommen wir auf Balint zurück. Er ist der schweigsame Mann geblieben. Er stellte jedoch fest, daß die Ärzte so viel Arbeit, so viele Patienten haben, daß sie nur ausnahmsweise eine lange Unterredung führen können.

Kürzlich las ich ein Buch, an dem Balint noch kurz vor seinem Tod gearbeitet hatte, und das jetzt durch seine Frau unter dem Titel: *Sechs Minuten pro Patient* veröffentlicht wurde. Das ist, wie es scheint, der Rhythmus in England; ein Arzt sieht einen Patienten im Durchschnitt während sechs Minuten.

Die von Balint und seiner Frau gestellte Frage ist die folgende: Was können die Ärzte tun, um zu einer mehr in die Tiefe gehenden Medizin zu gelangen? Merkwürdige Sache, sie führen einen neuen Begriff ein, der mich sehr erstaunt hat, das Wort *flash* (ein Funke, der überspringt, ein Aufblitzen). Es wird keine Definition gegeben; jedermann versteht es. Von einem Augenblick zum andern kann ein *flash* eintreten, das heißt, eine echte Begegnung zwischen Arzt und Patient. Nun, was ist ein *flash* anderes als etwas Irrationales, Unwissenschaftliches? Ein Eindruck, ein Gefühl, was ich für mein Teil eine Gemeinschaft nenne. Es kommt in der Tat von Zeit zu Zeit zu einem Gefühl der Begegnung, manchmal sogar, ohne daß ein einziges Wort ausgesprochen wurde. *Flash?* Balint und seine Frau sagen, daß es unvergeßlich sei. Und schon sind sie am Rand des Irrationalen. Sie wagen es aber nicht, den Graben zu überspringen; denn man hat ihnen immer eingeimpft, objektiv zu bleiben.

Mit diesem Wort *flash* erfaßt Balint das, was der Medizin fehlt, etwas, das nicht wissenschaftlich ist, eine Gelegenheit für jeden, seine eigenen Probleme zu erkennen, zu versuchen, anders zu leben. Das kann in Sekundenschnelle geschehen, selbst während einer Sechs-Minuten-Sprechstunde. Ein Element tritt dazwischen, das sich jeder objektiven Bezugnahme entzieht, das aber immer ein Gefühl echter Begegnung ist. Begegnung zu zweit, Begegnung zu dritt? Sogar bei Balint ist eine unsichtbare Gegenwart Gottes im Spiele. Der *flash* enthält schon an sich eine göttliche Wirklichkeit, selbst wenn der Vorgang zwischen einem ungläubigen Psychoanalytiker und einem ebenfalls ungläubigen Patienten stattfindet. „Nicht jeder, der zu mir sagt: Herr! Herr! ..." (Matthäus 7,21).

Der *flash* wird weder vom Patienten, noch vom Arzt vergessen. Er ist eine Erfahrung, etwas Erlebtes. Natürlich wird Balint sagen, es sei eine psychologische Erfahrung. Ich vertrete die Ansicht, daß es eine geistige Erfahrung ist. Es ist ein Augenblick, in dem Gott spricht. Dann befreien sich die Menschen von einer Hypothek.

Dr. Paul Campbelle hat es vorhin sehr gut gesagt: Die Männer haben Angst vor der Emotion. Die Emotion, das ist etwas, womit die Psychoanalytiker Mühe haben. Das war auch mein Problem, ich hatte Angst vor der Emotion. Da ich eine Waise gewesen bin, habe ich immer meine Gefühle verdrängt, mich auf mich selbst zurückgezogen, in seelischer Einsamkeit. Beim Zusammensein mit Jan de Bordes, dem Funktionär des Völkerbundes, habe ich in seinem kleinen Genfer Haus zum ersten Mal über den Tod meines Vaters und meiner Mutter geweint. *Flash,* ja, eine Befreiung von dieser Blockierung.

Ich wollte ein menschlicher, ein hilfsbereiter Arzt sein, ich hatte eine sehr leutselige Art, mit jedermann zu verkehren, ein wenig paternalistisch. Das führte nicht weit. Um mehr zu erreichen, muß man von sich selbst frei sein. Ich gab mir nicht darüber Rechenschaft, daß ich selbst es war, der die Herstellung des Kontakts verhinderte. Unsere Aufgabe ist es also, den Ärzten zu helfen, aus ihrer rein wissenschaftlichen Sicht herauszutreten. Das will jedoch nicht heißen, daß sie nicht mehr Wissenschaftler sein sollen: sie müssen aber verstehen lernen, daß die Medizin nicht nur Wissenschaft ist.

Theodor Flournoy, der Begründer der modernen Psychologie, hat gesagt: „Wenn man sich mit Wissenschaft beschäftigt, muß man von der Transzendenz absehen." Das gilt für die Wissenschaft. Aber in der Medizin verhält es sich anders. Der Ausdruck *flash* bezieht sich nicht nur auf die psychologische Seite des Menschen, sondern auch auf seine religiöse. Ich kann mir stets sagen: Dieser Patient ist mir von Gott gesandt worden; er hat Probleme; Gott ist es, der sie lösen kann, nicht ich. Ich muß ihn empfangen und zur persönlichen Begegnung bereit sein. Das erfordert vom Arzt, daß er von seinem wissenschaftlichen Piedestal herabsteigt. Gerade das wollte ich mit meinen Abenden am Kaminfeuer zum Ausdruck bringen. Das befürwortete auch Balint in seinen langen Gesprächen oder in den *flash*-Gesprächen, von denen mehrere seiner Mitarbeiter berichten, ohne sich immer darüber klar zu sein, um was es sich handelt. Kurz, sie kommen hier dem persönlichen Engagement nahe.

Meiner Ansicht nach kommt es zu einem *flash*, wenn eine Wechselbeziehung besteht. Die wissenschaftliche Haltung ist die Haltung des Gelehrten, wobei es zu keiner Wechselbeziehung kommt: Auf der einen Seite steht der Wissende, auf der andern der Unwissende. Übrigens muß man nur auf die Reaktion der Ärzte achten, wenn die Patienten anfangen, etwas zu bestreiten und sagen: „Wissen Sie, der und der Arzt hat mir etwas anderes gesagt." Sie werden wütend. Wir haben eine unsymmetrische Lage, wobei der Arzt der Wissende ist und befiehlt, der Patient hingegen nur noch zu gehorchen hat. Auf diese Weise kommt es zu keinem *flash*. Dazu kann es nur kommen, wenn wir uns von unserer anmaßenden Haltung befreit haben, mehr zu wissen als der Patient. Was die Pathologie betrifft, müssen wir mehr wissen als er, aber was seine Krankheit anbelangt, weiß er mehr als wir.

Das führt uns zu dem Problem vom Sinn der Krankheit. Auf objektive Weise kann ich einen Sinn des Lebens, einen Sinn der Krankheit nicht feststellen. Die medizinische Diagnose ist etwas Objektives, etwas Wissenschaftliches. Was aber zum Bereich des Sinnes gehört, kann der Patient selbst entdecken. Je mehr unsere Patienten nach dem Sinn der Krankheit fragen, um so notwendiger ist es, daß sie sich aussprechen können und nicht nur eine Antwort erhalten. Nicht ich kann diesem oder jenem Patienten sagen, welches der Sinn seiner Krankheit sei. Ich kann nur für mich selbst nach dem Sinn suchen. Aber um an eine so schwierige Frage wie die Sinnfrage herangehen zu können, muß man wissen, daß man sie oft erst hinterher lösen kann. Manchmal sagt ein Patient mehrere Jahre später zu uns: „Wissen Sie, wenn ich an diese Jahre der Krankheit zurückdenke, verstehe ich jetzt, wozu das gut gewesen ist". Wenn sich der Sinn einer Krankheit oft erst hinterher zeigt, ist es nötig, vorher einen Akt des Glaubens zu vollziehen. Wir müssen Vertrauen haben, daß ein Sinn vorhanden ist. Entweder hat nichts einen Sinn oder alles. Wenn es für die Welt einen Sinn gibt, so gibt es auch einen Sinn für jeden von uns. Aber das erfordert eine andere Beziehung als die objektive. Der Arzt muß seine Aufgabe als Wissenschaftler erfüllen, der auf seinem Gebiet mehr weiß als der Patient, jedoch unter einer Bedingung: Er muß wissen, daß es auch etwas gibt, das der Patient weiß und er nicht, daß die Probleme, über die der Patient in schlaflosen Nächten grübelt, sein Leiden sozusagen verdoppeln. Wie viele Leute sagen: „Was habe ich wohl dem lieben Gott getan, daß er mir so etwas antut!" Wie viele Patienten sind nicht schon zu mir gekommen, um über dieses Problem des Schuldgefühls, sehr oft des falschen Schuldgefühls, zu sprechen. Ich frage sie: „Warum gehen Sie nicht zu Ihrem Arzt, um mit ihm darüber zu sprechen?" – „Oh, er hat nie Zeit."

Nun, das ist kein Zeitproblem. Es ist also eine Änderung des Arztes notwendig. Balint selbst spricht von einer minimalen, aber unerläßlichen Änderung der Person des

Arztes. Er macht hier nur eine Anspielung auf diese Öffnung des Geistes, welche die Lebensprobleme bewußt werden läßt. Es gibt jedoch noch eine tiefergehende Änderung. Es handelt sich für den Arzt nicht nur darum, die psychologischen Probleme zu beobachten, sondern darum, sich in eine Haltung der Wechselseitigkeit zu versetzen, die mit einschließt, fähig zu werden, sich über seine eigenen Probleme zu äußern. Das läßt den Funken überspringen, stellt eine Beziehung her, und das fällt dem Arzt sehr schwer, oft schwerer noch als einer Ärztin.

Es gibt viele Ärzte, die aufrichtig diese persönliche Beziehung suchen. Sie möchten diskutieren, über die Person diskutieren, aber man kann über den Begriff der Person ein Leben lang diskutieren, ohne je die persönliche Beziehung zu finden. Auf einer Tagung erklärte ich einem Arzt: „Sie können diese Beziehung nur finden, wenn Sie selbst sich über Ihr Inneres aussprechen."

„Ja, aber wie kann das geschehen?"

„Also heute abend werden Sie uns etwas über Ihr Leben erzählen."

Als ich am Nachmittag in sein Zimmer kam, fand ich ihn schweißgebadet vor einer leeren Seite sitzend.

„Nun, Herr Professor, wie geht es?" sagte ich zu ihm.

„Oh, ich habe nichts zu sagen."

„Wie, Sie haben vierzig Jahre lang gelebt und nichts hat sich ereignet?"

„Natürlich, ich trinke wie jedermann meinen Kaffee; ich tue dieses und jenes. Aber da ist nichts, daß irgend jemanden interessieren könnte."

Welche Verdrängung! Da versuchte ich, ihm zu helfen und sagte: „Haben Sie nicht einen Sohn im Alter von zwanzig Jahren verloren?"

„Oh, davon kann ich nicht sprechen", rief er aus.

Angst vor der Emotion. Dennoch fand er den Mut darüber zu sprechen, und die ganze Atmosphäre der Tagung veränderte sich.

Alles, worüber ich in meinen Büchern berichte, habe ich von meinen Patienten gelernt. Es gab solche, die das Flugzeug nahmen, um mich aufzusuchen; sie wollten bei mir nur gerade einen Kontakt finden und kehrten wieder mit dem Flugzeug zurück. Diese innere Not, diese Leere sind unglaublich. Sie brauchen jemanden, mit dem sie sich über ihre geheimen Kämpfe, ihre Zweifel aussprechen können, dem sie alles sagen können. Wie viele Leute haben mir beim Weggehen gestanden: „Seit zwanzig Jahren habe ich so etwas gesucht!" Der Preis, den wir dafür bezahlen müssen, ist, daß wir einwilligen, aus unserer wissenschaftlichen Stellung herauszutreten, um eine persönliche Beziehung herzustellen. Das erfordert eine Anstrengung.

Vor kurzem besuchte ich Dr. Lechler, einen befreundeten deutschen Kollegen in seiner von ihm gegründeten Klinik in der Nähe von Karlsruhe. Er hat während vieler Jahre in Amerika mit den Anonymen Alkoholikern zusammengearbeitet, die auch aus der Bewegung von Frank Buchman hervorgegangen sind. Und da hat er sich gesagt: „Es gibt nicht nur Alkoholsüchtige, wir sind alle nach etwas süchtig." Es gibt die Süchtigkeit nach Schlafmitteln, nach Schokolade, nach Ratschlägen. Er hat versucht, die Methode der Anonymen Alkoholiker bei Leuten anzuwenden, deren Krankheit der Ausdruck einer Süchtigkeit ist, um sie davon zu befreien. Selbst jenen, die seit zwanzig Jahren nicht ohne Schlafmittel sein konnten, wird in seiner Klinik gesagt: „Hier gibt es keine Medikamente." Nach ein paar Tagen können sie schlafen. Unter der Bedingung natürlich, daß man ihnen etwas anderes gibt. Was ist dieses andere? Es ist die liebevolle Zuwendung. Es handelt sich um den Versuch, die Leute mit Liebe zu behandeln. Das hat mir einen großen Eindruck gemacht. Die Patienten erhalten Gelegenheit, ihre Gefühle auszudrücken und sich in einen Dialog einzulassen. Es gibt dort eine Gruppe von Psychiatern, die eng zusammenarbeiten.

Jeden Morgen tauschen sie ihre Gedanken aus. Und wenn in der Versammlung jemand spricht, weiß man nicht, ob es ein Arzt oder ein Patient ist. Man findet hier eine brüderliche Atmosphäre, und ich habe nie in meinem Leben eine Versammlung gesehen, wo jeder sich so frei vor allen ausdrückt, so daß ich nicht anders konnte, als mein Notizheft hervorzuholen, um einfach die Gedanken aus meiner inneren Sammlung vom frühen Morgen vorzulesen. Ich bin mir hier noch besser bewußt geworden, welchen Einfluß das Milieu hat. Im allgemeinen hat man Angst davor, Anstoß zu erregen. Wir sind im Grunde alle eingefroren, tiefgekühlt! Es braucht folglich einen frischen Wind, ein wenig Liebe. Aber wo finden wir sie? Lechler weiß es wohl. Mit seinen acht Psychiatern hat er während eines ganzen Winters jeden Morgen eine Bibelstunde abgehalten, um wirklich eine Equipe zu schaffen. Und nun fährt er mit diesen biblischen Betrachtungen einmal pro Woche auf freiwilliger Basis fort, aber jedermann geht hin. Das ist die Grundlage des Lebens in seiner Klinik.

Ich erinnere mich auch an eine Geschichte, die mir mein Freund Jean de Rougemont, Chirurg in Lyon, erzählt hat. Sein Sohn starb an einem Sarkom, nach einem Spitalaufenthalt von einem Jahr. Es ist furchtbar für einen Chirurgen, während zwölf Monaten zusehen zu müssen, wie sein Sohn dem Tod entgegengeht. Und da fand er eines Tages im selben Zimmer, in dem sein Sohn gelegen hatte, eine ältere Frau, die ihre Tochter verloren hatte und darüber untröstlich war. Sie lag da wie blockiert, ohne jede Lust zum Leben; es freute sie nichts mehr. Er versuchte, sie mit Worten zu trösten, aber vergeblich. Sollte er von seinem Sohn sprechen? Wenn es etwas Intimes gibt, so das. Schließlich sagte er zu ihr: „Wissen Sie, daß in diesem selben Zimmer mein eigener Sohn gestorben ist?" Am folgenden Tag stand die Frau auf, zog ihr bestes Kleid an, legte etwas Puder auf, nahm ihr Hütchen und ging spazieren, zu neuem Leben erwacht. Und mein

Freund machte die hübsche Bemerkung: „Sie war wie eine Wanduhr, die in der Stunde des Todes ihrer Tochter stehengeblieben ist."

Diese Art von Wirklichkeit findet man in jedem Arztleben wieder. Es gibt viel mehr Dramen, als man denkt. Wie viele Ärzte haben ein Kind verloren! Wie viele Ärzte tragen zur Versöhnung eines Ehepaares bei, während sie selbst mit ihrer Frau im Streit liegen! Man muß die Dinge sehen, wie sie sind. Es gibt nur eine Lösung, daß wir einander helfen, uns unserer Probleme bewußt zu werden, aufrichtig zu sein, fähig zu werden, das Erlebte auszudrücken, das Dunkle, unsere Schwierigkeiten, unsere Unentschlossenheit.

Ich muß gestehen, daß ich mich vor der Begegnung mit den Patienten fürchte, gerade weil ich keine Technik habe. Es wäre so bequem, über eine Technik zu verfügen. Man müßte nur die Maschine in Gang setzen. Aber der Vorgang spielt sich in uns selbst ab, das will heißen, zwischen Gott und uns. Bei der inneren Sammlung, beim Hören auf Gott entdeckt man allmählich, trotz der Schwierigkeiten, die Probleme in uns, die die Beziehung verhindern. Die Medizin der Person ist also eine Medizin, bei der es auf die Person des Arztes ankommt, nicht nur auf die Person des Patienten.

Wie können Beziehungen in unserem Leben uns verändern?

Als überzeugter Christ bin ich immer bemüht gewesen, meinen Glauben im Beruf zum Ausdruck zu bringen, aber erst in der Mitte meines Lebens, vor ungefähr vierzig Jahren, habe ich einigermaßen den Weg gefunden. In jener Zeit habe ich begonnen, Bücher zu veröffentlichen, und es sind Kollegen zu mir gekommen, die sagten: „Wir möchten gerne den Glauben mit unserem medizinischen Beruf verbinden." Diese Verbindung ist nicht leicht. Wir sprechen in religiösen Zusammenkünften vom Glauben, und dann üben wir unsern Arztberuf aus, wie wir es auf der Fakultät gelernt haben.

Vor einem Jahr war ich in Japan. Dort habe ich eine Anzahl Vorträge gehalten, einen davon in Kyoto, unter dem Vorsitz von Professor Ohashi. Am folgenden Morgen holten meine Kollegen mich im Hotel ab, um mir buddhistische Tempel zu zeigen. Der erste, der kam, war Professor Kuma aus Kobe. Wir plauderten ein wenig miteinander, und dabei erzählte er mir folgendes:

„Schon mein Vater ist Arzt gewesen, ein sehr berühmter Arzt. Daher habe ich hart gearbeitet, um mir selbst einen Namen zu machen. Ich gründete eine große Klinik, und vor zehn Jahren konnte ich mir sagen: Nun ist es mir geglückt. Zu dieser Zeit kamen mir Zweifel. Ich hatte den Eindruck, daß das Abenteuer meines Lebens zu Ende gegangen sei und ich in die Routine fallen würde. Ich sprach mit Professor Ohashi darüber, und er gab mir den Rat, einige Zeit nach Zürich ins Institut Jung zu gehen. Dadurch werde sich mein Horizont erweitern.

Ich habe den Rat befolgt, und ein neues Abenteuer begann. Ich entdeckte die zweite Dimension der Medizin. Nicht daß ich Psychotherapeut geworden wäre, aber es kam mir zum Bewußtsein, daß bei all meinen Patienten psychologische Faktoren mit im Spiele sind, und daß eine Überlagerung zwischen der klassischen Krankheit und den psychologischen Faktoren stattfindet. Und dann hat vor zwei Jahren Professor Ohashi mir geraten, Tournier zu lesen. Ich habe all Ihre auf Japanisch erschienenen Bücher gelesen und so die dritte Dimension der Medizin entdeckt. Nicht daß ich buddhistischer Priester geworden wäre, aber ich habe verstanden, daß bei jedem Patienten nicht nur ein psychologischer, sondern auch ein geistiger Aspekt vorhanden ist, daß wie zwischen Körper und Seele auch eine Wechselbeziehung besteht zwischen dem Körperlichen – der klassischen Medizin – und der religiösen Problematik."

Es hat mich begeistert, wie dieser Kollege von den drei Dimensionen der Medizin sprach. Aber was ist diese dritte Dimension? Mein Freund Professor Lindeboom von der freien Universität von Amsterdam hat einmal zu mir gesagt, man sollte nicht von der *Medizin der Person* sprechen, sondern von *pneumopsychosomatischer Medizin*. Man hat den Begriff psychosomatisch eingeführt, um die Krankheiten des Körpers zu studieren, die von einem psychologischen Faktor abhängen. Ich beschäftige mich zwar mit dem Einfluß des geistigen Lebens auf die Krankheit. Aber ich habe Professor Lindeboom gegenüber schwerwiegende Einwände gemacht, und er hat sie vollständig akzeptiert. Man kann nicht von drei Teilen des Menschen sprechen. Es ist schon bedauerlich, daß man Körper und Seele getrennt hat. Und man verschlimmert die Dinge noch, wenn man auch den Geist dem Körper und der Seele gegenüberstellen will und damit zu verstehen gibt, daß es drei Teile gibt, die man zusammenfügen muß, während wir gerade danach trachten, nicht zu teilen, sondern *den Sinn des Ganzen wiederzufinden*. Die Medizin ist in Spezialgebiete aufgeteilt, und es wäre eine Illusion, alle Spezialgebiete zu studieren, um sie aneinanderreihen zu können. Man hätte doch noch nicht das Ganze. Wenn man auch Cardiologe, Rheumatologe und Psychologe wäre, hätte man immer noch nicht das Ganze. Diesen Sinn für das Ganze hat die Medizin verloren. Das ist der Preis, den man für die großen Fortschritte in der analytisch-technischen Medizin bezahlen muß. Selbst die psychosomatische Medizin ist eine rein wissenschaftliche, eine objektive Medizin. Der Arzt ist ein Wissenschaftler, der die Beziehungen zwischen Körper und Seele studiert. Er befindet sich noch in einer analytischen Position, die trennt.

Um das Ganze zu finden, muß man in eine persönliche Beziehung zu diesem Ganzen treten. Die dritte Dimension, die geistige, das ist die Dimension der Beziehung. Was geistig ist im Menschen, das ist sein Bedürfnis nach Beziehungen: seine Beziehung zum Nächsten, seine Beziehung zur Natur, zur Gesellschaft, seine Beziehung zu Gott. Hier haben wir die weiteste Definition des geistigen Lebens. Das macht aus uns eine Person, nicht einen Körper oder etwas Psychisches oder sonst irgend etwas, sondern eine Person. Professor Siebeck aus Heidelberg hat gesagt: „Das, was die Person ausmacht, ist die *Interpellation*." Weil der Mensch von Gott aufgerufen wird, fühlt er sich als Person vor Gott. Durch die persönliche Beziehung zu meinem Nächsten erscheine ich als Person und nicht als jemand, der Heilmittel verteilt. Ich habe versucht, die persönliche Beziehung zwischen Arzt und Patient einzuführen. Man kann über eine Menge von Dingen auf objektive Weise diskutieren: über die Wissenschaft, die Politik, die Wirtschaft; man legt nichts Persönliches hinein. Man engagiert sich nur persönlich, wenn man von seinem persönlichen Leben spricht, sowohl der eine wie der andere.

Der sehr fromme jüdische Philosoph Martin Buber hat gesagt, daß es zwei mögliche Beziehungen gibt. Die *Ich-Es*-Beziehung, die eine objektive Beziehung ist, wobei das *Ich* als Beobachter das Objekt beobachtet. Das ist die Stellung der wissenschaftlichen Medizin, die den Menschen als Objekt studiert, die aus diesem Objekt eine Sache macht und die verhindert, den Patienten als Person zu erfassen. Man sieht alles, was in ihm Sache ist: seine Anatomie, seine Physiologie, seine Psychologie, vielleicht sogar sein geistiges Leben, insofern es philosophisches Leben ist. Die andere mögliche Beziehung ist die *Ich-Du*-Beziehung. Das ist nicht mehr die Beziehung eines Beobachters zu seinem Objekt, sondern eines Individuum zu einem andern Individuum. Das ist die persönliche Beziehung. Um sie zu erreichen, muß der Arzt sich von seiner wissenschaftlichen Stellung lösen.

Unsere Zivilisation läßt uns in einer Welt der Dinge leben. Ein Pfarrer aus Zaïre, Masamba ma Mpolo (Leiter des Büros der Familienseelsorge des Ökumenischen Rates der Kirchen), hat mir in liebenswürdiger Weise sein Buch gewidmet, in welchem ein bemerkenswerter Satz steht: „Die westliche Medizin behandelt Dinge, während die afrikanische Medizin Personen behandelt." Wie man sieht, stellt er sich genau die gleichen Fragen, wie ich sie mir gestellt habe. Und er fühlt, daß es eine notwendige Entwicklung des Arztes braucht, damit er sich für eine persönliche Beziehung öffnen kann. Unsere ganze Zivilisation ist technisch und wir sind deshalb daran gewöhnt, alles auf eine objektive Art ins Auge zu fassen. Daher fürchte ich sehr, daß es in den Entwicklungsländern zwischen den westlichen Vertretern, die sich für Dinge interessieren – die Dinge, das sind alle Phänomene, welche die Medizin studiert –, und den Eingeborenen, die sich für Personen interessieren, zu keiner Verständigung kommt.

Der westliche Mensch will erklären, daß die kausale Beziehung objektiv ist, und der Eingeborene sieht die mystische Beziehung zwischen den Personen. In der westlichen Medizin behandelt man einen Kranken, indem man ihn in ein Krankenhaus bringt und von seinen Angehörigen trennt; man schleppt ihn von einem Apparat zum andern, in einer Welt der Dinge. In den Entwicklungsländern behandelt die Medizin den Kranken innerhalb seines Stammes, und wie ich es in dem Buch von Masamba gelesen habe, sucht sie die Probleme seiner Beziehungen mit den Angehörigen zu lösen. Wie Sie bemerken, bestehen zwei total voneinander verschiedene Auffassungen: die mechanische Position, die auf die unmittelbaren Dinge ausgerichtet ist, und die geistige Sicht, die die Beziehungen zwischen den Personen sieht. Und es ist nicht leicht, von einer objektiven Haltung zu einer subjektiven überzugehen.

Seit über dreißig Jahren nehme ich an Ärztetagungen teil, die dieses Suchen stark vertreten. Sie sind in der ganzen Welt unter dem Namen *Gruppe von Bossey* bekannt: denn dank meiner Freundschaft mit Pfarrer Visser't Hooft, dem ersten Generalsekretär des Ökumenischen Rates der Kirchen, versammelten wir uns das erste Mal im Ökumenischen Institut von Bossey, in der Nähe von Genf. Diese Gruppe von Bossey ist bestrebt, die *Medizin der Person*, das heißt, des ganzen Menschen, zu vertiefen.

Die Ärzte diskutieren sehr gerne. Sie könnten während Jahren über die menschliche Person auf sehr gelehrte Weise diskutieren, indem sie die Anatomie des Gehirns, die Psychologie von Jung und die vieler anderer studieren. Das ist alles sehr interessant, aber es geschieht nichts bei den Ärzten, wenn sie diskutieren. Wenn sie eine persönliche Beziehung finden wollen, müssen sie sich selbst ändern. Die Diskussion ändert gar nichts. Sie ist nur eine intellektuelle Übung, und der Intellekt gehört auch noch zur Welt der Dinge. Es ist nötig, daß diese Ärzte eine persönliche Erfahrung machen. Ich sage daher zu einem jeden von ihnen: „Tagsüber werden wir von unserer Arbeit sprechen, am Abend jedoch werden Sie mir etwas aus Ihrem eigenen Leben erzählen. Weshalb sind Sie Arzt geworden? Wann sind Sie selbst krank gewesen? Welches sind Ihre Probleme? Was für Konflikte haben Sie mit Ihrer Frau oder mit Ihren Kindern?" So ist es bekannt, daß man in dieser Gruppe von Bossey aufgerufen wird, von seinem persönlichen Leben zu sprechen. Viele Ärzte haben deshalb nie gewagt zu kommen, weil sie zu sehr Angst hatten. Hier wird ersichtlich, wie sehr der Arzt sich in seine objektive Haltung flüchtet, was ihm erlaubt, großartige wissenschaftliche Leistungen zu vollbringen, während er seine persönlichen Probleme beiseite schiebt.

In allen unsern Studien, in unserer ganzen Ausbildung, angefangen beim Kindergarten, hat man uns Objektivität beigebracht. Und wir haben alle große Mühe, subjektiv zu sein und große Angst davor, persönlich zu werden. Und ich als erster! Ich bin sehr schüchtern, und vielleicht habe ich deshalb verstanden, wie ernst das Problem ist. Die dritte Dimension tritt jedoch in Erscheinung, wenn wir uns dem andern öffnen.

Ich leite die Gruppe von Bossey nicht mehr. Sie ist von jungen Kollegen übernommen worden, die noch kühner sind als ich. Das letzte Mal, es war in Österreich, hatten sie vorgeschlagen: „Wir werden nicht mehr diskutieren. Um wirklich vertraut miteinander zu werden, sprechen wir nicht nur am Abend auf persönliche Weise, sondern den ganzen Tag über." Es brauchte Mut dazu. Aber es ist wunderbar gelungen. Nachher haben alle gesagt, sie hätten noch nie etwas Ähnliches erlebt: keine Vorträge, keine Diskussionen, nur biblische Studien, gegenseitiges Mitteilen in völliger Offenheit. In dieser Gruppe von Bossey haben wir versucht, den Akzent auf die persönliche Beziehung zwischen Arzt und Patient zu legen sowie auf alle andern Beziehungsprobleme: Beziehung zum Nächsten, Beziehung zur Natur, Beziehung zu Gott. Das führt zur Frage über den Sinn der Dinge – Sinn des Lebens, Sinn des Todes, Sinn der Krankheit, Sinn der Gesundheit, Sinn der Heilung, Sinn des persönlichen Lebens –, worauf die Wissenschaft keine Antwort hat. Die einzige Antwort der Wissenschaft ist der Zufall. Jacques Monod, der Nobelpreisträger für Medizin, hat gesagt: „Für die Wissenschaft gibt es nur den Zufall und die Notwendigkeit, Notwendigkeit der natürlichen Gesetze und Zufall der Variationen, die von Zeit zu Zeit etwas Neues bringen." Der Zufall ist der Gott der Wissenschaftler. Und deshalb hat Lecomte du Noüy, der lange Zeit in den Vereinigten Staaten gearbeitet hat, gesagt, Gott sei der „Anti-Zufall" (anti-hasard). Die Beziehung zu Gott gibt allem einen Sinn. Wenn es keinen Gott gibt, hat nichts einen Sinn. Die wissenschaftliche Sicht der Welt ist wie ein Rad, das sich dreht, ein Zusammenspiel von Phänomenen, die sich aneinanderreihen und sich ohne Ende in einer dem Zufall überlassenen Bahn bewegen.

Diese Frage nach dem Sinn beschäftigt alle Menschen sehr. Der erstbeste Patient sagt zu uns: „Was habe ich wohl dem lieben Gott angetan, daß er mir eine solche Krankheit schickt?" Er glaubt weder an Gott, noch an den Teufel, aber der erste Gedanke, der ihm in den Sinn kommt, wenn ihn eine Krankheit befällt, ist, daß sie eine Strafe Gottes sei. Alle Menschen stellen sich Fragen über den Sinn der Dinge. Hat meine Krankheit einen Sinn? Aber gerade die objektive und wissenschaftliche Sicht ist sinnentleerend. Sie sagt, die Krankheit sei zufällig gekommen, während doch der Mensch intuitiv fühlt, daß nicht alles nur Zufall ist und daß man mehr oder weniger verantwortlich für sich selbst ist. Es ist der Sinn für Verantwortung, der dem Leben einen Sinn gibt. Ein bedeutender Psychologe der Gegenwart, Viktor Frankl, unterstreicht das. Er hat in Wien den Lehrstuhl von Sigmund Freud inne. Frankl hat gesagt, daß zur Zeit seines berühmten

Vorgängers Freud die sexuelle Verdrängung die Krankheit der Epoche gewesen sei. Seither hat sich die Welt sehr verändert, und die Sexualität wird keineswegs mehr verdrängt. Man verdrängt jedoch etwas anderes, sagt Frankl: Man hat den Sinn verdrängt. Man tut so, als ob man sich keinerlei Gedanken über den Sinn des Daseins machte, während sich doch alle diese Frage stellen.

Camus hatte sich schon sehr mit dieser Frage nach dem Sinn beschäftigt, und er spricht davon in seinem ersten Buch *Der Mythos von Sisyphos*. Ist das Leben eine Sisyphosarbeit, eine fortwährende, ungeheure Anstrengung der ganzen Natur und aller Menschen, die zu nichts führt? Nur der Glaube kann die Vision eines Ziels geben, eines Sinns für das Leben, für alle Dinge, auch für die Krankheit, für die Invalidität und auch für den Tod.

In der Gruppe von Bossey haben wir einen deutschen Gelehrten, Professor Arthur Jores. Er war vor vielen Jahren zum Rektor der Universität Hamburg ernannt worden und behandelte in seiner Antrittsvorlesung das Problem vom Sinn der Krankheit. In der gelehrten Atmosphäre der Universität Hamburg wirkten seine Worte fast wie eine Bombe. Plötzlich verließ einer die Objektivität und stellte eine Gewissensfrage: „Je mehr ich nachdenke", sagte er, „um so mehr gibt es für mich nur einen möglichen Sinn: eine Absicht Gottes." Er spielte auf den biblischen Gedanken vom Sündenfall an, wo die Krankheit als ein Zeichen dafür angesehen wird, daß der Mensch aus der Ordnung Gottes gefallen ist.

Viktor Frankl sagt, das Problem des modernen Menschen komme daher, daß er weder wisse, wofür er lebe, noch ob alle seine Anstrengungen zu etwas führten oder nicht. Frankl spricht von einer existentiellen Leere. Der Existentialismus befaßt sich mit der Beziehung zum andern. Und gerade hier liegt die Krankheit unserer Epoche. Millionen von Menschen, hauptsächlich im Westen, wissen nicht mehr, wofür sie leben. Das genügt, um krank zu werden! So drücken viele Kranke ihre Verzweiflung aus. Ich lese gerade eine Arbeit des neben mir wohnenden Präsidenten der Gesellschaft Schweizerischer Psychoanalytiker über den Sinn der Verzweiflung. Wir leben in einer verzweifelten Welt, und das Problem der Verzweiflung ist an die Frage nach dem Sinn gebunden. Frankl hat sogar gesagt: „Man errötet nicht mehr wegen der Sexualität, aber man errötet wegen der Religion."

Die dritte Dimension der Medizin besteht also darin, daß wir unsern Patienten helfen, Personen zu werden, sich ihrer Verantwortung bewußt zu sein. In der rein technischen Medizin legen sie die Verantwortung für ihr Leben in die Hände des Arztes. In einer Medizin der dritten Dimension werden die Kranken wieder für sich selbst verantwortlich; denn alles bekommt von dem Augenblick an einen Sinn, wo wir uns zu fragen beginnen, was Gott uns durch die Krankheit sagen will.

Was hilft uns zu einer lebendigen Beziehung zu unserer Umgebung?

Als ich an den Gesprächen von Taloires am See von Annecy teilnahm, stellte mich eines Tages Frau Mac Jannet einem auf der Durchreise befindlichen Amerikaner mit den Worten vor: „Hier ist Dr. Tournier, der eben im Begriff ist, ein Buch über die Sendung der Frau zu schreiben." Er hob seinen Kopf, schaute mir in die Augen und sagte, indem er jedes Wort betonte: „Sie haben Mut." Ja, ich habe ein wenig gezögert, diese Arbeit zu unternehmen, um so mehr, da es Frauen gibt, die sich ärgern, wenn ein Mann sich anmaßt, von der Sendung der Frau zu sprechen. Sie wollen diese ganz allein finden, und darüber bin ich natürlich sehr froh.

Für mich handelt es sich nicht so sehr um die Frau als um unsere gegenwärtige Welt. Es ist ja für jedermann offensichtlich, für Soziologen, Psychologen und Politiker, daß die westliche Zivilisation kränkelt. In unserer modernen Welt besteht ein enormer Gegensatz zwischen der technischen Entwicklung, die es ermöglicht hat bis zum Mond zu fliegen und sogar noch weiter, und der Armseligkeit der persönlichen Beziehungen zwischen den Menschen. Ich habe, wie ich glaube, in der Zeitschrift *Match* einen sehr hübschen Artikel von einem Soziologen gelesen, der in Afrika eine Umfrage gemacht hat. Sie wissen, wie man in Afrika empfangen wird, man wird in die Behausungen der Eingeborenen hineingeführt, man gehört mit zur Familie und wird fast verwöhnt. Unser Soziologe kehrte nach Paris zurück. Am Flughafen Charles de Gaulle nahm er den Bus und sah alle diese Leute, die nebeneinander saßen, ohne ein Wort zu sagen, ohne einen Blick auf ihre Umgebung zu werfen, höchstens einen kritischen oder stummen. Einige waren in einen Kriminalroman vertieft, um sich die Zeit zu vertreiben. Und unser Soziologe sagte sich: „Aber wir sind es, die unterentwickelt sind."

Ja, wir sind überentwickelt, was die Mechanik betrifft, und unterentwickelt, was die menschliche Realität anbelangt. Jedermann ist sich dessen bewußt. Nun, wer interessiert sich für die Mechanik? Die Männer! Und wer interessiert sich für die Lebensqualität? Die Frauen! Unsere Zivilisation hat sich gegen den männlichen Pol verschoben. Sie ist allen männlichen Werten zugeordnet, dem Besitz, der Macht, der Aggressivität, der wissenschaftlichen Objektivität, während die subjektiven Werte, das heißt jene, welche das Herz, die Beziehung zum Nächsten betreffen, von einer erschreckenden Armut sind. Die irrationalen Werte, welche zur Religion, zum Glauben und zu allen Geheimnissen der menschlichen Natur gehören, werden nicht befriedigt in dieser mechanischen Wüste. Man sieht es schon bei den Kindern. Einem Knaben gibt man keine Puppe, sondern ein kleines Auto, und sogleich nimmt er es auseinander, um zu sehen, wie es funktioniert. Den Mann interessiert in erster Linie, wie etwas in Gang gesetzt wird. Lesen Sie die technischen Zeitschriften, sie erklären immer, wie etwas funktioniert. Und um das zu verstehen, zerlegt man und zerschneidet in Stücke. Im CERN (dem Europäischen Zentrum für Nuklearforschung) zerteilen die gelehrten Physiker von Genf noch die kleinsten Partikelchen, um zu sehen, was sie enthalten. Der Mensch zerschneidet immer, ohne sich bewußt zu sein, daß es keine Gemeinschaft mehr gibt, wenn nur noch kleine Teilchen vorhanden sind. Es ist die Frau, die Sinn für Gemeinschaft hat. Sie bildet die Familie, die Gesellschaft, sie fördert die menschliche Beziehung.

C. G. Jung aus Zürich hat erklärt, daß beide, Mann und Frau, technische Fähigkeiten und ein Gemütsleben besitzen. Der Mann hat in seinem Innersten, was Jung die *anima* nennt, das heißt die weibliche Seite der menschlichen Seele, aber er verdrängt sein Gefühlsleben und entwickelt seine mechanischen Begabungen. Die Frau hingegen verdrängt mit Leichtigkeit ihre rationalen, objektiven Fähigkeiten und läßt ihr Gefühl sprechen. Aber in ihrem Innersten hat sie auch einen *animus,* der ihr männliche Fähigkeit verleiht. Heute, da die Frau emanzipiert ist, und sich auf allen, bis jetzt vom Mann beanspruchten Gebieten betätigt, beweist sie, daß sie alles auch zu tun fähig ist, was der Mann tut und glaubte, allein tun zu können.

Wir haben in diesen letzten Jahrzehnten erlebt, wie die Frauen ihren *animus* entdeckt haben, die Männer hingegen haben ihre *anima* nicht hervorgeholt. Sie bleiben, was das Gefühlsleben betrifft, gehandicapt; sie haben große objektive, wissenschaftliche, rationale Fähigkeiten, aber sie sind gehemmt, wenn sie ein Gefühl ausdrücken, persönlich werden sollen. Die befreite, fortschrittliche, dem Mann gleichgestellte Frau kann die Rolle des Mannes übernehmen, aber der Mann kann nicht die Rolle der Frau übernehmen. Oder vielmehr, er weiß nicht wie; denn er hat Angst vor der Emotion. Er wurde schon als ganz klein davor gewarnt. Wenn er sich beim Umfallen weh getan hat, sagte man zu ihm: „Weine nicht! Knaben weinen nicht, nur Mädchen tun das." Die Mädchen haben das Recht, ihre Gefühle auszudrücken, nicht aber die Knaben. Diese müssen sich beherrschen, sie müssen objektiv sein. Die Mütter erziehen ihre Söhne so. Die Erziehung trägt dazu bei, den Mann zur Verdrängung seiner Gefühle zu führen, während die Frau sie ausdrücken darf.

Vor nicht sehr langer Zeit fuhr ich nach München, um vor Amerikanern zu sprechen. Ein sehr bekannter amerikanischer Schriftsteller, mit dem ich befreundet bin, hat mich eingeführt, indem er sagte, was man immer in solchen Fällen zu sagen pflegt: „Ich brauche Ihnen Dr. Tournier nicht besonders vorzustellen; Sie wissen alle, wer er ist und was er uns mit seiner Auffassung von der Person gegeben hat." Ich begann zu lachen. Ein wenig geniert fragt er: „Ist das nicht richtig?" Ich antwortete: „Es ist nicht die Auffassung von der Person, die mich interessiert, es ist die Person selbst." Der Mann spricht sofort von Konzept. Um mich vorzustellen, mich, der ich danach trachte, der Überbringer einer Botschaft über die Person zu sein, mir hängt man den Ruf an, ein Konzept zu haben. Die Person hat zwei Augen, einen Mund ... Man muß den Sinn für das Menschliche wiederfinden, und die Abstraktionen, das heißt die Ideen und Konzepte weglassen, und dazu ist es nötig, daß der Mann seinen Widerstand überwindet und seine Maske ablegt, er muß sich zu erkennen geben, sich zeigen, wie er ist und sich persönlich vorstellen.

Die Männer sind in der Familie nicht gesprächig. Das hat die Psychologen immer erstaunt. Die Frauen sprechen viel mehr als die Männer. Es gab Frauen, die mir gesagt haben: „Um meinen Mann besser kennenzulernen, lade ich Freunde ein; dann erzählt er Dinge, von denen ich absolut nichts wußte." Der Mann gibt sich nicht Rechenschaft darüber, daß er seiner Frau gegenüber verschwiegen ist. Ich erinnere mich an einen rechtschaffenen Mann, der beim Eintreten in mein Sprechzimmer sogleich sagte: „Herr Doktor, ich komme nicht wegen eines ehelichen Konfliktes. Sie werden viele davon zu sehen bekommen. Ich habe Glück, zwischen meiner Frau und mir ist alles in Ordnung."

„Um so besser! Sie sind eine Ausnahme."

„Wir haben uns nämlich, als wir heirateten, versprochen, uns immer alles zu sagen. Und wir haben Wort gehalten. Wir sagen uns alles."

„Oh, ich beglückwünsche Sie."

Wir unterhielten uns während einer Stunde. Er gestand mir seine sehr ernsten Probleme, die sein Berufsleben und auch sein geistig-religiöses Leben betrafen. Unter der Tür sagte ich beim Hinausbegleiten noch zu ihm: „Was sagt Ihre Frau zu all dem?"

„Meine Frau? Sie weiß nichts davon. Von solchen Dingen spreche ich nicht mit ihr."

Er ist aufrichtig gewesen, vollkommen aufrichtig, als er erklärte: „Wir sagen uns alles." Er war sich dessen nicht bewußt, daß er von den wirklich persönlichen Dingen nicht mehr sprach.

Was den Männern die Zunge löst, das ist das sexuelle Verlangen. Wenn sie verlobt sind, sprechen sie, und das junge Mädchen ist verblüfft über diesen jungen Mann, der ihr so viele begeisternde Dinge erzählt, von den Streichen aus seiner Gymnasialzeit, von den Kameraden. Das alles ist sehr persönlich und wunderbar. Man versteht sich ausgezeichnet! Dann heiraten sie, und wenn der Mann einmal hat, was er begehrte, das heißt, die Befriedigung, eine Frau zu besitzen, dann sagt er nichts mehr, oder es ist wenigstens nicht mehr wie früher. Dann kann es leider geschehen, daß er manchmal mit einer jungen Sekretärin, für die er eine gewisse Zuneigung hat, seine Sprache wiederfindet. Er hat das Gefühl, daß die Sekretärin ihn besser verstehe als seine Frau, und er beginnt ihr ganz persönliche Dinge zu erzählen, die er vor seiner Frau verbirgt. Sie sehen, wie gefährlich das ist; denn der Mann findet nur durch das sexuelle Verlangen seine emotionelle Sprache wieder. Die Ehegatten sollten folglich den Dialog aufrechterhalten können. Der Mann hat Sinn für das Objektive und die Frau für das Subjektive. Die Welt ist in der Vorstellung des Mannes eine sehr vollkommene Welt der Dinge und der Maschinen – das interessiert die Männer; sie ist aber sehr arm an Menschen, die sich für einander einsetzen.

Wer hat Sinn für die Person? Es ist die Frau, und ich bin mir dessen eines Tages dank eines kleinen ehelichen Zwischenfalls bewußt geworden. Ich verdanke meiner Frau alles, was ich über die Frau sagen kann; denn ich war noch schweigsamer als andere Männer. Unser Gesprächsthema war die Scheidung, und ich entwickelte große Theorien darüber, als meine Frau plötzlich sagte: „Von wem sprichst du eigentlich?" – „Ich spreche von niemandem. Ich spreche vom Problem der Ehescheidung."

Da habe ich verstanden, daß das, was die Frauen interessiert, nicht das Problem der Ehescheidung ist, sondern die Scheidung von Mathilde, von Germaine oder Franziska. Das ist wie eine Offenbarung für mich gewesen. Ich habe mir gesagt: „Ich spreche nun seit dreißig oder vierzig Jahren überall von der Person, und es fehlt mir selbst noch der Sinn für die Person." Die Welt existiert natürlich auch, und es ist meine Aufgabe als Mann, die Probleme der Zivilisation zu studieren. Aber wie allen Männern fehlt es mir an Sinn für die Person.

Der Mann ist immer ein wenig wie ein Professor, der unterrichtet, der erklärt, der Konzepte hat, und die Frau hört ihm mit offenem Munde zu: „Oh, wie interessant! Das ist großartig." Der Mann jedoch denkt nicht im geringsten daran, daß auch er etwas zu lernen hätte, daß ihm etwas fehlt. Der Philosoph Martin Buber, der ziemlich lange in Zürich gewesen ist, hat aufgezeigt, daß es zweierlei Beziehungen der menschlichen Person zu der sie umgebenden Welt gibt: Eine objektive Beziehung, wobei der Beobachter neutral bleibt; er ist unpersönlich, er engagiert sich nicht, er beobachtet, ohne gesehen zu werden. Das ist die wissenschaftliche Haltung. Oder dann hat er eine Beziehung, bei der er sich engagiert. Buber nahm als Beispiel einen Baum. Man könnte denken, daß wissenschaftlich, botanisch, chemisch betrachtet ein Baum nur ein Objekt, ein Ding sei, aber man kann zu ihm sprechen. Zu einem Baum sprechen, heißt, die Verbindung zur Natur wiederentdecken. Bei einer Ärztetagung hat eine Zürcher Psychoanalytikerin von ihrer Kindheit berichtet, einer harten und sehr einsamen Kindheit, aber sie hatte einen bestimmten Baum, dem sie jeden Abend ihre kleinen Erlebnisse erzählte, und der Baum antwortete: „Ich verstehe dich." Niemand versteht uns besser als die Natur.

Es gibt zwei mögliche Beziehungen, die nicht in Gegensatz zueinander stehen; denn sie ergänzen sich, außer in unserer gegenwärtigen Zivilisation, in der eine Zunahme der objektiven Beziehungen besteht. Von der Wiege an erhalten wir Unterricht in Dingen und nicht in etwas Persönlichem. Man lehrt uns die Welt als große Maschine sehen, die sich immerwährend dreht, zusammen mit den Sternen und den Elektronen; die Hühner legen Eier und aus den Eiern entstehen wieder Hühner. Alles dreht sich wie ein Karussell, ohne irgendwohin zu gelangen und ohne Sinn. Diese wissenschaftliche Sicht der Welt wird uns von der Kindheit an bis zum Doktor der Philosophie beigebracht. Die Philosophen bemühen sich vergeblich, uns zu sagen, wir sollten persönlich sein. Sie haben keinen Erfolg, und auch hier bleiben sie in den Konzepten stecken.

Meine Schwiegertochter ist Malerin, und ich liebe ihre Bilder sehr. Sie ist Mitglied der Gesellschaft der Malerinnen. Weshalb wurde eine solche Gesellschaft gegründet? Um sich gegen die Macht der Männer zu verteidigen; denn jedermann ist der Ansicht, ein Bild, gemalt von einer Frau, sei weniger ernst zu nehmen als ein solches von einem Mann; ein von einer Frau verfaßtes Buch sei weniger bedeutend als das eines Mannes, eine Philosophie von einer Frau weniger wichtig als die Philosophie eines Mannes. Folglich gibt es eine Gesellschaft der Malerinnen, und meine Schwiegertochter sagte zu mir: „Wir organisieren zu einem bestimmten Zeitpunkt eine Ausstellung im Musée Rath, und eines meiner Bilder, ein Selbstportrait, ist dafür ausgewählt worden."

„Ich werde natürlich hingehen und es mir ansehen. Aber es ist ja noch Zeit. Ich werde dich noch einmal anfragen."

Die Zeit verging, und eines Tages fragte ich meine Schwiegertochter: „Wann ist nun diese Ausstellung?"

„Aber sie ist längstens vorbei!" Und dann fügte sie noch den Satz hinzu: „Wenn dein Sohn ausgestellt hätte und nicht ich, hättest du es wahrscheinlich nicht vergessen."

Das hat mich getroffen. Ich glaube nicht, daß die Bemerkung eine Anspielung auf die Blutsverwandtschaft mit meinem Sohn gewesen ist. Aber meine Schwiegertochter weiß wie alle Frauen, daß sie weniger ernst genommen wird als ein Mann. Wenn ein Mann uns einen Brief zum Einwerfen in den Briefkasten anvertraut, vergessen wir es nicht. Aber wenn es unsere Frau wäre …

Die Frau wird weniger ernst genommen. Was heißt das? Das heißt, daß eine gewisse Verachtung besteht. Der Ausdruck ist ein wenig hart. Man müßte vielleicht Geringschätzung sagen. Aber ich wende das Wort *Verachtung* an. Selbst ich, der ich dafür eintrete, daß die Männer persönlicher werden, habe die Ausstellung meiner Schwiegertochter vergessen. Eine gewisse bewußte Verachtung ist bei vielen Männern klar ersichtlich; sie verachten die Frauen, während sie sie gleichzeitig anlocken. Es gibt aber auch eine unbewußte Verachtung; das sieht man daran, daß ein Mann seine Frau einen ganzen Abend lang sprechen läßt, ohne ein Sterbenswörtchen zu sagen, während er beim Zusammensein mit einem Freund auf jeden Satz antworten würde.

Vor zwei Wochen wohnte ich den Internationalen Begegnungen von Genf bei. Sie finden alle zwei Jahre statt, in Gegenwart von Philosophen und Teilnehmern aus allen möglichen Disziplinen. Das Thema war: „Die Forderung nach Gleichheit" (L'exigence d'égalité). Man verlangt die Gleichheit, man hat darüber abgestimmt, aber die moralische Gleichheit existiert nicht. Dann hat man während acht Tagen mit diesen berühmten Philosophen über die Gleichheit diskutiert, um zu dem Schluß zu kommen, daß sie unmöglich ist. Ein Professor der Sorbonne erklärte uns, daß die Devise von Frankreich „Freiheit, Gleichheit ..." nicht durchführbar sei; denn, wenn Freiheit besteht, gibt es keine Gleichheit, und wenn Gleichheit besteht, gibt es keine Freiheit. Es war ein *ja, aber.* Man müßte Gleichheit haben, aber, wenn man sie hätte, wäre es eine Katastrophe. Denn, wenn wir alle gleich wären, wäre das Leben entsetzlich monoton. Ich sagte mir – und ich habe es übrigens auch erwähnt –, das wahre Problem ist die Verachtung. „Verachten Sie mich nicht, nehmen Sie mich ernst." Das liegt allen Forderungen zugrunde. Nehmen Sie mich ernst, auch wenn ich nicht studiert habe, auch wenn ich nur ein Arbeiter bin, auch wenn ich ein Schwarzer bin, auch wenn ich Untertan einer Kolonialmacht bin, auch wenn ich eine Frau bin, auch wenn ich ein alter Rentner bin, auch wenn ich ein kleines Kind bin. Man fordert nicht Gleichheit, sondern Würde. Man möchte ernst genommen werden, als gültiger Gesprächspartner anerkannt sein, nicht nur in einer Diskussion, sondern auch in einem Dialog.

Wie jedermann habe ich geglaubt, daß die Verachtung der Frau von seiten des Mannes immer existiert habe, und daß zum Beispiel die Lage der Frau im Mittelalter schlimmer gewesen sei als in unseren Tagen. „In unserem gegenwärtigen Kampf", sagen die Feministinnen, „müssen wir etwas gegen die mittelalterliche Lage der Frau tun." Nun, es ist ganz und gar nicht wahr, daß die Frau im Mittelalter mehr unterdrückt worden wäre als heute. Ich habe mich in meinem Buch *Rückkehr zum Weiblichen* auf die Aussagen der französischen Historikerin Régine Pernoud gestützt; sie beweist, daß die Lage der Frau im Mittelalter viel besser gewesen ist, als sie es zur Zeit meiner Kindheit war. Ich werde Ihnen keinen Vortrag darüber halten, das wäre zu männlich, aber ich empfehle Ihnen, das Buch von

Régine Pernoud zu lesen *La Femme au temps des cathédrales* (Stock). Sie erfahren dann, daß Clothilde, die erste Königin von Frankreich, eine Genferin gewesen ist, die Nichte des Königs Gondebaud.

Im Mittelalter hatten Mann und Frau die gleichen Rechte. Sie besaßen das Stimmrecht, stimmten offengestanden ziemlich selten und nur auf Gemeindeebene, aber die Frauen konnten stimmen wie die Männer. Es gibt sogar eine Frau, die deshalb berühmt geworden ist, weil sie *nein* gestimmt hat, während alle andern *ja* stimmten. Die Frauen waren ebenso gebildet wie die Männer. Die wenigen Gebildeten der Bevölkerung befanden sich in den Klöstern. Frauenklöster waren noch zahlreicher als Männerklöster, und die Nonnen waren so gebildet wie die Mönche. Sie konnten griechisch und hebräisch, sie waren Dichterinnen, Schriftstellerinnen und Politikerinnen. Eleonore von Aquitanien, die Königin von England geworden ist, hat eine politische Macht ausgeübt wie niemand heutzutage. Man verwirklichte die Gleichheit. Es gab sogar ein Kloster, das Kloster Fontevrault, das eine Abteilung für Männer und eine für Frauen besaß, und unter der Leitung nicht eines Mannes, sondern einer Äbtissin stand, die dieses Amt im Alter von 25 Jahren übernommen hatte. Diese Klöster waren das Zentrum einer Art von „Chassécroisé". Könige und Königinnen suchten nach Beendigung ihrer Herrschaft in ihnen Zuflucht, und andere verließen das Kloster, um auf den Thron zu steigen. Man baute eine Zivilisation auf, die sich auf einen Wertmaßstab gründete. Die Werte von heute sind Macht, Wissenschaft und materieller Gewinn. Im 19. Jahrhundert stellte man sich noch vor, daß das große Zeitalter der wissenschaftlichen Entdeckungen endlich den Frieden und die Kenntnis aller Dinge bringen würde. Im 20. Jahrhundert ist man wieder ganz davon abgekommen! Es hat vielmehr zur Atombombe geführt.

Die Zivilisation hat ihren Sinn verloren. Indem sie

Gott verloren hat, hat sie sogar den Sinn des Lebens verloren. Man muß also wieder einen Wertmaßstab finden, auch in der Kirche, die oft noch rückständiger ist als die Welt. Die Theologie ist abstrakt geworden. Um Pfarrer zu werden, braucht man nicht die Gabe der Beziehung zum Nächsten zu besitzen; man muß ein Examen absolviert haben, das heißt, man muß wissenschaftlich arbeiten, die Bibel auslegen können. Die persönliche Beziehung, die findet man in den kleinen Gemeinschaften, nicht aber in den großen Kirchengemeinden. An einem Ostersonntag war ich einmal in meiner Kirche von St. Gervais in Genf. Nach der Predigt kommt es immer zu einem unruhigen Hin und Her, während die Leute, die nicht am Heiligen Abendmahl teilnehmen wollen, hinausgehen. Dabei dachte ich mir plötzlich: „Zu meiner Rechten sitzt meine Frau, die ich einigermaßen kenne; zu meiner Linken sitzt ein Unbekannter. Ich könnte mich ihm jetzt vorstellen." Wenn Sie wüßten, wie stark mein Herz klopfte. Soll ich es wagen? Ich machte eine Art Krise durch; der Schweiß rann mir herunter, und dann habe ich mich überwunden und mich zu dem Mann geneigt, indem ich sagte: „Ich bin Dr. Tournier." Mein Nachbar war ein Waadtländer Bauer. Wir nahmen miteinander das Heilige Abendmahl, und beim Hinausgehen kam er auf dem Vorplatz der Kirche auf mich zu, drückte mir die Hand und sagte: „Es ist schön, diese Sitte, die Sie in Genf haben, daß man sich gegenseitig vorstellt."

Ein anderes Buch, auf das ich mich gestützt habe, ist von Françoise Dolto, die sehr bekannt ist durch ihre Plaudereien am Radio. Ich bin ihr nie persönlich begegnet, aber ich kannte ihren Mann sehr gut, der auch Arzt gewesen ist und mir einmal zwölf Krawatten schenkte, um mir anzudeuten, daß ich ein wenig eleganter sein sollte. Françoise Dolto hat dieses wunderbare Buch über das Evangelium aus der Sicht einer Psychoanalytikerin geschrieben. Sie versteht Jesus anders als wir, weil sie eine Frau ist. Als ich es las, habe ich bedauert, daß die Theologie fast nur von Männern gemacht wurde. Françoise Dolto zeigt, daß Jesus den Frauen zuhörte, nicht nur wie ein Gatte, der sagt: „Sprich nur, das tut dir gut", sondern weil er etwas erwartete. Auf der Hochzeit zu Kana ist es seine Mutter, von der er erwartet, daß sie ihn aufkläre, ob die Stunde für ihn gekommen sei, sein Amt auszuüben. Und schließlich ist es Maria von Bethanien, die ihm ankündigt, daß der Augenblick gekommen sei, um nach Jerusalem hinaufzugehen und das Kreuz auf sich zu nehmen.

Unsere Zivilisation ist krank, weil die weiblichen Werte verdrängt worden sind, und es sind die Männer, die darunter leiden, selbst wenn sie sich darüber nicht Rechenschaft geben.

Wie verhält sich der Christ
vor dem Problem des Leidens?

Ich habe sofort eingewilligt, zu einem Vortrag nach Montreux zu kommen; denn man hat mir gesagt, daß ich dort zu der versammelten protestantischen und katholischen Gemeinde sprechen würde, und das ist mir äußerst sympathisch. Es ist wichtig, daß die Christen zusammenkommen, um gemeinsam sie beschäftigende Themen zu behandeln. Und wenn eines davon zur Zusammenarbeit geeignet ist, so gerade das Leiden; denn das Leiden ist dasselbe für Protestanten, für Katholiken und für alle anderen.

Vor einigen Monaten haben wir in Troinex, unserm kleinen Dorf in der ländlichen Umgebung von Genf, nahe der französischen Grenze, ähnliche Schritte unternommen, nur daß es in Troinex drei Kirchen gibt: eine protestantische, eine katholische und eine armenisch-orthodoxe. Wir organisierten mit diesen drei Gemeinden eine christliche Versammlung und die Sprecherin war Suzanne Fouché, eine sehr bekannte französische Katholikin. Suzanne Fouché ist geeigneter als ich, um über das Leiden zu sprechen; denn sie hat mehr gelitten als ich. Ich habe viele Leiden mit angesehen und persönlich auch manchmal gelitten, aber die, welche am meisten gelitten haben, sollten das Wort ergreifen.

Suzanne Fouché hat ein Buch geschrieben, betitelt *Souffrance, école de vie,* in welchem sie ihr eigenes Leben erzählt. Sie hatte beabsichtigt, Ärztin zu werden, aber im Alter von 16 oder 17 Jahren erkrankte sie an einer Tuberkulose der Wirbelsäule. Sie verbrachte zwanzig Jahre im Bett, flach und bewegungslos liegend, einsam. Sie hatte ihre Studien aufgeben müssen. Können Sie sich solch ein zerbrochenes Leben vorstellen? Aber weit davon entfernt, zerbrochen und unfruchtbar zu sein, war es ein äußerst fruchtbares Leben. Im Sanatorium Berck-sur-Mer erkannte Suzanne Fouché, wie schädlich die Untätigkeit für die Patienten ist. Es kam ihr der Gedanke, die Kranken aufzufordern, eine aktivere Haltung einzunehmen. Sie gab ihnen die Parole: „Tue dein Möglichstes!" Das wurde zum Ausgangspunkt der Liga von Suzanne Fouché, die sich derartig entwickelt hat, daß diese Frau nun an der Spitze von mehr als dreißig Häusern in ganz Frankreich steht, in denen man Gebrechliche und körperlich Behinderte wieder an die Arbeit anpaßt. Ihr Prinzip ist es, daß man jemand, der durch ein Gebrechen behindert ist, sozial aufwertet. Indem man ihm eine zusätzliche Bildung angedeihen läßt, wird er in seinem Beruf höher gestellt, als Kompensation für die durch sein Gebrechen hervorgerufene Minderwertigkeit.

Ich hatte sie gebeten, uns in Troinex den Zusammenhang zu erklären, der zwischen ihrem Werk und ihrem Innenleben besteht sowie zwischen ihrem Werk und der Hingabe ihres Lebens an Jesus Christus. Im Laufe einer langen Krise der Auflehnung gegen ihren Zustand und gegen die Tatsache, in ihrem Leben und in der von ihr beabsichtigten Laufbahn gehemmt worden zu sein, hat sie die Erfahrung des Annehmens gemacht, und ihre Karriere ist ihr gewissermaßen wiedergegeben worden. Sie ist sogar viel mehr als nur Ärztin geworden. Kürzlich habe ich in Paris zu einigen ihrer Mitarbeiter gesprochen, es waren 20–25 Ärzte, die unter ihrer Anleitung stehen. Es gibt noch viele andere in ganz Frankreich.

Ich bin Suzanne Fouché vor vielen Jahren an einem katholischen Ärztekongreß begegnet, den Professor Delord aus Lyon im Jesuitenkloster von Annecy organisiert hatte.

Man hatte mir gesagt: „Wissen Sie, daß Suzanne Fouché hier ist?" Darauf suchte ich sie. Nachher sagte ich zu ihr: „Man hat mir gesagt ... und ich bin sehr froh, Sie zu sehen." Sie antwortete mir: „Man hat mir gesagt ... Paul Tournier sei hier, und ich bin gekommen, Sie zu hören." Wir haben beide sehr gelacht, und seitdem sind wir Freunde. Sie hat an den Ärztetagungen teilgenommen, die ich seit 25 Jahren organisiere. Und ich will die Gelegenheit benützen, etwas darüber zu sagen.

Kurz nach dem Krieg hatten meine Frau und ich Gelegenheit, nach Deutschland zu gehen. Außer den Militärs waren wir fast die ersten Ausländer, die in dieses Land kamen, wo man nichts als Ruinen antraf. Man stelle sich die Lage im Jahre 1946 vor: Man wußte, daß Ärzte unter der dämonischen Macht des Dritten Reiches soweit gekommen waren, Werkzeuge des Todes statt des Lebens zu werden. Wir kamen mit einigen der größten deutschen Wissenschaftler zusammen, die darüber nachdachten, was geschehen war, und die sich bewußt waren, daß die Medizin, indem sie eine rein technische Angelegenheit wurde, ihren tieferen Sinn verloren hatte. Sie war der politischen Gewalt gegenüber ohnmächtig geworden, und diese hatte die Ärzte zu Praktiken verleiten können, die sich mit ihrem Gewissen nicht vereinbaren ließen. Und was für die Medizin galt, galt auch für andere Disziplinen, wie beispielsweise für die Rechtswissenschaft. Die staatliche Macht hatte sich dieser Disziplinen bemächtigt, weil sie keine feste geistige Grundlage mehr hatten.

In ihren Anfängen war die Medizin fast wie ein Priesteramt gewesen. Sie war an die Religion gebunden, und dann ist sie mit der modernen wissenschaftlichen Entwicklung eine neutrale Sache geworden. Die Ärzte sind soweit gekommen, sich zu sagen: „Im Grunde geht uns die religiöse Frage nichts an. Wir tun unsere Pflicht. Es gibt keine andere Ethik als die wissenschaftliche Ehrlichkeit." Nach der Krise des Nationalsozialismus gab man sich Rechenschaft, daß eine solche Neutralität etwas äußerst Gefährliches ist, und daß die Medizin dem politischen Machtdruck oder dem sozialen Druck ausgeliefert sein kann.

Die Idee der deutschen lutherischen Kirche, die diese Tagungen organisiert hatte, war es, die Leute nach ihren Berufen geordnet vorzunehmen, um ihnen zu helfen, ihren Beruf im Lichte des Evangeliums zu überdenken; dadurch sollte wieder eine zuverlässige Geisteshaltung hergestellt werden. Das brachte uns auf den Gedanken, Begegnungen gleicher Art auf internationaler Ebene zu organisieren, die den verschiedenen Spezialfächern der Medizin und allen Kirchen und Konfessionen offenstehen sollten. Im Jahre 1947, noch vor dem Zweiten Vatikanischen Konzil und vor der Gründung des Ökumenischen Rates der Kirchen in Amsterdam und auch noch bevor die Orthodoxen sich der Ökumene angeschlossen hatten, war das etwas ganz Neues.

Das Ziel war, zu den Ursprüngen der Medizin zurückzufinden. Die Medizin beschäftigt sich mit dem Menschen. Nun aber sieht die Wissenschaft nur Teile vom Menschen; sie ist im wesentlichen analytisch, das heißt, sie teilt und unterteilt bis ins kleinste Detail. Je mehr sie unterteilt, um so klarer sieht sie. Sie kann sagen, wie die Leber, wie die Nieren beschaffen sind; sie kann alle Funktionen der Leber analysieren und die vielen verschiedenen Arten des Rheumatismus entdecken. Aber es fehlt das Ganze. Die Wissenschaft kann nie das Ganze erfassen. Sehen Sie sich eine medizinische Abhandlung an! Man beschreibt darin die Symptome aller Krankheiten, aber was die Krankheit ist, werden Sie nicht finden. Man beschreibt darin alle Organe des Menschen, aber was der Mensch ist, darüber wird nichts ausgesagt. Die globalen Dinge, die das Ganze betreffen, entgehen der Wissenschaft. Um eine klare Vorstellung vom Menschen, von der Krankheit, vom Leben, von der Heilung zu erhalten, müssen wir unsere wissenschaftlichen Kenntnisse, die technisch und analytisch sind, durch eine Sicht geistiger Ordnung vervollständigen.

Man verstehe mich recht! Es handelt sich nicht darum, die Wissenschaft abzulehnen. Es sind jedoch gerade die größten Gelehrten, die einsehen, daß die Wissenschaft ihre Grenzen hat. Sie wissen, daß es zur Ausbildung eines Arztes zwei Dinge braucht: große wissenschaftliche Kenntnisse und ein mitfühlendes Herz. Nun, diese letztere Eigenschaft kann die Wissenschaft nicht vermitteln. Der menschliche Kontakt, die Möglichkeit in Kontakt zum Patienten zu treten, sich ihm gegenüber zu öffnen und sein Freund zu werden, all das ist nicht wissenschaftlich, sondern muß aus einer andern Quelle geschöpft werden.

Seit 35 Jahren haben diese Tagungen mit Kollegen aus Amerika, Europa und Asien in verschiedenen Ländern stattgefunden, wobei man danach trachtete, einen christlichen Standpunkt in der Medizin festzulegen. Es handelt sich nicht darum, eine christliche Medizin auszuarbeiten; denn es gibt nur eine Medizin. Aber das Christentum kann dem Arzt die Augen öffnen und ihm verständlich machen, was der Mensch ist und was die Krankheit und das Leiden sind.

Ich bin sehr froh, sozusagen als erster mitgearbeitet zu haben an dieser ganzen ökumenischen Bewegung, die sich jetzt entfaltet. Ich bin tatsächlich sehr gut aufgenommen worden in anderen Konfessionen als der protestantischen, zu der ich gehöre. Mein erstes Buch *Krankheit und Lebensprobleme* wurde auf italienisch von einem jungen Kollegen übersetzt, der jetzt Professor in Rom ist und Präsident der katholischen Ärzte Italiens. Es wurde von einem katholischen Verleger herausgegeben. Ein anderes von mir verfaßtes Buch mit dem Titel *Bibel und Medizin* wurde von einem bekannten spanischen Arzt ins Spanische übersetzt. Dieser sagte mir: „Für ein von einem Protestanten über die Bibel geschriebenes Buch wird die Genehmigung für die Herausgabe auf spanisch schwierig zu erhalten sein." Es brauchte dazu die Druckerlaubnis der Kirche, das *nihil obstat*, wie man sagt. Es dauerte lange, aber ich bin sehr stolz, das *nihil obstat* für mein in Spanien erschienenes Buch erhalten zu haben. Das will sagen, daß die Ärzte, ungeachtet der Konfessionen und sogar ungeachtet der Trennungen zwischen den Religionen, eine Verbindung zwischen den Menschen herstellen können. Ich habe Kontakte mit dem Islam gehabt, und ich habe feststllen können, daß es möglich ist, uns in einer geistigen Sicht des Menschen zu vereinen, und zwar nicht nur unter Christen, sondern auch mit den Juden und den Moslems.

Den Ärzten fällt es leicht zu diskutieren, und bei diesen Tagungen ist es nicht schwer, über den Menschen, über die Krankheit, über die Bibel und das Leiden zu diskutieren, aber damit eine feste Grundlage geschaffen wird, muß man über die Diskussionen hinaus gehen, um persönlich zu werden. Folglich verlangen wir von den Ärzten, daß sie am Abend über ihr eigenes Leben und ihre eigene Erfahrungen berichten. Es ist sehr interessant, die Ärzte, einer nach dem anderen, über ihre Erfahrungen sprechen zu hören, wann sie selbst krank waren, beispielsweise. Die Verschiedenheit der Leiden und die Verschiedenheit der Reaktionen darauf ist sehr beeindruckend. Man kann fühlen, wie vielfältig der Widerhall im menschlichen Herzen ist. Es tut den Ärzten sehr gut, krank zu sein, aber sie vergessen es schnell. Wenn sie daher aufgerufen werden, von ihren Erlebnissen während der Krankheit zu erzählen, läßt sie das wieder menschlich werden. Wissen Sie, der Arzt fühlt sich ein wenig erhaben. Jedermann sagt zu ihm: „Ja, Herr Doktor, gut, Herr Doktor." Man verbeugt sich vor ihm. Er muß von seinem Piedestal herabsteigen, um wieder menschlich zu werden, und er steigt gerade dann herab, wenn er krank ist.

Sie haben mich gebeten, vom Christen angesichts des Leidens zu sprechen. Ich glaube, daß man dieses Thema auf dreierlei verschiedene Arten verstehen kann: der Christ angesichts seines eigenen Leidens, der Christ angesichts des Leidens der anderen und der Christ vor dem Problem des Leidens. Ich will versuchen, diese drei Themen zu behandeln, und ich beginne mit dem schwierigsten, wie ich das immer zu tun pflege: der Christ vor dem Problem des Leidens.

Über das Problem des Leidens wurde von jeher vergeblich bis ins Unendliche philosophiert. Das Problem des Leidens, zusammen mit dem des Bösen hat nie aufgehört, die Menschen zu beunruhigen, ohne daß je ein Weiser oder ein Schriftsteller damit zu Ende gekommen wäre. Eine historisch-philosophische Darstellung des Problems des Bösen würde zu weit führen, aber klar ist, daß man es nie gelöst hat. Die Griechen hatten versucht, es auf rationale Weise anzugehen. Zur Zeit Jesu hat die griechische Philosophie in einem Rationalismus triumphiert, der alles arrangierte. Jesus ist an das Problem des Leidens nie auf abstrakte Weise, theoretisch, als Lehre oder in philosophischer Art herangegangen. Er hat Gleichnisse erzählt, Erlebnisse, er ist Kranken begegnet und hat sie geheilt, er hat selbst gelitten. Jesus ist in einer abstrakten Welt aufgetreten, die so kultiviert und intellektuell war, daß sie den Kontakt mit der Wirklichkeit verloren hatte. Seine Botschaft ist im wesentlichen konkret. Er antwortet auf die Probleme nicht in abstrakter Weise, sondern durch eine Handlung, durch ein Eingreifen. Seine Art, die Kranken und die Gesunden anzureden, liegt im Erlebten, in der Anekdote, im Gleichnis. Er berührt den Menschen nicht in seinem Intellekt, sondern in der Wirklichkeit seiner Probleme.

Die Bibel bestätigt vom Anfang bis zum Ende, daß unsere Welt durch das Leiden und die Gegenwart des Bösen gekennzeichnet ist. Sie beschreibt die Welt als eine gefallene Welt, als Welt, die ihre ursprüngliche Vollkommenheit verloren hat. So läßt die Erzählung der Genesis, die das Problem des Sündenfalls auf poetische Weise darstellt, den Grundgedanken erkennen, daß Gott die Welt vollkommen erschaffen hat, und daß eine Zerstörung eintrat, welche die Krankheit, das Leiden und den Tod mit sich brachte. Alle diese Feinde sind Zeichen dieser Degradierung, welche die Bibel Sündenfall nennt. Indem Paulus im Römerbrief, also fast am anderen Ende der Bibel, diesen Gedanken wieder aufnimmt, sagt er: „Durch die Sünde ist der Tod in die Welt gekommen" (Römerbrief 5, 12). Es ist folglich ein Zusammenhang geschaffen worden zwischen dem Ungehorsam und dem Zustand des Leidens, in dem die Menschen leben. In der Genesis sagt Gott zum Menschen: „Im Schweiße deines Angesichts sollst du dein Brot essen" (1. Mose 3, 19), und zum Weibe sagte er: „Du sollst mit Schmerzen Kinder gebären" (1. Mose 3, 16). Aus diesen Texten hat man entnommen, daß Gott den Menschen eine Strafe auferlegt hat, wegen ihres Ungehorsams. Und ich habe Kollegen, die mich gefragt haben: „Handelt man jetzt durch die Anwendung der schmerzlosen Geburt gegen den Willen Gottes?"

Es geht nicht ganz darum. Einer meiner Freunde, Professor Jacques Ellul von Bordeaux, der gleichzeitig Jurist und Theologe ist, hat erklärt, daß Gott nicht eine Sanktion verhängen, sondern daß er dem Menschen die Folge seines Sündenfalls zeigen wollte: „Du wolltest mehr wissen als ich, du wolltest aus dir selbst handeln? Nun wirst du sehen, was daraus erfolgt." Das ist der Sinn der Frucht der Erkenntnis des Guten und des Bösen: Man hat Gott zur Lenkung seines Lebens nicht mehr nötig. Ich teile voll und ganz diese These. In den Texten der Genesis und im Geiste der Bibel warnt Gott den Menschen, daß er viele Leiden erleben werde, wenn er es ohne Gott machen und sein Leben selbst lenken wolle. Es ist nicht so sehr eine Sanktion als eine Warnung.

Zu Beginn der biblischen Offenbarung war der Begriff des Leidens und des Nicht-Leidens gebunden an den des Gehorsams und Ungehorsams des Volkes Israel. Das ist eine kollektive Sprache. Aber zur Zeit der Propheten ist der individuelle Begriff des persönlichen Gehorsams und der persönlichen Verantwortung hinzugekommen. Man stellte sich folglich die Frage: „Ist es wahr, daß Gott gehorchen, die Gesundheit sichert und ihm ungehorsam sein, Krankheit herbeiführt?" Diese Gewissenskrise wird im Buch Hiob behandelt.

Hiob ist der Mann, dem, ohne daß er dem lieben Gott etwas getan hätte, alles nur erdenkliche Unglück zustößt. Er wird nicht nur krank, sondern er verliert auch seine Frau, seine Kinder, sein Vieh und seine ganze Habe. Darüber hinaus hat er Freunde, die unter dem Vorwand, ihm helfen zu wollen, ihn mit Vorwürfen überschütten und sagen: „Wenn du soviel Unglück hast, muß man denken, du seiest ein großer Sünder." Da protestierte Hiob und sagte, das sei absolut nicht wahr. Natürlich ist das Buch eine erfundene Erzählung. Aber es behandelt das Problem aller Zeiten: Ist das Leiden eine Strafe? Diese Frage wird verneint, nicht nur vom Autor des Buches, sondern auch von den Propheten Jeremias und Jesaja.

Dann kommt Jesus. Man führte einen Blindgeborenen zu ihm, und die Jünger fragten: „Wer hat gesündigt? Dieser oder seine Eltern?" Jesus antwortete entschieden: „Es hat weder dieser gesündigt, noch seine Eltern" (Johannes 9, 2–3). Wir sehen hier, wie Jesus diese Frage deutlich, absolut, ausdrücklich verneint. Ich könnte eine lange Abhandlung darüber machen, aber dieser Satz genügt, um zu zeigen, daß Jesus eine Wende markiert hat. Das Leiden ist an den Zustand des Sündenfalls der Menschheit gebunden, zu deren Erlösung er gekommen ist, aber gleichzeitig hat er es abgelehnt, das Leiden als Frucht der persönlichen Sünde oder der kollektiven Sünde eines Volkes zu betrachten. Dieser Fortschritt ist beträchtlich.

Die Bibel bestätigt also, daß ein Zusammenhang zwischen dem Sündenfall und dem Leiden besteht und daß dieses ein Zeichen des Niedergangs der Menschheit ist; sie versichert uns jedoch gleichzeitig, daß die Kranken keine größeren Sünder seien als die Gesunden. Ich sage folglich zu den Gesunden: „Hüten Sie sich vor dem Pharisäertum, und seien Sie sich dessen bewußt, daß sie alle ebenso Sünder sind wie die Kranken."

Die Gesunden zeigen so oft eine Art Überheblichkeit den Kranken gegenüber, als ob ihre Gesundheit ihnen eine gewisse Überlegenheit geben würde. Die Kranken fühlen das sofort. Jesus bringt etwas ganz anderes. Er bringt den Begriff des rettenden Gottes. Dieser Begriff wird schon im Alten Testament sichtbar, wenn Gott aus der Höhe des Himmels die Menschen betrachtet und all ihre Greueltaten sieht. Der Text sagt, daß Er zornig wurde. Seine Nase rötete sich! Das ist eine poetische Art, die Gott menschliche Gefühle zuschreibt. Vom Zorn Gottes ist immer wieder die Rede im Alten Testament. Nun, wenn man zornig wird, zeigt das immer, daß man leidet. Jede stärkere Erregung ist schon ein Ausdruck des Leidens. Das Alte Testament bringt also ein gewisses Leiden Gottes zum Ausdruck, angesichts der Sünden der Menschen. Aber Jesus geht viel weiter; er führt einen erstaunlichen Begriff ein.

Wissen Sie, daß das Christentum die einzige Religion mit einem leidenden Gott ist? Alle Religionen haben Gott auf eine möglichst liebenswürdige und erhabene Weise darstellen wollen: einen in den Himmel erhobenen Gott, einen Gott der Gesundheit, wenn ich so sagen darf, einen vollkommenen Gott. Das Christentum stürzt alles um; denn es zeigt uns einen leidenden Gott, der mit jedem Kranken leidet, der jeden Kranken in seinem Leiden begleitet, der wegen des Leidens jedes Kranken auch leidet. Das ist die große christliche Botschaft für die Kranken: Gott leidet wegen Ihrer Krankheit. Jene, welche sagen:

„Ich kann nicht an Gott glauben, wenn ich all das Schreckliche in der Welt sehe", verkennen, daß Gott selbst es ist, der besser als wir, all das Schreckliche sieht, und der an allem Bösen und an allen Leiden der Menschen selbst leidet. Mit Jesus ist es nicht nur der Gott, der wegen des Leidens der andern leidet, sondern es ist der Gott, der selbst leidet. Jesus am Kreuz, das ist Jesus, der ein Leiden auf sich nimmt, das er nicht verdient hat, höchste Verneinung dieser falschen Verbindung zwischen Sünde und Krankheit.

Es hat durch das Evangelium eine Umkehrung des ganzen Leidensproblems stattgefunden. In der Antike verachtete man das Leiden, es wurde als Belastung angesehen, und nun wird es fast für nichtig erklärt, wenn die Leidenden die von Gott Geliebten werden. Man denke nur an die Märtyrer, die voller Freude und Loblieder singend sich vor die Löwen warfen. Diese Verklärung des Leidens ist eine historische Tatsache, die vollkommen unwahrscheinlich scheint; das ging so weit, daß die Kirche gegen gewisse Tendenzen eines Suchens nach Vollkommenheit durch das Leiden kämpfen mußte. Ich vermerke hier beiläufig noch die Ermahnung von Papst Pius XII: „Das Leiden darf nie zum Ziel werden, es kann aber in den Händen Gottes ein Hilfsmittel werden."

Es gab noch andere Interpretationen, die ich schnell streifen will. Einige Leute wollten das Problem lösen, indem sie das Böse und das Leiden leugneten. Indem man immer wieder sagt: „Ich habe keine Schmerzen", kann das von großer Glaubenskraft zeugen, und es kann bei starken Persönlichkeiten zum Erfolg führen, aber es ist keine biblische Lösung. Die Bibel schaut hingegen dem Leiden ins Gesicht. Man kann sogar sagen, die Bibel sei das Buch des Leidens.

Andere Christen betonen die Macht der Heilung durch den Geist. Auch sie legen Zeugnis ab von großem Glauben. Aber da sie nur immer von Glaubenssiegen sprechen, verschweigen sie einen Teil des Evangeliums, insbesondere das Kreuz. Wir sehen etliche Patienten, die ihre Hilfe in dieser Macht der Heilung durch den Glauben sehen. Das kann wohltuend sein, aber es kann auch schaden. „Wenn glaubensstarke Menschen, die die Kraft des heiligen Geistes bestätigen, versucht haben, mich zu heilen, ohne daß sie Erfolg hatten, so zeigt das, daß ich nicht würdig bin, von Gott geheilt zu werden." Man fällt in Schuldgefühle zurück. Sie verstehen, weshalb ein Arzt empfindlich reagiert auf die Gefahr von Interpretationen, die eine Art Schande der Krankheit schaffen. Die Kranken sind schnell bereit, sich ihrer Krankheit zu schämen, weil sie ihrer Umgebung zur Last fallen und nichts Nützliches tun können. Ein Arzt ist folglich angesichts jeder triumphalen Haltung, die nicht unter allen Umständen gerechtfertigt werden kann, sehr vorsichtig.

Die christliche Haltung ist vor allem eine demütige Haltung. Damit möchte ich diesen ersten Teil über das Problem des Leidens beenden. Man muß mit Demut anerkennen, daß es keine Antwort auf die Probleme des Leidens gibt, die sich dem Menschen stellen. Kharim Aga Khan, der Chef einer muslimischen Sekte, antwortete eines Tages einem Journalisten, der ihn fragte, ob das Leiden von Gott komme: „Ich erlaube mir nicht, diese Frage zu stellen." Das ist eine ganz auf der biblischen Linie liegende Lehre für uns. Gott hat Geheimnisse, in die wir nicht eindringen können. Deshalb sollte ich schweigen. Sie haben mich aber gebeten zu sprechen. Folglich spreche ich, um Ihnen zu sagen, daß es keine Antwort gibt; die christliche Haltung besteht nicht darin, in die Geheimnisse Gottes eindringen zu wollen, sondern sich vor ihnen zu beugen. „Die Welt ist voll von unerklärlichen Geheimnissen und voll von Leiden", hat Albert Schweitzer geschrieben. Dieser Christ, dieser Arzt stellt die Unermeßlichkeit des menschlichen Leidens fest. Er eilt zu Hilfe, aber er anerkennt das Geheimnis und beugt sich davor.

Im zweiten Teil meines Themas „Der Christ angesichts des Leidens der anderen" hat das Christentum mehr zu sagen; denn es führt das Mitleid in die menschliche Geschichte ein. Früher verachtete man die Schwachen, die Kleinen, die Verwundeten. Sie waren zu nichts mehr nütze, als weggeworfen zu werden. Jesus mißt ihnen in seinem Verhalten und in seiner Botschaft eine ganz besondere Bedeutung zu. Das hat eine totale Umkehrung gebracht, und selbst die nichtchristlichen Länder leben unter dem historischen Einfluß dieses Wandels der öffentlichen Meinung. Von nun an sind die Kleinen, die Kinder, die Schwachen, die Kranken Gegenstand des Mitleids, anstatt daß man ihnen achselzuckend den Rükken kehrt.

Der Christ angesichts des Leidens anderer ist von Gott dazu berufen, kraft seines Glaubens, zu den anderen zu gehen, um ihre Leiden zu erleichtern. Die Gleichnisse vom barmherzigen Samariter und vom guten Hirten finden in der Seele des Arztes großen Widerhall. Er entdeckt darin einen Ruf Gottes, den andern zu Hilfe zu kommen; das gibt seinem Beruf die richtige Dimension. Der Arzt wird dann zum Mitarbeiter Gottes.

Das Leiden ist ungeheuer groß. Wir wissen nicht, woher es kommt, aber Gott nimmt sich der Leidenden an und sendet seine Diener, damit sie Erleichterung bringen. Er kann das Leiden sogar verklären und bewirken, daß die, welche am meisten leiden, am meisten Früchte bringen. Ich komme auf das Beispiel von Suzanne Fouché zurück, deren Amt im Dienste der Gebrechlichen so fruchtbar gewesen ist, weil sie sich in die christliche Haltung der Annahme ihres Leidens stellen konnte.

Das Gefühl menschlicher Teilnahme hat in unserer Generation große Ausmaße angenommen. Bekanntlich konnten viele Christen gleichgültig bleiben, angesichts weit entfernten Leidens. Heute zeigt sich eine Bewußtwerdung durch eine Unruhe all jener, die nicht mehr glücklich und frei von Sorgen leben können, solange es Leiden auf der Erde gibt. Gleichzeitig ist die Bibel realistisch: Es wird immer Arme geben; es wird immer Leidende geben. Der Weg des Kreuzes akzeptiert das Leiden, akzeptiert die Niederlage und sagt ja dazu, den definitiven Sieg nicht erringen zu können.

Kierkegaard, einer der größten christlichen Denker, hat auf seinem Totenbett gesagt: „Mein Leben ist ein großes Leiden gewesen, den andern unbekannt und unverständlich." Er hat den nichtmitteilbaren Charakter des Leidens betont. Wir können das Leiden des anderen nie wirklich ermessen, wir können es nur erraten. Solche Sätze wie „Oh, ich kann mich gut in Ihre Lage versetzen", sind oft reiner Schwindel. Die Leidenden selbst wissen sehr gut, daß ihr Leiden nicht mitteilbar ist, und daß es einem Wegwischen des Problems gleichkommt, wenn man denkt, man könne sich in ihre Lage versetzen. Eines Tages kam eine untröstliche Witwe zu mir. Ich habe zu ihr gesagt: „Im Grunde, liebe Frau, bin ich der Ansicht, daß ich, solange ich meine Frau nicht selbst verloren habe, nicht wissen kann, was der Witwenstand bedeutet." Sie war sehr erstaunt und sagte: „Alle anderen wollten mich trösten. Sie sind der Erste, der mir die Wahrheit sagt." Diese Witwe ist eine wunderbare militante Christin geworden. So manche Sätze, die man sozusagen zum Trost ausspricht, trösten niemanden, weil sie der Wahrheit nicht entsprechen. Es ist schon so, niemand kann wie Christus ein so totales Mitleid haben. Wir haben alle unsere Grenze, und sie zeigt sich besonders angesichts des Todes. Die Ärzte, die mit glühendem Eifer den Patienten helfen wollen, werden aus der Fassung gebracht, angesichts von Patienten, die verloren sind. Viele Ärzte haben mir gestanden, daß es ihnen, wenn sie einmal nichts mehr tun konnten, sehr schwer fiel, das Zimmer eines Patienten zu betreten, der als verloren galt.

Ich habe in einem Buch folgendes gelesen: Ein amerikanischer Psychologe installierte sich im Korridor eines Krankenhauses von New York, nachdem er die Zimmer ermittelt hatte, in denen Sterbende lagen, und jene, in denen Patienten auf dem Weg der Besserung waren. Er kontrollierte nun mit einem Chronometer, wieviel Zeit die Krankenschwestern brauchten, um auf einen Ruf zu antworten, und stellte fest, daß sie zweimal rascher zu den Kranken kamen, die auf dem Weg der Besserung waren, als zu den Sterbenden. Als er mit den Schwestern darüber sprach, waren sie sehr erstaunt und sagten, dies sei keineswegs richtig. „Sobald das Licht aufleuchte, rennen wir … Wir wissen übrigens nicht, ob ein Sterbender oder ein anderer Patient ruft." Und dennoch war die Beobachtung unmißverständlich. Folglich ist ihre Reaktion unbewußt gewesen. Jeder von uns hat eine gewisse Angst vor dem Leiden, und wir nehmen bis zu einer gewissen Grenze Teil am Leid der anderen. Das trifft selbst für die Gläubigsten unter uns zu. Der gleiche Autor spricht von Pfarrern, die, um die persönliche Beziehung zu vermeiden, Abschnitte aus der Bibel vorlesen. Also sind in den Krankenhäusern die im Sterben liegenden Patienten ganz allein. Sie sterben allein in einer Art Verschwörung des Schweigens.

Ich muß nun noch das dritte und letzte Thema behandeln: „Der Christ angesichts seines eigenen Leidens". Annehmen! Das ist schwer. Die passive Reaktion, die Resignation haben keinerlei Wert. Betagte, die sich in einem Winkel zum Sterben hinlegen, verhalten sich wie ein verwundetes Tier und nicht wie ein Mensch. Die Auflehnung, das ist die normale Reaktion, und keiner muß sich seiner Auflehnung schämen, wenn ihn ein Schicksalsschlag trifft. Die meisten Leute verbergen sie, aber die erste Regung, und in den Augen eines Psychologen und eines Arztes die normale Regung, ist die der Auflehnung. Öffnen Sie die Bibel, und Sie werden sehen, daß ganz große Gläubige wie Jesaja und Jeremia und all die andern, sich aufgelehnt haben. Es hat sogar bei Jesus Regungen von Auflehnung gegeben. Also schämen Sie sich Ihrer Auflehnung nicht, sie ist normal. Man muß durch diese Phase der Empörung hindurchgegangen sein, um zur echten Annahme zu gelangen, und zwar nicht durch eine Willensanstrengung, sondern unter Mithilfe des Geistes. Das Ziel des Lebens ist nicht die Abwesenheit von Leiden, sondern daß diese Leiden Früchte tragen können. „Ihr werdet Drangsale und Verfolgungen erleiden", sagt Jesus. Und der heilige Franziskus sagte: „Das Heil, das ich erwarte, ist so groß, daß alle Mühe mir Freude bedeutet." Das ist der Sieg des Geistes und des Glaubens, die das Leiden in die Freude mit Gott inniger vertraut zu werden, verwandeln können.

Als mein jüngerer Sohn sich das Bein gebrochen hatte, sagte er zu mir: „Endlich erlebe ich etwas!" Wir trachteten so sehr danach, ihn vor allen Gefahren zu beschützen, daß er den Eindruck hatte, nicht richtig zu leben. Wenn man nicht leidet, lebt man nicht. Ich habe Leute gesehen, die das Gefühl zu sein und zu leben durch die Erfahrung des Leidens entdeckten. Das Leiden kann uns einen Hilfeschrei zu Gott entreißen. Calvin, der magenleidend gewesen ist, rief in den Augenblicken der Krisis in seiner ziemlich derben Sprache aus: „O mein Gott, du zermalmst mich!" Viele Heilige haben diese Erfahrung der Läuterung durch das Leiden gemacht, nicht in einem philosophischen Sinn, als ob Gott es schicken würde, sondern in dem Sinn, Gott zugewendet zu sein. Und welches wäre der Sinn des Lebens, wenn nicht, Gott zu entdecken.

Im Buch Hiob, von dem ich eben sprach, findet man keine Antwort auf das Problem des Leidens eines Gerechten. Gott donnert und blitzt im Gegenteil mit aller Macht was den Psychologen Jung ein wenig schockierte; er fand, daß Gott unrecht hatte, Hiob ohne Antwort zu lassen. Aber am Ende ist Hiob Gott begegnet und sagte: „Ich kannte dich vom Hörensagen, nun aber hat mein Auge dich gesehen" (Hiob 42, 5). Ja, das Leiden kann die Erfahrung einer Begegnung mit Gott bringen. Ich denke hier an eine Mutter, die eine Tochter in der Blüte ihres Lebens verloren hatte. Sie kam zu mir und sagte: „Von nun an habe ich eine Verbindung mit dem Himmel." So kann eine große Trauer eine Zugehörigkeit zum Himmel schaffen. Man steht mit einem Fuß im Himmel, weil ein geliebter Mensch schon dort ist und wir davon träumen, ihn wiederzusehen.

Nun muß ich noch auf das Problem des Sinnes zu sprechen kommen. Wer keinen Sinn für sein Leben findet, leidet doppelt. Er leidet nicht nur an seinem Unglück, sondern auch an dessen Sinnlosigkeit. Einer der führenden Psychoanalytiker von heute, Viktor Frankl aus Wien, betont das Bedürfnis der Menschen, einen Sinn für ihr Leben zu finden. Zur Zeit Freuds haben gewisse seiner Jünger in der Psychoanalyse ein Allheilmittel sehen wollen, das auf alle Probleme der Menschen Antwort gibt. Freud, der ein ehrlicher Mann war, hat sie gewarnt und gesagt: „Die Psychoanalyse kann sehr wohl ein neurotisches Leiden in ein menschliches umwandeln, aber gegen das menschliche Leiden kann sie nichts ausrichten."

Freud selbst hat viel gelitten. Er wurde 32 mal an einem Kehlkopfkrebs operiert, der sich zehn Jahre lang hinzog, und schließlich konnte er weder essen, noch trinken und auch nicht mehr sprechen. Dieser sehr demütige und starke Mann hat alles mit außerordentlichem Stoizismus ertragen. Aber welcher Weg wurde zurückgelegt seit Freud, der sagte: „Das menschliche Leiden gehört nicht mehr in unser Gebiet", bis zu Frankl, der sagt: „Das größte Bedürfnis des Menschen ist, einen Sinn für die Dinge, einen Sinn für das Leben zu finden." Der moderne Mensch leidet an einer Sinnentleerung, die Frankl existentielle Leere nennt. Die meisten unserer Zeitgenossen werden wie in einem Taumel fortgerissen durch eine Zivilisation der Massen, der Produktion, der Konsumation, die sich ständig dreht und keinen Sinn hat.

Sie verstehen, wofür wir kämpfen! Unser Kampf hat zum Ziel, der Menschheit zu ermöglichen, die Dinge nicht mehr nur unter ihrem äußeren, unmenschlichen, technischen Aspekt zu sehen, sondern auch in ihrem menschlichen Zusammenhang, in dem, was sich in jedem Leben abspielt. Es ist der Glaubenskampf, der einen Sinn finden kann, selbst im Leiden selbst in der Erniedrigung, selbst wenn einem alles genommen wurde, und der eine Vertrautheit mit dem Erlöser erlaubt.

Das Zentrum des Evangeliums ist nicht eine Lehre, sondern eine Person, eine Person, die leidet. Im Leiden kann sich der Christ Jesus nähern, sich mit ihm identifizieren, in seinem Tod und in seinem Sieg. Die Reife der Person, die geistige Entfaltung wird leider nicht ohne Leiden erworben, oder wenigstens nicht ohne Gemeinschaft mit dem leidenden Nächsten.

Die Katholiken verwenden einen den Protestanten wenig vertrauten Begriff; sie stellen sich vor, ihr Leiden als Opfer darzubringen. Und ich denke, daß es meine Aufgabe als protestantischer Arzt ist, zu sagen, daß ich dem zustimme. Der Apostel Paulus spricht von seinen Leiden als von einem Mittel, die Leiden Christi zu ergänzen. „Ich lebe, aber nicht mehr ich, sondern Christus lebt in mir" (Galaterbrief 2, 20). Diese Identifikation mit Jesus ist ein sehr bekanntes psychologisches Phänomen. Man nennt sie Kommunion. Die Vereinigung mit Jesus verbindet uns mit den anderen Menschen, in der Gewißheit, daß die vollkommene Hoffnung jenseits von dieser Welt liegt, in einer neuen Erde und einem neuen Himmel, wo, wie die Offenbarung sagt: „Der Tod nicht mehr sein wird, noch Leid, noch Geschrei, noch Schmerz wird mehr sein ..." (Offenbarung 21, 4).

Muß man sein Schicksal
und seine Mängel annehmen?

Auch die Bibel ist realistisch. Sie macht sich keinerlei Illusionen über den Egoismus des Menschen. Immerhin bestätigt sie gleichzeitig, daß Gott selbst ein Sehnen nach uneigennütziger Liebe auf diesen egoistischen Menschen übertragen hat. Daher rührt dieser dauernde Konflikt zwischen unserem Code und diesem von Gott erhaltenen Bedürfnis nach einer übernatürlichen Liebe, womit wir uns ständig auseinandersetzen. Für die Christen liegt die Lösung in einer neuen Ausgießung des von Jesus gesandten Geistes. Der Apostel Paulus sagt von der Liebe, sie sei „eine Frucht des Geistes" (Galater 5, 22); und Johannes, daß sie von Gott komme: „Jeder, der liebt, der ist von Gott geboren" (1. Johannes 4, 7). Sie schließen sich Jesus an, der gesagt hat: „Liebet euch untereinander" (Johannes 13, 34).

Übrigens stimmen alle großen Religionen darin überein, daß sie die Liebe predigen. Ich habe mich beispielsweise gefragt, ob nicht gerade weil Buddha ein durch den Tod seiner Mutter seelisch erschüttertes, sensibles Kind gewesen ist – und sich so, wie ich es gesagt habe, frühzeitig der Vergänglichkeit unserer menschlichen Lage bewußt geworden ist –, sein Vater ihn in seinen Palast eingesperrt hatte, um ihn vor jeder Begegnung mit Krankheit, Elend, Alter und Tod zu bewahren. Und nun hat gerade diese Begegnung ihn zum erleuchteten Buddha gemacht, der lange über das uns hier beschäftigende Problem des Leidens meditiert und gefunden hat, daß die einzige Antwort in der uneigennützigen Liebe und in der Entsagung liege, der freiwilligen Annahme des Leidens. Das beweist, daß man dieses Problem des Mangels nicht löst, wenn man die Augen davor schließt, sondern nur, indem man ihm mutig die Stirn bietet.

Erich Fromm bestätigt in seiner *Kunst des Liebens* vom psychologischen Standpunkt aus ebenfalls, daß die brüderliche, uneigennützige Liebe, die zu einer universellen Ausweitung fähig ist, über der sexuellen Liebe steht; diese bewahrt unvermeidlich den eigennützigen Charakter eines Instinkts auf der Suche nach seiner eigenen Befriedigung. Das bedeutet keineswegs eine Verachtung der Sexualität. Eric Fuchs hat aufgezeigt, daß die Verachtung der Sexualität, die so lange der Kirche angelastet worden ist und wovon sie sich jetzt zu befreien beginnt, auf den Einfluß des Stoizismus zurückzuführen ist, der gerade während der ersten Jahrhunderte des Christentums seinen Höhepunkt erreicht hat. Dieses hat den Sieg davon getragen. Aber es geschah, was C. G. Jung sagt, nämlich, daß ein Sieger immer etwas vom Dämon des Besiegten erbt.

Es ist klar, daß die Sexualität durch die Zeugung kreativ ist, wie das Wort es schon andeutet; sie ist es jedoch auch als Faktor zur Bildung der Person: Oft führt sie erstmals zu einer Begegnung mit dem andern, zum Sieg der brüderlichen Liebe und der persönlichen Beziehung über den radikalen, durch den genetischen Code programmierten Egoismus, und so zur geistigen Erfahrung schlechthin, zur Begegnung mit Gott, dem Ganz-Anderen.

Aber leider entspricht diese Entfaltung der ehelichen Liebe bis zur Erfahrung Gottes nicht immer der Wirklichkeit, wie Theodor Bovet es betont hat. Es gibt viele verheiratete und unverheiratete Paare, die in ihrem Zusammenleben zwei Egoisten bleiben: ihr sexuelles Leben verläuft normal, sie finden beide ihre Befriedigung dabei, ohne jedoch die geistige Erfahrung eines echten, persönlichen Kontakts gemacht zu haben. Sie können uns mitten in einem ehelichen Konflikt triumphierend sagen: „Oh, was das sexuelle Leben anbelangt, da ist alles in Ordnung!" Es ist eben nicht alles in Ordnung, das heißt, ihr sexuelles Leben befriedigt den Instinkt, aber es erfüllt nicht die Funktion der Entfaltung der Person. Denn es ist eben nur ein Mechanismus geblieben. Wir haben ein technisches Gelingen und eine existentielle Niederlage, und es ist nicht die Sexualität, die das Paar vor der Katastrophe bewahren wird. Während die existentielle Funktion der Sexualität den sozialen Kontakt zwischen den Geschlechtern und die brüderliche Freundschaft realisieren kann.

Was ist das Geistige? – Es ist das, was alle Mechanismen und die Grenzen ihrer egoistischen Investierungen übersteigt. Es ist die Gemeinschaft. Für mich ist es die persönliche Beziehung zu Gott durch die Vertrautheit mit Jesus Christus. Immer ist es aber der Sieg der Liebe über die „Ichbezogenheit", wie es einer meiner Freunde sagte, es ist immer ein Fallenlassen der Maske, hinter der man seine Person verbarg.

Es ist auch die Gemeinschaft mit dem andern, mit der Natur, mit der Schönheit, mit allem, was zu dieser nicht materiellen, nicht mechanischen Ökonomie gehört, von der ich gesprochen habe; sie wird von den Grenzen der Investierungen nicht betroffen. Glauben Sie, daß sich ein Maler von seinen Erstlingswerken trennen muß, um sein Talent in erneutem Suchen einzusetzen? In jedem Atelier gibt es ein unverkäufliches Gemälde, worin der Maler in seiner Liebe zur Schönheit neuen kreativen Elan schöpft. Mein erstes Buch ist nach vierzig Jahren schon sehr veraltet. Ich könnte es, so wie es ist, nicht mehr schreiben; und ich komme sehr in Verlegenheit, wenn ein Student mich über die Forschungen in der Typologie befragt, die ich längst aufgegeben habe. Aber ich habe es nie überarbeiten wollen. Es bleibt wie ein Aufschrei meiner Jugend, ganz durchdrungen von Erfahrungen, die ich gemacht habe.

Kann man einen Autor verstehen, ohne sein erstes Buch gelesen zu haben?

Zum Geistigen gehört auch die Gemeinschaft mit dem Leid, das keine Grenzen kennt, und der persönliche Mut zur Annahme des Leidens und der Mängel. Ich dachte gestern abend daran, als ich ganz allein an meinem kleinen Tisch zu Nacht aß, als einziger allein in diesem großen Speisesaal eines Hotels in Palma. Als einziger auch unter all diesen Touristen arbeitete ich an diesem Buch, wie ich das jeden Tag zu tun pflegte. Während so viele alleinstehende Frauen mir gesagt haben, daß sie auf solche Aufenthalte verzichteten, weil sie es nicht ertragen würden, so allein zu essen, mitten unter diesen zärtlichen Pärchen und übermütigen Gruppen. Von einigen Witwern habe ich ähnliche Aussprüche gehört.

Ich beobachtete diese vielen Touristen, wissend, daß sie alle ihre oft ernsten Probleme haben. Viel mehr Probleme, als die meisten Leute denken würden, die nicht solche Möglichkeiten haben wie ich, um das Leben so zu kennen, wie es ist: und auch weil jedermann seine Probleme verbirgt, wenn er niemanden findet, mit dem er darüber sprechen kann. Alle diese Touristen haben vorübergehend ihre Probleme in den Hintergrund geschoben, zugunsten der Ferienzerstreuungen und der allgemeinen frohen Stimmung. Jeder spielt seine kleine Rolle, um zu versuchen, glücklich zu sein oder es wenigstens zu scheinen. Es ist übrigens noch subtiler: Manchmal muß man, um glücklich zu sein, unglücklich scheinen, um das Mitleid auf sich zu ziehen.

Da dachte ich mir, ich sei wahrscheinlich einer der glücklichsten von allen: denn ich stand im Begriff, etwas zu kreieren. Aber wer könnte bestreiten, daß man, um es zu sein, auch in Einklang mit sich selbst stehen muß, daß man sein Schicksal und seine Mängel annehmen muß? Glücklich auch, weil ich hoffe, daß irgendein Einsamer beim Lesen eines meiner Bücher ein wenig Lebensmut finden und kreativer werden wird, anstatt in verdrießlicher Zurückgezogenheit zu leben. Wahrscheinlich nicht, um ein Buch zu schreiben. Aber warum auch nicht? Man kann in jedem Alter damit beginnen wie mit der Malerei oder dem Schachspiel. Jeder nach seinem Geschmack. Aber vielleicht nur einfach ein wenig schöpferisch in bezug auf sich selbst, auf seine eigene Person, indem man ein wenig gelassener wird, sein Leben annimmt, wie es ist, indem man eine passiv und mit Bitterkeit erlittene Einsamkeit in eine mutige und fruchtbare verwandelt.

Dann habe ich alle diese Gedanken bei meiner inneren Sammlung am folgenden Morgen aufgeschrieben, zusammen mit noch anderen, intimeren Dingen natürlich. Wenn Sie Anhänger der Lehre von Descartes sind, werden Sie mich fragen, ob diese Gedanken wirklich von Gott kommen? Ich bin nicht so anmaßend, aber ich denke, es ist die Hauptsache, daß man sich ihm nähert, indem man seine Gedanken mit ein wenig, aber nicht zu viel kritischem Sinn aufnimmt, auf der Suche nach seiner Wahrheit; denn alle Wahrheit kommt von Gott.

Es ist kaum leichter, die Wahrheit über sich selbst und auch unsere Grenzen bei diesem Suchen anzunehmen als unsere Mängel. Auf etwas verzichten, bedeutet schließlich für Freud wie für mich, sich mit der Realität abfinden. Das ist es, was die Wende seines Werkes gekennzeichnet hat, daß er dem Lustprinzip das Prinzip der Realität beifügte. Wir nähern uns einander folglich wieder auf dem Gebiet der Erfahrung. Was die Menschen trennt, sind Theorien und Lehren. Was sie eint, sind Gefühle. Oft das Glück, aber oft auch das Leiden, dem niemand entgeht. Man weiß, wie sehr Freud im Verlauf seiner letzten Krankheit und all seiner Operationen gelitten hat, bis er murmelte: „Ich kann nicht mehr." Wie sehr fühle ich mich ihm da nahe!

Ihm und allen, die leiden und denen ich im Laufe meiner langen Karriere nahe gewesen bin, für die ich Mitgefühl empfunden habe und die mich beinahe alles gelehrt haben, was ich über das Leben weiß, indem sie mir erlaubten, an ihrem Leid teilzunehmen. Nahe fühle ich mich auch irgendeinem unbekannten Leser dieser Zeilen, der ungerechterweise an einem Mangel leidet, an einer Krankheit, einem Gebrechen, an einem Gewissensbiß oder an einem schweren Kummer. Und beachten Sie, wie heikel das ist: Es würde genügen, daß ich ihm sagte, er müsse es annehmen, um ihn zu verletzen. Schlagartig würde er sich ferne von mir und unverstanden fühlen. Er hätte den Eindruck, daß ich sein Leiden nicht richtig ermessen würde. „Man muß annehmen", das läßt sich leicht sagen, wenn man selbst nicht leidet oder nicht mehr sosehr leidet. Ich glaube nicht, daß ich es je zu jemandem gesagt habe.

Und dennoch muß ich an dem Punkt, an dem ich in unserer Meditation über die Prüfungen des Lebens jetzt angelangt bin, von ihrer Annahme sprechen. Sie spielt eine so bedeutende Rolle in unserer Entwicklung, daß ich in jedem Buch, das ich schreibe, darauf zurückgeführt werde. Schon in meinem ersten Buch *Krankheit und Lebensprobleme* war sie das Hauptthema. Sobald ich mich gefragt hatte, welche Krankheiten mehr auf der Person als Ganzes beruhten als auf einer Verletzung des Körpers oder auf einer gestörten psychischen Funktion, erkannte ich zu meinem Erstaunen, wie schädlich die Wirkung jeder Ablehnung ist: Das Nicht-Annehmen seines Alters, seines Geschlechts, seines Ehepartners oder eines Angehörigen, einer Prüfung, einer Niederlage, eines begangenen Fehlers, kurz seines Schicksals. Damals sprach ich von Annahme, aber in meinem jugendlichen Eifer ließ ich es an Nuancen fehlen; ich übersah, welch lange Entwicklung oft nötig war. Eben habe ich es schon gesagt: Jemandem, der sich auflehnt, die Annahme predigen, heißt seine Auflehnung verschlimmern.

Zunächst muß man beachten, daß es Menschen gibt,

denen die Annahme viel schwerer fällt als anderen. Im allgemeinen sind es Leute, die durch die Umstände in ihrer Kindheit dazu neigen, an sich selbst zu zweifeln. Es fehlt ihnen an Selbstvertrauen und an einem Gefühl von Geborgenheit, das jedermann nötig hat. Infolgedessen bringt sie jedes unangenehme Ereignis aus der Fassung. Es gibt sogar solche, die, wie ich es oft beobachtet habe, gut schwere Prüfungen ertragen können, aber nur sehr schlecht die kleinen Widerwärtigkeiten des gesellschaftlichen Lebens. Die kleinste Beleidigung verletzt sie aufs tiefste. Das war bei meiner Frau der Fall. Dann warf sie sich vor, mehr Mühe als ich zu haben, sie anzunehmen, was sehr ungerecht war; denn ich hatte keinerlei Verdienst dabei, aber das schloß den Teufelskreis und verschlimmerte das Hemmnis.

Wenn auch niemand zu ihr sagte: „Man muß es annehmen", so sagte sie es sich doch selbst und machte sich Vorwürfe, wenn es ihr nicht gelang. Was bei diesem Satz, den man mir manchmal zuschrieb, falsch ist, das ist das „man muß": Denn man macht so aus der Annahme einen Befehl, ein moralisches Gesetz, oder sogar ganz einfach einen freundschaftlichen Rat. Man nimmt nicht auf Befehl an; die Annahme kommt nie von außen, indem man sich der Ermahnung eines andern fügt, sondern von innen, durch eine langsame innere Entwicklung.

Dann sind ganz offensichtlich im Dasein die einen Schläge härter als andere und folglich ist auch deren Annahme schwieriger. Es fehlt an Objektivität, wenn man abstrakt nur von Prüfungen des Lebens spricht, als ob sie vergleichbar wären. Ich war 76 Jahre alt, als ich meine Frau verlor. Das ist etwas ganz anderes, als wenn man sie mit vierzig verliert. Beim Verlust eines Kindes besteht der gleiche Unterschied in bezug auf sein Alter. Aber es ist besonders eine Unterscheidung zu machen bei unheilvollen Ereignissen, die uns zustoßen, je nachdem sie durch die Natur verursacht wurden oder durch die Ungerechtigkeit der Menschen! Im zweiten Fall kann die Annahme nur eine schuldhafte Feigheit sein, was offensichtlich zu einem schweren Gewissenskonflikt führt, worauf ich in meinem Buch *Sich durchsetzen oder nachgeben* hingewiesen habe. Niemand anders als die betroffene Person jedoch kann hier entscheiden. Denken Sie an den inneren Kampf, den Jesus in Gethsemane führen mußte (Matthäus 26, 36).

Ja, es gibt ein Ja-Sagen, das nur Gott von uns verlangen kann, weil es auch seine Liebe ist, die es uns möglich macht und die uns dazu geführt hat. Gott gibt, was er anordnet. Ist dann die Trauerarbeit etwas, das Gott bewirkt? – Ich bin davon überzeugt. Niemand hat mir je gesagt, ich solle meine Lage als Waisenkind annehmen, und ebensowenig meinen Witwerstand heute und manchen anderen Kummer in der Zwischenzeit. Wer hat mir also geholfen? Ich habe es eben gesagt: Jene, die mich stark genug geliebt haben, um mir die Liebe Gottes zu offenbaren. Man hilft den Menschen nicht mit Ermahnungen, ihre Prüfungen im Leben anzunehmen, sondern nur mit Liebe.

Das ist eine universelle Wahrheit: Die Gläubigen besitzen nicht das Monopol der Liebe. Es handelt sich nicht so sehr darum, zu unsern Patienten von der Liebe Gottes zu sprechen, als darum, sie zu lieben. Jesus hat darauf besonderen Wert gelegt. Denken Sie an sein so einfaches Gleichnis, in welchem er von einem Vater spricht, der seine beiden Söhne bittet, in seinem Weinberg zu arbeiten; der eine von ihnen sagt ja, aber geht nicht hin; der andere sagt nein, geht aber hin (Matthäus 21, 28–30). Dieser letzte ist dem Arzt vergleichbar, der sich ungläubig nennt, aber so viel Liebe für seine Patienten hat, daß er, ohne es zu wissen, ihnen die Liebe Gottes offenbart.

Die Annahme erfordert aber auch eine gewisse Wartefrist, die man nicht außer acht lassen darf. Das Denken entzieht sich der Zeit, während die Gefühle ihr unterworfen sind. In Gedanken können wir gut die spät reifenden Früchte jeder Prüfung wahrnehmen, die Kreativität, die aus einem Mangel hervorgehen kann. Ich schreibe dieses Buch zu einem guten Teil für meine Kollegen sowie für all jene, die sich wie sie der Hilfe für die Leidenden widmen; ich möchte sie einladen, den Blick in die Zukunft zu richten, diese kommende Ernte zu sehen und dadurch sich zu größerem Eifer für die Aufgabe von heute anspornen zu lassen.

Aber diese Zukunft ist noch nicht da, es ist erst die Zeit der Feldbestellung. Zur Stunde des Leidens und des Zorns von Annahme sprechen, heißt, sich vom Patienten distanzieren, weil diese Zukunftsvision ihm noch nicht möglich ist. Man muß im Gleichschritt mit ihm gehen. Jetzt ist die Stunde der Teilnahme und des Verstehens seiner Auflehnung. Glücklicherweise kann man so diesen gegenwärtigen Augenblick voll und ganz mit ihm leben, während man den Blick in die Zukunft gerichtet hat, und das ist vielleicht der Sinn der Psychotherapie wie der Pädagogik. Es gibt sehr viele Etappen bis zur echten Annahme. Ich habe Menschen gesehen, die sich zu einer vorzeitigen Annahme zwangen, die sogar überzeugt waren, daß sie angenommen hätten, während sie nur unter dem Druck anderer oder ihres eigenen Ichs den Zorn verdrängten.

Denken wir beispielsweise an die schwierigste Annahme, die des Todes. Elisabeth Kübler-Ross hat uns in dieser Hinsicht die Augen geöffnet. Sie hat sich Gesprächen mit Patienten an der Schwelle des Todes gewidmet, um ihnen die Möglichkeit zu geben, ihren Gefühlen und Ängsten Ausdruck zu verleihen. Bis jetzt haben sich Ärzte, Verwandte und Freunde besonders darum bemüht, von anderen Dingen zu sprechen, weil sie dachten, man müsse den Patienten ablenken, um seine Moral zu heben. In Wirklichkeit waren wir es, wie Frau Kübler-Ross es uns deutlich zu merken gab, die Angst hatten vor einem echten Dialog und der Erregung, die er hervorruft. Sie spricht sogar von dem Pfarrer, der einen Psalm vorliest, was leichter ist, als auf ein persönliches Gespräch einzugehen. Das erinnert an den Ausspruch von Balint, hinsichtlich gewisser unserer medizinischen Handlungen: Wen trachten Sie zu beruhigen, Ihren Patienten oder sich selbst? Ich denke hier allerdings auch an einige Sterbende, denen ich mit genügend Aufmerksamkeit zuhörte, so daß sie es gewagt haben, sich zu eröffnen, und ich konnte ihnen dann aufrichtig antworten. Sie sind nicht zahlreich, aber ich werde sie nie vergessen.

Nun, Elisabeth Kübler-Ross zeigt uns deutlich die Etappen dieser Entwicklung zum Tode hin: Zunächst kommt es zu einem Schock, wenn der Patient erfährt oder errät, daß es für ihn keine Hoffnung mehr gibt auf Genesung. – Dann geht er durch ein Stadium der Ablehnung: Er will nicht daran glauben. – Und dann kommt die Auflehnung, der Zorn: Warum ich? Warum jetzt? – Aber zornig sein, nützt nichts, und dann folgen Entmutigung und Depression. – Darauf folgt eine neue Phase, welche die Autorin die des Feilschens nennt, als ob der Patient hoffte, das Schicksal durch seine Ergebenheit oder durch Verzichte abwenden zu können. – Und erst nach diesem langen Weg sieht Elisabeth Kübler-Ross die friedliche Annahme kommen. Es kommt sogar oft zu einer gewissen Veränderung, die sie Decathexis nennt, eine Art Distanzierung, als ob der Sterbende schon nicht mehr ganz zu dieser Welt der Lebenden gehörte. Dann soll man nicht mehr sprechen, nur liebevoll die Hand halten.

Wie Sie sehen, erfordert jede befreiende Entwicklung Zeit. In abweichenden Formen finden wir die Etappen von Elisabeth Kübler-Ross beim Erscheinen aller schwer anzunehmenden Realitäten wieder. Wir sehen das bei den meisten unserer Patienten. Sie beginnen mit einer Phase der Ablehnung, sie wollen nicht zugeben, daß sie krank sind und setzen ihre Tätigkeit oft mit größter Anstrengung fort, als ob sie bei guter Gesundheit wären; das ist

mir selbst schon passiert. Bisweilen sind es ihre Angehörigen, die sie uns durch listiges Vorgehen zuführen müssen.
Dann folgen Zorn und Auflehnung. O ja, es ist notwendig, daß sie diese zum Ausdruck bringen können und sich
verstanden fühlen. Es ist noch keine Rede von Annahme.

Oder da ist beispielsweise eine junge Frau, die unter
dem Schock der Auflösung ihrer Verlobung steht und
weiß, daß sie in ihrem Alter wenig Aussichten hat, sich zu
verheiraten. Sie leugnet mutig ihren Kummer und erklärt
mir, daß sie auch ohne Mann und Kinder glücklich sein
könne. Sie ist aufrichtig, und ich kann sie beglückwün-
schen; denn ich weiß, daß das Glück mehr von uns abhängt als von den Lebensumständen. Aber bei ihr ist es
keineswegs schon eine echte Annahme ihres Ledigenstan-
des. Ich erlebe mit ihr noch während Jahren Zornausbrü-
che, Depressionen und Zeiten des Feilschens, bevor sie
zur Annahme gelangt.

Führt Mangel an Liebe
zu besonderem Machtstreben?

Der Genfer Arzt, Dr. Pierre Rentchnick, hat am 26. November 1975 in der von ihm redigierten Revue „Médecine et Hygiène" unter dem Titel *Les orphelins mènent le monde* einen erstaunlichen Artikel veröffentlicht. Nach dem Tod von Präsident Pompidou hat sich mein Kollege gefragt, welche politischen Rückwirkungen die Krankheiten anderer Staatsmänner gehabt haben können, zum Beispiel die Krankheit von Präsident Roosevelt am Ende des letzten Weltkrieges. Er begann also die Biographie der Staatsmänner zu lesen, deren Einfluß in der Geschichte am größten gewesen ist.

Nun, eine Tatsache war ihm zu seiner großen Überraschung schnell aufgefallen. Alle waren Waisenkinder gewesen! Die einen hatten in ihrer Kindheit oder Jugend ihren Vater verloren, andere ihre Mutter, wieder andere beide Eltern, oder sie waren durch eine Scheidung des einen oder andern Elternteils beraubt worden; vielleicht auch waren sie uneheliche Kinder gewesen, die ihren Vater nicht gekannt oder sogar nichts von ihm gewußt hatten, andere waren ausgestoßen oder verlassen worden. Dr. Rentchnick hatte eine Liste all dieser Personen zusammengestellt, beinahe dreihundert Namen, darunter die berühmtesten aus der Geschichte: von Alexander dem Großen und Julius Cäsar über Karl V., den Kardinal Richelieu, Ludwig XIV., Robespierre, George Washington, Napoleon bis zur Königin Viktoria, Golda Meir, Hitler,

Lenin, Stalin, Evita Peron, Fidel Castro oder Houphouet-Boigny.

Dies sind nur einige Beispiele. Es ist klar, daß ich hier nicht so viele berühmte Persönlichkeiten aufzählen kann, wie sie der Autor sorgfältig zusammengestellt hatte und deren Portraits seinem Artikel das Gepräge gaben. Alle hatten sie in ihrer Kindheit an einem schweren Liebesentzug gelitten! Der Autor hat mir anvertraut, er habe nur zwei Ausnahmen entdeckt: Reichskanzler Otto von Bismarck und General de Gaulle. Und überdies habe ich Bismarck in seiner Liste der verlassenen Kinder wiedergefunden.

So halten wir Vorträge, um zu zeigen, wie sehr das Kind zu seiner Entfaltung einen Papa und eine Mama nötig hat, die sich gut verstehen, und die dem Kind gegenüber ihre väterliche und mütterliche Rolle voll und ganz auf sich nehmen. Und plötzlich entdecken wir, daß denen, die in der Geschichte den entscheidendsten Einfluß ausgeübt haben, gerade das gefehlt hat! Von dieser so überraschenden Feststellung leitete mein Kollege „eine neue Theorie über die Entstehung des politischen Machtwillens" ab: Die durch einen Liebesentzug verursachte Unsicherheit hätte bei diesen Kindern einen außergewöhnlichen Machtwillen erzeugt, der sie in die politische Laufbahn getrieben hat, mit der Absicht, „die Welt zu verwandeln", und sie haben dabei Erfolg, sofern sie nur genügend begabt sind.

Natürlich hat mich die Lektüre dieses Artikels besonders beeindruckt, da ich ja selbst ein Waisenkind gewesen bin; denn mein Vater starb, als ich zwei Monate alt, und meine Mutter, als ich fünf Jahre alt war. Ich suchte meinen Kollegen auf, um mit ihm darüber zu sprechen. Das war kurz nach dem Tode meiner Frau, wie mir jetzt zum Bewußtsein kommt, und ich fühlte mich gewissermaßen zum dritten Mal als Waise. Ich, der ich mich für friedlich und versöhnlich hielt, mußte also wohl oder übel annehmen, daß mich ein nicht alltäglicher Machtwille unbewußt beseelte. Gewiß, ich war nie politisch tätig gewesen, aber ich hatte mich in meiner Studienzeit für Politik begeistert; und zwar so weitgehend, daß ein alter Freund, den ich kürzlich zufällig in der Tram traf, wo wir uns zwischen zwei Stationen diese gute alte Zeit unserer Jugend in Erinnerung riefen, mir beim Aussteigen vom Gehsteig aus noch zurief: „Weißt du, wir waren alle davon überzeugt, daß du eines Tages Bundespräsident der Schweiz sein würdest!" Zum Glück für mich, hat mir das Gesetz von der Unvereinbarkeit zweier Ämter den Weg zur ersten Stufe, dem Kantonsparlament, verriegelt, da ich zu jener Zeit als Interner am Kantonsspital von Genf vom Staat bezahlt wurde und folglich nicht wählbar war.

Aber ich bin Arzt geworden, und die Medizin ist ein Beruf mit Machtbefugnissen, ebensosehr wie die politische Laufbahn. Emmanuel Mounier hat sie die „vierte Macht" genannt. All unsere beruflichen Freuden sind mit unserer Macht gegen Krankheit und Tod verbunden. Und wenn wir uns machtlos fühlen in diesem Kampf, den wir erwählt haben, gesellen sich Ärger und Demütigung zu unserem Kummer, und wir fühlen uns niedergeschlagen und entmutigt. Aber das ist nicht alles: Wir haben auch eine gewisse Macht über den Menschen, über den Patienten, der uns dieses bedingungslose Vertrauen entgegenbringt, an dem uns so viel liegt, über die Krankenschwestern und andere Mitarbeiter, über das gesamte Pflegepersonal bei einem Chefarzt eines großen Spitals, bis hin zum anmaßendsten Bürokraten, der sich einem ärztlichen Zeugnis fügen muß. Oder denken wir auch an das heimliche Einverständnis der Ärzte mit den mächtigen pharmazeutischen Industrien, was Illich anprangert.

Die meisten Ärzte geben sich nicht mehr Rechenschaft über die Macht, die sie ausüben, so sehr sind sie daran gewöhnt, daß man ohne Widerrede auf sie hört, und auch nicht über den gefährlichen Einfluß, den diese Macht auf ihren Charakter hat. Es ist ihre Frau, die es manchmal merkt, ohne etwas sagen zu können; sie muß im Gegenteil darum besorgt sein, daß die ganze Familie unbegrenzte Rücksicht nimmt auf die aufopferungsvolle Tätigkeit des Vaters für seine Patienten. Manchmal ist es auch ein Patient, der an das freundliche und liebenswürdige Wohlwollen seines Arztes gewöhnt ist und dann plötzlich feststellen muß, wie dieser zornig wird, wenn der Patient es für richtig hält, ihm mitzuteilen, daß er das verordnete Medikament nicht verträgt. Warum lehnt dieser Wissenschaftler es ab, die Erfahrungen des Patienten zu berücksichtigen?

Aber ich habe nicht nur eine medizinische Berufung, und ich sprach dann zu Dr. Rentchnick auch von meiner religiösen Berufung, die ihm bekannt gewesen ist. Triumphierend rief er aus: „Die religiösen Führer sind auch Waisenkinder gewesen! Denken Sie doch an Moses in seinem Kästchen auf den Wassern des Nil!" Freud hat vermutet, daß Moses der Sohn der mitleidigen Prinzessin gewesen ist, die ihn scheinbar zufällig im Schilf entdeckt hat, um ihn als Fremdling in den Palast ihres Vaters, des Pharao, zu bringen. Wie dem auch sei, Moses ist ein verlassenes Kind gewesen, und dadurch läßt sich seine Leidenschaftlichkeit wohl erklären, als er den Ägypter tötete. Auch Buddha ist ein Waisenkind gewesen sowie Mohammed, dessen Vater und Mutter gestorben sind, bevor er ein Jahr alt war!

Man begreift gut, welches Bewußtsein von Macht einen Menschen erfassen kann, wenn er sich berufen fühlt, im Namen Gottes zu sprechen und dabei Gehör findet. Oder sogar wenn er als Philosoph eine Wahrheit verkündigt. Daher hatte Dr. Rentchnick auf seiner Liste außer den Namen von Staatsmännern auch die von religiösen Führern und Philosophen aufgeführt. Er zitierte das Buch „Die Wörter" von Jean-Paul Sartre, worin dieser von seiner Kindheit als Waise spricht. Bekanntlich ist das Ansehen von Predigern und Philosophen zu allen Zeiten groß gewesen, und dieses beruhte nicht nur auf der Inspiration ihrer Lehre, sondern auch auf ihrem Charakter als Menschenführer. Konfuzius hat im Alter von einem Jahr seinen Vater verloren, Jean-Jacques Rousseau kurz nach seiner Geburt die Mutter, und Descartes verlor sie mit einem Jahr und Pascal mit drei Jahren.

So scheint ein unbewußter Machtwille in der Laufbahn der hervorragendsten Männer eine bedeutende Rolle zu spielen. Das ist sehr erfreulich; denn sie können ihn in den Dienst Gottes, in den der Menschen und der Kultur stellen. Aber das erleichtert die Übereinstimmung zwischen ihnen nicht. Wie kann man versöhnlich und tolerant sein, wenn man sich im Besitz einer höchsten Wahrheit fühlt? Und die Religionskriege oder die ideologischen Revolutionen gehören zu den grausamsten. Die alte Formel „rabies theologica", die theologische Wut, drückt eine jahrhundertealte Erfahrung aus. Der Machthunger kann die Großen dieser Welt zum Besten und zum Schlimmsten führen, wie jeden von uns.

Zur Zeit meiner Unterredung mit Dr. Rentchnick war ich gerade im Begriff, mein Buch *Aggression* zu schreiben. Ich könnte es folgendermaßen zusammenfassen: Wie ist es doch gefährlich für den Menschen, mächtig zu sein, da Ehrgeiz und Gewalt unerbittlich mit der Macht zunehmen! Ich konnte es nicht unterlassen, ein Kapitel der zunehmenden Macht in der Medizin zu widmen. Ich habe darin natürlich diese ganze Angelegenheit mit den Waisenkindern erzählt, den Artikel meines Kollegen erwähnt, sowie von unserer Unterredung und meinen Überlegungen berichtet. Dr. Rentchnick hatte seinerseits seine Gedankengänge weiterentwickelt und in Form eines Buches veröffentlicht, was er in seinem Artikel entworfen hatte. Und in diesem Buch zitiert er mich auf der ersten Seite, was mich natürlich freut! Spielt sich dieses ein wenig naive Spielchen gegenseitiger Huldigung nicht auf jeder Universität, in allen Kirchen und Salons ab? „Ich schmeichle dir, weil du mir geschmeichelt hast, und du schmeichelst mir, weil ich dir geschmeichelt habe", könnte man sagen.

Dem Waisenkind fehlt ein Elternteil oder beide. Aber es gibt vieles andere, was im Leben fehlt (Mängel). Es gibt da – wie ein Mann schreibt, den ich in seiner Studienzeit gut gekannt habe – ja schon viele Leute, die nicht wirklich Waisen gewesen sind, deren Vater sehr wohl lebte, aber moralisch abwesend war, nicht vorhanden für das Kind, wie er das erlebt hat. Aber das erstreckt sich noch auf vieles andere. Sobald wir an den Mangel denken, steigen vor unserem geistigen Auge so manche schmerzvolle Schicksale auf und bilden eine endlose Prozession.

Natürlich denke ich dabei sofort an die unverheirateten Frauen, von denen ich so viele Geständnisse erhalten habe; ihnen fehlt ein Gatte und Kinder, und ihre Einsamkeit ist um so größer, weil sie ihr tägliches Leiden verbergen müssen. Es ist die körperliche Liebe, die fehlt, aber mehr noch, selbst wenn sie einen Geliebten haben, dieses Teilen des ganzen Lebens, dieses „Beieinandersein", dessen die Frau noch mehr bedarf als der Mann. Und selbst wenn die ledige Frau ein Kind hat, so wertvoll das für sie auch sein mag, es fehlt die Stütze und Autorität des Vaters. Und dann all der Liebeskummer, die verlassenen Ehemänner und Ehefrauen, die der plötzliche Weggang des Partners so oft unerwartet trifft wie ein Blitz aus heiterem Himmel und sie fassungslos zurückläßt. Und alle kinderlosen Ehepaare und mehr noch jene, die ein Kind verloren haben, dessen Verlust nie verwunden wird, auch wenn man nicht mehr davon spricht. Und alle Niederlagen, alle Ehescheidungen, alle Trauerfälle.

Übrigens gibt es für viele verheiratete Frauen, selbst in einer scheinbar harmonischen Ehe, noch einen Subtileren, aber schmerzlichen Mangel, es ist das Fehlen eines echten Dialogs mit ihrem Mann; denn den Männern fällt es sehr schwer, ihre Gefühle auszudrücken. Ich habe in meinem letzten Buch davon geschrieben. Die Frau kann stundenlang zu ihrem Mann sprechen, ohne daß er mit einem Wort darauf reagieren würde. Und wenn er spricht, geschieht es nur über objektive Tatsachen oder abstrakte Theorien, aber nicht über das, was er selbst empfindet, über seine persönlichen Sorgen.

Aber vielen Menschen fehlt es auch an den elementarsten Gütern, beispielsweise an den nötigsten Nahrungsmitteln, um nicht Hungers sterben zu müssen. Es gibt den Mangel an finanzieller Sicherheit für viele andere, oder es fehlt die Sicherheit einer festen Anstellung; es gibt die zahllosen Flüchtlinge, die ihr Land verloren haben. Dann sind da jene, die einen lebhaften Wunsch hatten zu studieren und es nicht tun konnten und nun in Bitterkeit an diesem Mangel ihr Leben lang leiden, sowie die, welche auf ihre innere Berufung verzichten mußten. Dem Kranken fehlt die Gesundheit, dem Körperbehinderten entweder das Gehör oder die Sehkraft oder ein Glied; er kann nicht gehen und hat damit seine Unabhängigkeit verloren. Dem Betagten fehlt die Jugend, dem Pensionierten seine Arbeit und die gesellschaftlichen Verbindungen, die sie ihm sicherte und die einen so großen Platz in seinem Leben einnahmen, und so vielen Leuten fehlt eine echte Freundschaft. Bekanntlich hat der heilige Augustinus anläßlich des Todes seines Freundes in seinen Bekenntnissen einen ergreifenden Abschnitt geschrieben: Es war sein eigenes Leben, das ihm leer erschien, seine Person selbst war amputiert.

Und dann gibt es in unserer westlichen Zivilisation den von Viktor E. Frankl angeprangerten großen Mangel: All jene, die keinen Sinn für ihr Leben finden, manchmal sogar bei vollem beruflichem oder gesellschaftlichem Erfolg. Und der Mangel an Stille, an Grün, an Sonne, an Frieden, an Innenleben und Geborgenheit. Alle die Randfiguren und die Homosexuellen, die Opfer des gesellschaftlichen Mißerfolgs oder die von Natur aus Unbegabten; jene, die von andern geringgeschätzt werden; die Schüchternen, denen die Fähigkeit fehlt, sich auszudrücken; die Nerven-kranken, denen die Liebe fehlt, die sie heilen würde.

Sie verstehen, daß ich dieses Inventar nicht fortsetzen kann. Wieviel Kummer und Schmerz gibt es nicht in unserer Welt! Wie sehr haben wir uns vom Problem der Waisenkinder entfernt!

Es handelt sich sehr wohl um alle Prüfungen des Lebens, denen wir die Stirn bieten müssen. Zum Überfluß gibt es noch einige außergewöhnlich privilegierte Personen, ihnen fehlt aber noch die Prüfung des Leidens, die notwendig ist, um wirklich Mensch zu werden. Es fehlt ihnen der Mangel, wenn ich so sagen darf.

Übrigens ist es selten, daß diese Leute sich ihrer Privilegien wirklich bewußt sind und sie genießen. Um sich wirklich am schönen Wetter erfreuen zu können, muß ihm eine lange Periode schlechten Wetters vorausgegangen sein, und man genießt das Glück mehr, wenn es auf eine Leidensprüfung folgt. Man sieht Privilegierte, die sich viel mehr um das sorgen, was ihnen noch fehlt; oder sogar lächerlicherweise um das, was ihnen fehlen könnte. Das zeigt, daß das Verlangen unersättlich ist, wie das jedermann weiß.

Anstatt das, was uns fehlt, bunt durcheinander aufzuzählen, wie ich es eben getan habe, wäre es doch angezeigt, die Mängel an lebensnotwendigen materiellen und geistigen Bedürfnissen von den oft unbedeutenden Wünschen zu unterscheiden, die zahllos in uns aufsteigen. René Girard hat das universelle Phänomen hervorgehoben, welches er den Nachahmungstrieb nennt: Es genügt, daß jemand ein Privileg oder etwas Gutes hat, das wir nicht besitzen, daß Verlangen danach in uns erweckt wird und wir uns unseres Mangels bewußt werden. Die Moralisten können uns noch so sehr Weisheit predigen und sagen, das Glück bestehe darin, daß man sich mit seinem Schicksal abfinde. Das kann man leicht sagen, wenn einem nichts fehlt, was meistens bei ihnen der Fall ist. Sie prangern vergeblich die Torheit der Menschen an, deren unersättliche Ambitionen die Leiden verschlimmern.

Ich bin weniger streng als sie; denn ich glaube hier ein wesentliches Merkmal des Lebens erkennen zu können, dem sich sicher niemand von uns in seiner Eigenschaft als Lebewesen entziehen kann. Ich denke oft daran, wenn ich die Üppigkeit der Natur sehe, während ich diese kleinen Sträucher zurückschneide, die um mein Haus herum gepflanzt wurden und die so schnell und im Übermaß wachsen. Der Bürgermeister meiner Gemeinde, Dr. Dottrens, ist ein Kollege von mir. Er hatte einmal den Auftrag erhalten, in der Kathedrale zu predigen, und er schloß seine Predigt mit einer Begebenheit ab, die so charakteristisch ist für dieses Erstaunen, das der Arzt angesichts der Lebenskraft immer empfindet: Mitten in der Stadt, auf einem durch den unaufhörlichen Strom der Passanten hartgetretenen Weg hatte er ein kleines Pflänzchen entdeckt, dem es gelungen war, die harte Kruste des Teers aufzuheben und seinen schwachen Stengel, an dem zwei zarte Blättchen sich triumphierend der Sonne entgegenstreckten, in die Spalte hineinzuschieben.

Ja, solange es Leben gibt, wird es ein Verlangen nach etwas geben, ein Verlangen nach Entfaltung. Selbst der Asket schöpft aus diesem Lebenselan die Kraft, seinem Gelübde treu zu bleiben, und er verzichtet auf vieles, um Gewinn aus seiner Askese zu ziehen. Und es ist gut so! Zählt der Arzt seit Hippokrat nicht hauptsächlich auf diese Naturkraft? Die Krankheit, der Mangel, das ist das Hindernis, und der Arzt hält unaufhörlich Ausschau nach der Antwort des Lebens. Um wieviel mehr wir Gläubigen, die wir wissen, daß das Leben aus Gott kommt, der den Kampf mit uns führt.

Ich habe mit der Statistik begonnen, weil sie es war, die mich zuerst hat wachsam werden lassen. Nun, tatsächlich stellt sich hier die Frage einer angeblichen Wohltat der Prüfungen. Und diese Frage beschäftigt mich jetzt und führt mich zum Nachdenken. Es steigen zahllose Erinnerungen in mir auf. Ich denke an all jene, deren Vertrauter ich gewesen bin, deren Entwicklung ich verfolgt habe in schwierigen Perioden ihres Lebens, in Krankheit, bei Todesfällen, Konflikten und Niederlagen. Wie waren wir doch jedesmal miteinander verbunden beim gemeinsamen Tragen dieser Bürde! Aber wie habe ich sie auch sich verändern sehen in der Prüfung, und wie hat mich das beeindruckt und selbst verändert! Oh, im allgemeinen änderten sie sich auf andere Weise, als wir es erwarteten, sie und ich; aber dennoch kann ich wohl sagen, daß die meisten von ihnen, wie ich glaube, dabei gewonnen haben, während sie gleichzeitig litten.

Da begegnete ich auf der Straße einem ehemaligen Patienten, dessen schwere Krankheit mir große Sorgen bereitet hatte. Er war offensichtlich sehr glücklich, mich anzutreffen, und er rief mir in scherzhaftem Ton zu: „Oh, Herr Doktor, wissen Sie, ich bewahre eine gute Erinnerung an diese Zeit! Es war hart, sicher, aber rückblickend scheint mir diese Periode eine der fruchtbarsten meines Lebens gewesen zu sein! Ich habe mich in diesen paar Monaten der Krankheit mehr entwickelt als in zwanzig Jahren guter Gesundheit.

Sie können nach weiteren Beispielen suchen. Sie werden leicht welche finden. Ich schlage die Autobiographie von Edmond Kaiser auf, dem Gründer von „Terre des Hommes". Auf der ersten Seite spricht er vom Tod seines Vaters im ersten Weltkrieg, als er selbst noch ein kleines Kind war. Später erzählt er mit einer solchen Bewegung vom Unfalltod seines Sohnes, daß man fühlt, wie brennend sein Schmerz noch ist und wie ihn noch immer Gewissensbisse plagen, dieses Unglück nicht verhindert zu haben. Aber man erkennt deutlich, daß er dadurch zur Schaffung dieses Werkes geführt wurde, das Tausenden von Kindern das Leben gerettet hat.

Ich habe das Buch von Anwar El Sadat gelesen, worin

er sein Leben erzählt. Der eindrucksvollste Abschnitt ist der Bericht über das im Gefängnis zugebrachte Jahr, als er gegen die Engländer kämpfte, um sein Land zu befreien. Er läßt uns an dem inneren Kampf teilhaben, den er in der Einsamkeit geführt hat, um seine Identität zu finden, wie er sagt, und die Verhaltensregeln, die ihn später zu den bekannten mutigen Taten inspirieren sollten. Das läßt mich an Dr. Roberto Assagioli aus Florenz denken, der unter Mussolini auch ein Jahr im Gefängnis zubrachte, weil er jüdischer Abstammung gewesen ist, obwohl er dem katholischen Glauben angehörte. Bei einer Tagung der Medizin der Person hat es uns sehr amüsiert, als er sagte, daß es das schönste Jahr seines Lebens gewesen sei, weil es kein Telephon gab. Aber abgesehen von diesem Scherz ist deutlich erkennbar, daß er seine Methode der Psychosynthese während dieses Jahres ausgearbeitet hat, die ihn sowohl in den USA wie in Europa berühmt machte.

Es fehlt nicht an Beispielen aus der Geschichte. Was die Kreativität betrifft, denkt man sofort an die Renaissance. Ihr verführerisch klingender Name und all die Schätze, die damit zusammenhängen, veranlassen uns gern zu der Vorstellung, daß diese Epoche eine Art goldenes Zeitalter gewesen sei, wo die Denker, die Schriftsteller und die Künstler, angeregt durch die Entdeckungen der Meisterwerke aus der Antike, sich friedlich ihrer Kunst hingeben konnten. Nun, ein Spezialist, Jean Delumeau vom Collège de France, beschreibt diese Zeit als eine der finstersten der Geschichte, die unter den schrecklichsten Drohungen stand: Einfall der Türken, Pestepidemien, Verwüstungen durch bewaffnete Banden, Hexenverbrennungen und grausame Religionskriege.

Die Kirche, bis dahin einer der Pfeiler der Gesellschaft, wird durch das Schisma der Reformation zerrissen. Katholiken und Protestanten erwarten, wie er sagt, das bevorstehende apokalyptische Ende der Welt. Es ist die

Panik, die über Europa herrscht, und in diesem Klima der Verzweiflung wird das moderne Denken und auch die so fruchtbare wissenschaftliche Methode ausgearbeitet, und die Künstler übertreffen sich gegenseitig.

Ebenso fällt auch die Blütezeit griechischen Denkens, das Zeitalter von Sokrates, Platon und Aristoteles, nicht in die Zeit des Höhepunktes der Macht von Athen, sondern gerade in die Zeit nach der unglücklichen Niederlage im Peloponnesischen Krieg, der den Untergang Athens besiegelt hat. Und Jeremias tritt in Erscheinung, als Jerusalem unter der Drohung der bevorstehenden fremden Invasion stand, die es zerstören wird. Unter den verzweifelten Verbannten in Mesopotamien erhebt sich der prophetische Gesang des zweiten Jesaja, und Ezechiel kündigt an, daß die verdorrten Gebeine wieder zum Leben erweckt werden (Ezechiel 37). Jesus wird unter einem grausamen politischen Regime geboren, unter einer brutalen fremden Besatzung. Man weiß, was das heißt, und ich verstehe, was André Chouraqui über die Verantwortlichkeit der Römer bei der Kreuzigung Christi schreibt; eine Verantwortlichkeit, die selbstverständlich kein Erzähler der damaligen Zeit hervorzuheben gewagt hätte.

Wir Schweizer feiern die heroischen Zeiten der Gründung unseres Vaterlandes „im Namen Gottes, des Allmächtigen" sowie die Unabhängigkeitskriege, und wir wissen wohl, welche Leiden und Opfer ertragen werden mußten, um die Freiheit zu erkämpfen und nachher im Zentrum eines durch die Konflikte der Großmächte zerrissenen Kontinents zu sichern. (Ich kann mir gut vorstellen, daß Wilhelm Tell, wenn er gelebt hätte, ein Waisenkind gewesen wäre.) Und ebenso verhält es sich mit allen andern Ländern. An allen nationalen Feiertagen wird der Mut und der Glaube mit denen die Vorfahren über die schlimmsten Prüfungen der Geschichte triumphiert haben, gerühmt. Beim Zusammenbruch Frankreichs unter den Schlägen Hitlers ertönte am 18. Juni 1940 der Aufruf General de Gaulles. André Haynal spielt darauf an: „Der charismatische Anführer läßt die Hoffnung wieder aufleben."

Noch ein kleines, aber friedlicheres Beispiel unter so vielen anderen: Als die Russen ihren ersten Sputnik ins Weltall sandten, fühlten die Vereinigten Staaten sich sehr gedemütigt, und man erlebte, wie die wissenschaftliche und technische Kreativität in Amerika einen außerordentlichen Aufschwung nahm, was zur Landung auf dem Mond führte. Und ist es jetzt nicht die Energiekrise, das heißt das Fehlen von Energiequellen, das eine fieberhafte Eile erzeugt, mit der nach neuen Quellen gesucht wird?

Wenn man bedenkt, was aus den beiden großen Besiegten des zweiten Weltkriegs geworden ist: Deutschland und Japan. Es ist leicht, jetzt ihren wunderbaren Aufschwung zu beschreiben. Aber diese mächtig aufflammende Kreativität ist, wie man wohl weiß, in der äußersten Notlage entstanden. Ich war im Augenblick der Geldreform von Dr. Erhard im verwüsteten Deutschland, als jedermann sagte, sie würde den Untergang des Landes besiegeln. Was Japan betrifft, beruhte das Wunder ganz auf dem erschütternden Satz, den der Kaiser Hirohito im Augenblick der Kapitulation am Rundfunk ausgesprochen hatte: „Wir müssen jetzt das Unannehmbare annehmen und das Unübersteigbare übersteigen."

Glücklich das Volk, das ein solches Oberhaupt hat. Ich habe ihn in meinem Vortrag in Kobe gebührend geehrt, indem ich diesen beispielhaften Appell zitierte, nachdem ich auf das japanische Volk eine früher einmal auf einer medizinisch-philosophischen Tagung von Dr. Biot gehörte Maxime angewandt habe: „Man mißt den Wert eines Menschen nicht so sehr an seinen Erfolgen, als an der Art und Weise, wie er seine Niederlagen meistert." Die Erregung war so groß, daß mein Dolmetscher, Dr. Michio Kurimura, ein hervorragender Kenner von Paul

Claudel, mich den Satz wiederholen ließ, da er glaubte, mich falsch verstanden zu haben.

„Jedermann denkt daran, niemand spricht darüber." Ist das nicht der Grund, weshalb sich so viele Leute einsam fühlen in unserer gegenwärtigen Gesellschaft? Wir sind allein mit unseren geheimen Sorgen, angesichts der Krankheit, des Alters, des Todes, allen unausgesprochenen Mängeln, allen Prüfungen des Lebens gegenüber; wir fragen uns, ob das alles einen Sinn habe, oder ob es nur eine Folge blinder Zufälle sei. Wir sind auch allein, wenn wir über diesen seltsamen, verwirrenden, ungerechtfertigten Zusammenhang nachdenken, von dem ich in diesem Buch spreche, dem Zusammenhang zwischen dem größten Unglück und den kostbarsten Wohltaten. Ja, wir alle haben die ein wenig beunruhigende Intuition eines solchen Zusammenhangs, wenigstens sobald wir einige Lebenserfahrung besitzen. Und wir zögern, davon zu sprechen. Handelt es sich hier nicht um diese Angst vor der Emotion, die mich in Japan zurückhielt?

Ja, wahrscheinlich. Aber ich denke, es gibt eine tiefere und ernstere Ursache für unser vorsichtiges Schweigen. Beim Lesen dieser Seiten haben Sie vielleicht ein gewisses Unbehagen empfunden: Wenn man so viele offensichtliche Tatsachen hervorhebt, bei denen der Fortschritt der Menschen an schwere individuelle oder historische Prüfungen gebunden zu sein scheint, gelangt man da nicht geradewegs und notwendigerweise zu einem Lob und zu einer Verherrlichung des Leidens und seiner angeblichen Vorzüge? Dagegen würde ich mich auflehnen wie Sie auch. Das Leiden ist das Übel, das wir bekämpfen müssen, ohne das geringste Zugeständnis. Welches Unbehagen würden wir alle empfinden, wenn man uns verdächtigen könnte, ihm einigen Wert zuzugestehen!

Ja, jedermann hat eine gewisse Intuition von dem, was ich hier bis jetzt geschrieben habe, irgendein Bewußtsein für einen gewissen Zusammenhang zwischen dem Unglück, von dem die Menschen betroffen werden, sowohl im Leben der Völker, als auch in dem des Individuums, und den Wohltaten, deren sie sich erfreuen, ihren Fortschritten und ihrer Kreativität. Aber jedermann fühlt auch, wie schwierig die sich uns hier stellende Frage zu lösen ist, wie komplex, vor allem gefährlich und furchtbar es wäre, wenn wir uns einreden ließen, es handle sich um eine Beziehung zwischen Ursache und Wirkung, um einen erzieherischen Wert des Leidens. Würde das uns letzten Endes nicht schwankend machen in unserem verbissenen Kampf gegen das Leiden, da ja aus ihm etwas Gutes entstehen könnte?

Ich denke, daß wir deshalb so oft vermeiden ernstlich diese schwierige Frage zu stellen. Wir machen in scherzhaftem Ton eine oberflächliche Anspielung darauf, die paradox klingt, oder wir spielen auf einen Aphorismus an, was zu nichts verpflichtet. Oder dann zitiert man das Sprichwort: „Selten ein Schaden ohne Nutzen." Ein Sprichwort erlaubt, unter dem Deckmantel einer uralten anonymen Weisheit, auf eine Wahrheit hinzuweisen, ohne sie als persönliche und durchdachte Überzeugung zu übernehmen. Ich sprach kürzlich im Institut oecuménique über all das mit Frau El Khoury, Schriftstellerin aus Damaskus. Sie zitierte mir sogleich ein arabisches Sprichwort: „Das Bedürfnis ist die Mutter der Schöpfung." Aber plötzlich anläßlich eines Dramas empfindet man den Ernst des Problems; oder auch einfach im Lauf einer Diskussion über das Leiden.

Sind unsere Prüfungen
zu unserem Wohl da?

Oh, ich erinnere mich gut an den Tag, an dem der Schock dieses Unbehagens mich wie ein Peitschenhieb getroffen hat, wie ein Frontalzusammenstoß, oder wenn Sie es vorziehen wie das, was die Ärzte einen „exquisiten Schmerz" nennen, das heißt einen so genau lokalisierten Schmerz, daß keinerlei Zweifel an der Diagnose bestehen. Es war bei mir zu Hause, im „grain de blé", unter dem Auge der Fernsehkamera!

Der Fernsehregisseur wollte gerade, daß ich ungezwungen entlang meines Getreidefeldes spaziere, ein Mikrophon um den Hals gehängt, daß ich eine Ähre pflücke und mechanisch mit ihr spiele, während ich spreche. – Wovon sollte ich sprechen? – Vom Leiden. Hierbei sagte ich mit lauter Stimme einen Satz, der mir seit einigen Tagen anläßlich dieser Arbeiten über die Waisenkinder, durch den Kopf ging: „Waise?, und ich, der ich immer geglaubt habe, daß dies das große Unglück meines Lebens gewesen sei, soll nun zugeben, daß es die große Chance meines Lebens gewesen ist! …"

Im Bruchteil einer Sekunde erriet ich, was ein Kranker denken würde, der mich diesen Satz als Arzt im Fernsehen aussprechen hörte. Ich habe mich schnell verbessert und, während ich meinen Spaziergang fortsetzte, hinzugefügt: „Natürlich würde ich nie zu einem Patienten sagen, daß er Glück habe, krank zu sein." Glücklicherweise habe ich rasch reagiert! Aber was für ein Widerspruch! Ich war ganz verwirrt! Ist das Leiden nicht immer ein Unglück?

Kann es etwas Gutes verursachen und folglich wohltuend sein? Kann das Unglück abwechselnd etwas Schlechtes oder etwas Gutes sein? Man sollte es wissen! Unbehagen!

Und dennoch hatte ich am Ende eines Gesprächs mit Dr. Haynal einige Tage vorher die Falle gewittert. Ich werde darauf zurückkommen, aber vorher muß ich Ihnen von unserer Unterredung erzählen. Natürlich habe ich ihm geschrieben, um ihm zu sagen, mit welcher Emotion und Bewunderung ich seine Ausführungen über den Mangel gelesen hatte. Er lud mich liebenswürdigerweise ein und empfing mich mit seiner Frau zusammen, die auch Psychoanalytikerin ist. Wir saßen auf ihrer schönen, sonnigen Terrasse und betrachteten die fruchtbare Ebene, die vom Salève überragt wird, die ganze liebliche Landschaft meiner Kindheit; denn sie wohnen nur einige Schritte von meinem Haus entfernt.

Ich sah das hübsche kleine Dorf, wo Jean-Jacques Rousseau als ganz junge Waise zwei denkwürdige Jahre verbracht hat. Und wo er in die Falle gegangen ist, auch er: Die böse Schwester von Pfarrer Lambercier, der ihn aufgenommen hatte, hat ihn zu Unrecht beschuldigt, ihren Kamm zerbrochen zu haben, und weder sie, noch der Pfarrer wollten ihm glauben, als er seine Unschuld beteuerte.

Dieser Zwischenfall übte einen entscheidenden Einfluß auf das ganze Leben von Jean-Jacques Rousseau aus. Er hatte gehofft, in diesem neuen Haus ein wenig mütterliche Zärtlichkeit finden zu können, die er seit dem Tod seiner Mutter entbehren mußte; um so mehr, da sein Vater oft von ihr in bewegten Worten zu ihm gesprochen hatte. Aber dieser Vater war gerade aus Genf verbannt worden, und Jean-Jacques sah sich zum zweiten Mal als Waise. Und anstatt Vertrauen fand er Ungerechtigkeit.

Jean Starobinski hat es in seinem schönen Buch über den Verlust der Transparenz deutlich aufgezeigt. Diese Transparenz, von der er spricht, und von der Jean-Jacques unaufhörlich geträumt hat, das ist die unbefangene, aufrichtige und vertrauensvolle Beziehung zwischen den Menschen, frei von Hintergedanken, von Verurteilung und stillschweigenden Vorbehalten, was ich die persönliche Beziehung nenne. Als Beweis diene folgendes: Als ich mein Buch *Unsere Maske und wir* veröffentlichte, worin ich zeigte, wie sehr wir in unserer westlichen Zivilisation am Fehlen dieser echten Vertrautheit leiden, haben mir Leserinnen und Leser gesagt, daß sie sofort mein Buch mit dem von Starobinski verglichen hätten.

Jean-Jacques Rousseau hat sich nie mit diesem Mangel abfinden können. Von da an ist er überall auf der Suche nach „einem Ort, wo man leben kann", umhergeirrt, und er prangerte die Schlechtigkeit der Menschen bis zum Verfolgungswahn an. Schließlich flüchtete er sich in die Natur, „an irgendeinen verlassenen Ort", wie er an Malesherbes schrieb, „wo nichts die Hand des Menschen erkennen ließ, wo nichts Unterwerfung und Beherrschung ankündigte". Und Sie wissen, wie groß die Kreativität von Jean-Jacques Rousseau gewesen ist: nicht nur sein literarisches Werk, sondern auch sein auf die Welt ausgeübter Einfluß. Denn wer immer sich auf das demokratische Ideal, auf die Menschenrechte und auf die Gewissensfreiheit beruft, ist, ohne es zu wissen, Erbe meines berühmten Mitbürgers, seiner Abhandlung über die Ungleichheit (Discours sur l'inégalité), seines Gesellschaftsvertrags (Contrat Social) und seines Glaubensbekenntnisses eines Savoyardischen Vikars (Confession de foi d'un Vicaire Savoyard).

An all das dachte ich auf der Terrasse von Dr. Haynal. Denken ist nicht ganz der richtige Ausdruck. Es sei denn, man nenne jene noch unbestimmte, emotionelle Vorahnung schon denken, die durch das Spiel der freien Gedankenassoziation meine eigene Erfahrung als Waise heraufbeschwor, während ich diese Orte, wo Jean-Jacques Rousseau die seinige gemacht hatte, betrachtete. So befand ich mich bei diesen beiden Psychoanalytikern, ohne es zu wissen, in derselben Lage wie ihre Patienten in ihrem Sprechzimmer, die sich dort selbst entdeckten. Der Zauber der persönlichen Beziehung berührte mich. Vielleicht könnte ein Psychoanalytiker oder ein Literaturkritiker mein ganzes Werk als ein langes Suchen nach der mütterlichen Zärtlichkeit darstellen. Und das ist es, was Monroe Peaston und Gary Collins ein wenig getan haben.

Aber während dieser Zeit sprachen Dr. Haynal und ich von dem historischen Rätsel, das uns zusammengeführt hatte. Er war erstaunt über die Begeisterung, mit der ich seine Studie über den Mangel aufgenommen hatte. Er hatte, wie er sagte, nichts anderes getan, als die wohlbekannten Zeugnisse von Schriftstellern und Künstlern sowie Tatsachen wiederzugeben, die jedermann aus Erfahrung kennt: daß angesichts der Prüfung und im Leiden die Kreativität erwacht. Ein wenig später, bei meinem Weggang, sagte er noch: „Warum spricht man eigentlich so selten über all das?"

Ich habe ihm geantwortet: „Das ist, meines Erachtens, der Fall, weil man zu lange und mißbräuchlich das Leiden gelobt hat." Im Mittelalter insbesondere war es ein beliebtes Thema. Das war die Falle, in die ich vor der Fernsehkamera selbst hineingeriet, als ich von der Chance sprach, eine Waise gewesen zu sein, als ob der Mangel je eine Wohltat sein könnte! Nun, in der Renaissance hat man vom Leiden genug gehabt, und wir haben gesehen, wie sehr man in dieser Zeit gelitten hat. Da begann man die Natur zu studieren, um das Leiden besser bekämpfen zu können. Es kam zu einer vollkommenen Umkehr der Werte: Auf die Predigt von der Selbstverleugnung folgte die der Selbstbejahung; auf die Sorge um das zukünftige himmlische Leben folgte die um das gegenwärtige irdische Leben; auf die Besessenheit von der Sünde das Suchen nach dem Fortschritt; auf das Lob des Alters das der Jugend und der Kraft; dem undurchdringlichen Geheimnis der Welt stellt man eine sichere wissenschaftliche Erkenntnis gegenüber; der dunklen Metaphysik die Klarheit der experimentellen Physik.

Die ganze wunderbare Entwicklung der Wissenschaft und der Technik ist das Ergebnis dieser Umkehrung der Werte. Die Bewegung setzt sich fort im Zeitalter der Aufklärung, dann in der positivistischen Philosophie, die diejenige der meisten Ärzte geblieben ist, wie Gusdorf es aufgezeigt hat. Aber sie manifestiert sich auch durch die Industrialisierung, welche die Produktion erhöht; durch die Verstädterung – verläßt der Bauer nicht seine Scholle, um sich der Errungenschaften der Stadt zu erfreuen? –, durch die Konsumgesellschaft und ihren Imperativ des maßlosen wirtschaftlichen Wachstums. Das hat uns wenigstens in den privilegierten Ländern unvergleichliche Wohltaten eingetragen, die zu verunglimpfen, ich mich hüten werde. Diese letzten Jahrhunderte erscheinen wie ein ausgedehnter, siegreicher Feldzug gegen den Mangel an materiellen Gütern. In den Prüfungen des Lebens, in den Niederlagen, in der Krankheit und angesichts des Todes erkennt man, daß der Mangel an geistigen Werten eher noch zugenommen hat.

Ja, wie Sie wissen, führt diese Bewegung, von der ich hier spreche, zu den großen Kritikern, zu den „Maîtres penseurs" von Glucksmann, zu Nietzsche, Marx und Freud, zur Entchristianisierung unseres Westens, zum Versiegen des Innenlebens und der Frömmigkeit, zum Verlust des Lebenssinnes, zu einer immer größer werdenden Verwirrung angesichts des Leidens und des Todes, zu der modernen Einsamkeit in der Masse, von der Riesman, und zur Langeweile der industrialisierten Gesellschaft, von der Ricoeur spricht.

Dann ist in religiösen Kreisen die Gefahr groß, im Eifer des Meinungsstreites einige Vorzüge des Leidens und des Mangels hervorzuheben, welche von dieser materialistischen und erfolgreichen Welt verkannt werden, die Gesundheit, Reichtum und Erfolg preist. Als ob es zwei Lager gäbe, das der Ungläubigen, die verbissen gegen die Mängel ankämpfen, und das der Gläubigen, die den Verzicht predigen. Es ist leider nicht nur im Mittelalter geschehen, daß man sich dem Lob des Leidens hingab. Das geschieht in frommen Familien heute noch. Ich habe viele Leute gesehen, die von ihrer Kindheit her diesen Gedanken eines pädagogischen Wertes des Leidens bewahrten oder sogar die Vorstellung eines zu fürchtenden Gottes, der den Menschen zu seinem Wohl mit Prüfungen heimsucht. Was die Atheisten betrifft, sie weisen oft auf etwas unbestimmte Art auf irgendein Naturgesetz oder ein Gesetz des Schicksals hin, das den Menschen zum Leiden verurteilte, damit er vorwärtskomme.

Ich will hier gewiß nicht auf das Problem vom Ursprung des Leidens zu sprechen kommen, das kein Philosoph je lösen konnte. Ich bin nur ein Praktiker, der die Menschen und ihre Reaktionen angesichts von schmerzlichen Schicksalsschlägen im Leben beobachtet, um zu versuchen, sie zu verstehen und ihnen zu helfen. Wenn man jung ist, scheinen das Gute und das Böse deutlich voneinander getrennt zu sein. Eltern und Erzieher tun ihr möglichstes, um die Kinder davon zu überzeugen. Die Legenden und die Märchen stellen auch immer den guten Leuten eine Person gegenüber, die das Böse allein verkörpert.

Später verliert man diese Illusion; man entdeckt, daß das Böse überall ist, daß es sich selbst in unsere edelsten Handlungen einschleicht. Wieviel Egoismus kann sich hinter der Liebe verbergen und sie tyrannisch werden lassen; wieviel Stolz in den guten Werken; wieviel Haß in den großmütigen politischen und sozialen Kämpfen; wieviel Eitelkeit in den Gesprächen der vornehmen Welt oder den akademischen Debatten; und selbst in allen Werken der Menschen, die, welche uns überheblich und anmaßend erscheinen, sind sie nicht ganz einfach weniger geschickt im Verbergen ihrer Eitelkeit? Und wenn ich hier meine eigene gestehe, geschieht es nicht wieder aus Eitelkeit?

All das könnte zum Lachen veranlassen. Es gereicht den Humoristen zum Vorteil, deren Zeichnungen ich so schätze; für sie ist die allgemeine Heuchelei eine unerschöpfliche Fundgrube. Aber das Lachen kann in bitteren und nihilistischen Zynismus umschlagen. Und man lacht keineswegs mehr, wenn man an die zahllosen Leiden denkt, die diese unbewußte Schuld herbeiführt.

Auf dieses Unbewußte hat Jesus seinen Blick gerichtet. Es ist die Sünde der „Gerechten", die er mit Nachdruck anprangert, wie es Ricouer schreibt, die Sünde, die aus der Tiefe des Herzens kommt, trotz des tugendhaften Anscheins. Es besteht hier völlige Übereinstimmung zwischen dem Evangelium und der modernen Psychologie. Sobald wir uns nach den Motivationen unserer Gedanken und Taten fragen, bemerken wir, daß die besten und die schlimmsten so miteinander vermengt sind wie der Sauerstoff und der Stickstoff der Luft, die wir einatmen. Ich habe erlebt, wie erschüttert viele Leute bei dieser Entdeckung gewesen sind, dann, als sie durch die Lebenserfahrung und die psychologische Analyse reifer geworden waren, und sie sehnten sich ein wenig nach ihrer unbefangenen Kindheit zurück, als das Gute und das Böse für sie noch deutlich voneinander getrennt schienen.

Nein, das Böse ist überall mit dem Guten vermengt, das verkündigt die Bibel und bestätigt die Erfahrung. Seitdem ich das wirklich verstanden habe, bin ich nicht mehr darüber erstaunt, daß es so viel Böses in der Welt gibt, wovon mir die Zeitungen und zahllose Geständnisse berichten. Diese Vermengung hat Jesus im Gleichnis vom Unkraut und vom Weizen hervorgehoben: unmöglich sie vor der Ernte zu trennen! Und dennoch ist keine Verwechslung zwischen dem Guten und dem Bösen möglich: Den Weizen hat Gott gesät; was das Unkraut betrifft, hat es „irgendein Feind" getan (Matthäus 13, 28). Keine Ähre ist aus dem Samen des Unkrauts hervorgegangen, und kein Unkraut aus dem Samenkorn des Weizens. Es ist eine Vermengung, aber keine Verwechslung. Das Gute verursacht Gutes und das Böse Böses. Das Böse kann nichts Gutes verursachen.

Welche Beziehung besteht nun zwischen dem Mangel, dem Leiden und der Kreativität, also scheinbar zwischen dem Bösen und dem Guten? – Nun, eben, man darf nicht Beziehung und Ursache verwechseln. Wenn die Person reifer wird, sich entfaltet, kreativer wird, so geschieht das nicht infolge des Mangels, sondern infolge ihrer aktiven Reaktion in der Prüfung, infolge des Kampfes, den sie gerade deshalb führt, um sie zu überwinden und seelisch zu meistern – selbst wenn sie nicht gesund wird –, vorausgesetzt, daß man ihr dabei hilft. Die Chance meines Lebens ist nicht, Waise gewesen zu sein. Meine Chance ist, daß man mir als Waise geholfen hat, die Folgen dieser Frustration zu überwinden.

Sie wissen das sehr wohl, und ich wußte es auch, aber es bedurfte des Zwischenfalls beim Fernsehen, damit ich die Bedeutung des Unterschieds ermessen konnte. Das ist die Falle gewesen, Beziehung und Ursache zu verwechseln und infolgedessen dem Leiden eine wohltuende Kraft beizumessen. Diese Unterscheidung ist subtil, gewiß! Aber sie ist wesentlich. Sie erinnern sich an meinen ehemaligen Patienten, den ich auf der Straße angetroffen habe, und der mir sagte, daß ihm rückblickend diese Zeit als eine der fruchtbarsten Perioden seines Lebens erschienen sei. Das bedeutet nicht, daß die Krankheit die Ursache gewesen ist, allerdings aber die Gelegenheit zu seiner Entfaltung. Diese Entfaltung hat er selbst durch seine persönliche Reaktion bewirkt. Er hätte auch Rückschritte machen, sich niederdrücken lassen können.

Das Gute und das Böse, im moralischen Sinn dieser Begriffe, liegen nicht in den Dingen, sondern immer im

Menschen selbst. Die Dinge, die Ereignisse, ob glücklich oder unglücklich, sind einfach, was sie sind, moralisch neutral. Was zählt, ist die Art, wie wir auf die Ereignisse reagieren. Wir sind nur selten Herr über sie, aber wir sind, zusammen mit denen, die uns dabei helfen, verantwortlich für unsere Reaktionen. Ich erinnere mich stets noch an den Ausspruch meiner Frau, als sie über den Hund stolperte und sich das Bein gebrochen hat. Ich sagte zu ihr: „Das Bein ist gebrochen, und du mußt ins Krankenhaus." Sie antwortete: „So viele Leute liegen im Krankenhaus; es ist nur gerecht, daß auch ich einmal an der Reihe bin." Was den Hund anbelangt, bekam er eine Schuldneurose: eine Lähmung der Hinterbeine; er kroch mit Hilfe der Vorderpfoten auf dem Bauch. Als meine Frau nach Hause zurückkehrte, begann er augenblicklich wieder umherzuspringen.

Die Ereignisse verursachen uns Kummer oder Freude, aber unsere Entwicklung wird bestimmt durch unsere persönliche Antwort auf das, was geschieht, durch unsere innere Haltung. Wohlverstanden, diese ist schon die Frucht unserer ganzen früheren Entwicklung. Und auf allen Etappen dieser langen Reihe von Erfahrungen, aus denen sich das Leben zusammensetzt, wirken zahllose Faktoren mit: physische, psychische, soziale, aber auch moralische und geistige. Ich will hier nicht die große Kontroverse über den freien Willen erschöpfend behandeln, aber es heißt schon darauf anspielen, wenn ich von der Art, wie wir auf die Ereignisse reagieren, spreche: Sind wir hier frei oder nicht? – Das ist die Frage.

Natürlich gibt es Automatismen. Wenn Sie der Schule von Pawlow angehören, sehen Sie die Rolle der Konditionierung, die er durch seine Experimente mit dem Hund offenkundig gemacht hat. Das ist zwar richtig, aber es ist nicht alles, weil wir Menschen sind, die sich über den Sinn des Lebens Fragen stellen, was der Hund nicht tut. Wenn Sie ein Psychoanalytiker sind, sehen Sie die Rolle der unbewußten Triebe, die ein sich wiederholendes Verhalten bestimmen. Das ist zwar richtig, aber es ist nicht alles, weil wir Menschen sind, die auch ein bewußtes Leben haben, die bestimmte Werte, von denen sie überzeugt sind, anerkennen. Hier muß man Charles Odier und seine *Deux sources, consciente et inconsciente, de la vie morale* zitieren. Wenn es Werte gibt, die nur Funktionen sind, welche durch Konditionierung oder unsere unbewußten Triebe entstanden sind, so gibt es auch echte Werte, an denen wir freiwillig festhalten.

Es gibt unaufhörlich Überlagerungen zwischen all diesen Faktoren. Bemerkenswert ist aber, daß das Studium der der Wissenschaft zugänglichen Mechanismen uns dazu dient, immer wieder unsere Wertskala zu überprüfen, damit wir die echten Werte besser unterscheiden und versuchen können, durch unser Verhalten darauf zu antworten. Von nun an sind die glücklichen oder unglücklichen Ereignisse und besonders die dramatischen, die Mängel, nicht mehr Ursache unserer Entfaltung, sondern eine Gelegenheit, unsere Grundhaltung durch die Art, wie wir darauf reagieren, zu manifestieren. Was Gonseth individualistisch nannte, entspricht, meines Erachtens dem, was Sarano „Selbstbejahung" nennt. Zwangsläufig kennt die Wissenschaft nur Objekte. Sie setzt das Individuum in Klammern. Wie lange aber auch die Klammer sein mag, sie muß einmal geschlossen werden, und dann findet man das Ich wieder, unsere persönliche Art, auf die Ereignisse zu reagieren.

Was hier nicht ganz stimmt, ist das alte lateinische Sprichwort: „Post hoc, ergo propter hoc" (Was nachher geschieht, ist durch das Vorhergehende verursacht). Es besteht eine Beziehung der Aufeinanderfolge, aber nicht der Ursache. Das schöne Wetter folgt immer auf das schlechte, aber das bedeutet nicht, daß letzteres die Ursache davon sei. Mehr noch, wenn man die Vergangenheit von großen Erfindern durchforscht, stößt man fast immer auf schwere Prüfungen, es fehlt hingegen im umgekehrten Sinn viel daran, daß auf jede Prüfung ein schöpferischer Gewinn folgen würde.

Auf einige hundert von Dr. Rentchnick zitierte Waisenkinder, die in der Geschichte zu Ansehen gelangt sind, gibt es Millionen, die die Frustration ihrer Kindheit für ihr ganzes Leben benachteiligt hat. Dieser Einwand war ihm nicht entgangen, und er schrieb in seinem Artikel, daß die Waisenkinder „nur in dem Maß zu Ansehen gelangen, wie sie die notwendigen intellektuellen und charakterlichen Fähigkeiten dazu besitzen". Sehr wahrscheinlich sind die berühmten Männer, von denen er spricht, mit einem außergewöhnlichen genetischen Code begabt gewesen. Aber für die größere Zahl, nicht nur der Waisenkinder, sondern all jener, die von einer Prüfung heimgesucht werden, hängt ihre Reaktion, meines Erachtens, viel stärker von der ihnen zuteil gewordenen Hilfe ab, als von ihrer erblichen Veranlagung.

Meine ganze Karriere hat mir gezeigt, wie schwierig es für irgend jemand ist, ohne Hilfe von andern die schweren Folgen jeder seelischen Verletzung zu überwinden. Meine Karriere, aber gewiß auch meine persönliche Erfahrung. Ganz offen gesagt, ich glaube nicht, mit einem außergewöhnlichen, unbewußten Machtwillen begabt gewesen zu sein, wie ich es anzunehmen bereit war, als ich den Artikel meines Kollegen gelesen hatte. Andererseits kann ich nicht ermessen, was ich jenen schulde, die mir zu Hilfe gekommen sind. An erster Stelle ein Onkel und eine Tante, die mich mit Liebe aufgenommen, mir materielle Sicherheit und eine liberale Erziehung gegeben haben, Religionsunterricht und ein moralisches Ideal der Rechtschaffenheit und des Dienens; die mir das Medizinstudium bezahlt haben, das ich selbst erwählt hatte.

Dann mein Griechischlehrer, der mich zu sich einlud, der sich für mich interessierte, nicht nur in der Eigenschaft als sein Schüler, sondern als Person, was mich zur

Person machte, und wodurch ich in die intellektuellen Debatten sowie in die soziale Tätigkeit eingeführt wurde. Ferner wunderbare Freundschaften, die Erfahrungen, die ich im Dienste des Roten Kreuzes und der Kirche und im Verlaufe der ersten Jahre meiner Tätigkeit als praktischer Arzt machte. Schließlich kam mit 34 Jahren die große Wende meines Lebens im Kreise der Oxfordbewegung, dieser Bewegung, bei der man den Akzent auf den persönlichen Kontakt legte, auf die gegenseitige, vertiefte Aussprache von Mensch zu Mensch über unsere Probleme und Emotionen, über das Hören auf Gott und den konkreten Gehorsam auf seinen Ruf im persönlichen, familiären und beruflichen Leben. Das hat die Beziehung zu meinen Söhnen, meinen Freunden, meinen Patienten verändert, wodurch eine intime Freundschaft zu so vielen unter ihnen entstand; aber vor allem zu Nelly, meiner Frau, die meine Partnerin bei diesem Suchen nach Gott geworden ist, meine Vertraute, mein Beichtvater.

In all dem sehe ich die Gnade Gottes. Er ist es, der mir zu Hilfe gekommen ist, indem er aus so vielen Leuten Werkzeuge seiner Liebe gemacht hat. Vor langer Zeit habe ich in Straßburg einmal einen Vortrag gehalten. Bei dieser Gelegenheit hat mich die Schwesternschaft der Diakonissinnen zu einem Essen eingeladen. Bei meiner Ankunft sagte mir die Oberin, daß man vor dem Essen einen Bibelvers lese und kurz kommentiere, und sie bat mich, es zu tun. Ein liturgisches Programm schrieb den Vers vor. Er lautete: „Ich will euch nicht als Waisen zurücklassen" (Johannes 14,18). Man denke, wie gut das paßte! Ich konnte ganz einfach sagen: „Dieses Wort hat sich an mir erfüllt." Ja, ich hatte Vater und Mutter verloren, und Gott hat mir an ihrer Stelle viele andere Menschen gegeben, ohne daß irgend jemand mißbräuchlich den Platz meiner Eltern eingenommen hätte; und so viele Brüder und Schwestern und geistige Kinder.

Ich erzähle all das in großen Umrissen, aber kleine Einzelheiten wären lebendiger: Da war eine alte Cousine, die mich liebevoll einlud; ein alter Freund meines Vaters, der mir von ihm erzählte. Ich besuchte ihn manchmal an der Rue de l'Evêché in der Altstadt, von wo man einen wunderbaren Blick auf die Bucht des Sees hatte. Er war Historiker und erzählte mir, daß er jede Nacht bis vier Uhr morgens arbeite, was mir großen Eindruck machte, mir, der ich widerwillig früh zu Bett gehen mußte. Er zeigte mir seine riesengroße Kartei mit Belegen, und wahrscheinlich habe ich deshalb mein Leben lang solche Karteien angefertigt. Ich fühle, wie wahr die Verheißung des göttlichen Segens für die Nachkommen frommer und treuer Ahnen sind; wie sehr wurde ich getragen durch die Gebete meiner Eltern und jener, die sie geliebt hatten. Man bedenke schließlich, daß ich fünf Jahre alt war beim Tod meiner Mutter. Wenn ich durch Verdrängung jede Erinnerung an ihre Liebkosungen verloren habe, so haben diese mir sicher in den ersten Lebensjahren nicht gefehlt, wo sie am nötigsten sind.

Oh, nun erzähle ich hier von meinen Privilegien, von all dem, was mir nicht gefehlt hat! Sie lächeln vielleicht schadenfroh: In einem Kapitel über den Mangel ist das fast zum Lachen! Aber dieses Mal ist es kein Widerspruch. Es dient als Ergänzung. Es ist klar, daß es in jedem Leben eine Mischung von Privilegien und Mängeln gibt. Es ist schwierig, gleichzeitig von beiden zu sprechen; schwierig auch ihre Bedeutung zu ermessen. Gibt es nicht elende, kleine Flüchtlingskinder, die früher eine mütterliche Zärtlichkeit erfahren haben, die vielen Kindern von Reichen schmerzlich gefehlt hat? Und wenn wir jene sich entfalten sehen, beruht das nicht ebensosehr auf der seelischen Gesundheit, die diese Zärtlichkeit ihnen eingebracht hat, als auf ihrer Lage als Waisenkinder? Man kann die Waisenkinder statistisch erfassen, aber nicht die Frustrationen an Liebe.

Ja, es gibt in jedem Leben eine Mischung von Privilegien und Mängeln. Es ist die Dosis, die unterschiedlich ist und die man unmöglich messen kann. Mängel ohne Hilfe durch Liebe werden zur Katastrophe. Aber Privilegien ohne viele Mängel führen zur Regression. Was fruchtbar ist, das ist gerade diese Mischung. Ebenso sind die Gegenden mit dem günstigsten Klima jene, wo schönes mit schlechtem Wetter abwechselt. Und André Missenard hat aufgezeigt, daß jene Gegenden für die Entwicklung der Zivilisation die fruchtbarsten sind, bei denen der Kontrast zwischen der Hitze im Sommer und der Kälte im Winter am größten ist. Was für die menschliche Seele entscheidend ist, um die Mängel fruchtbar zu machen, das ist die Liebe. Es besteht also so etwas wie eine Änderung des Vorzeichens: Ohne Liebe nimmt der Mangel einen negativen Koeffizienten an; mit Liebe einen positiven.

Das habe ich erlebt. Es ist die echte, ganz persönliche Liebe meiner Adoptiveltern, meines Griechischlehrers, meiner Frau, vieler anderer Leute und besonders meiner Freunde der Oxfordgruppe, die mein Schicksal verändert hat, die mich befreit hat von meinem Handikap als Waisenkind. Die vierzehn Jahre, während welcher ich in dieser Bewegung mitgekämpft habe, sind für mich eine wahre Schule der Liebe gewesen. Ich habe die Bewegung verlassen, als sie unter der Führung ihres Gründers, Dr. Frank Buchman, ihre Zielsetzung änderte, um zur Moralischen Aufrüstung zu werden. Man sprach von nun an von einer christlichen Ideologie, die man andern Ideologien entgegenstellte, was nicht mein Gebiet ist, da ich mich mit der individuellen Person und ihren Problemen befasse.

Aber zur Zeit der Oxfordgruppe handelte es sich eben gerade um meine Probleme. Ich eröffnete mich da Freunden und sprach zu ihnen über mein Leben, meine Gefühle, meine Ängste, über das, worüber ich mich schämte, und über meine Sehnsüchte. Ohne daß ich mir damals darüber klar gewesen bin, bildete all das eine echte psychologische

Behandlung. In der Tat war da alles vorhanden, was die Psychoanalyse charakterisierte: Katharsis, Gefühlsentladung, Bewußtwerdung und Transfer; und darüber hinaus die religiöse Erfahrung, die ich dabei machte, die Erfahrung von der Gnade Gottes, von seiner Annäherung in der Sammlung, von der brüderlichen Liebe. Dann kamen in großer Zahl andere Leute zu mir und eröffneten sich ihrerseits. Ich wurde ein klein wenig Psychoanalytiker.

Ich hätte es ganz werden können. Ich habe mir ernstlich diese Frage gestellt; Kollegen stellten sie mir. Es hätte genügt, wenn ich zwei Jahre für meine Ausbildung als Psychiater aufgewendet und eine Lehranalyse gemacht hätte. Sollte ich mich dazu entscheiden? Da habe ich zweimal hintereinander Freunde um Rat gefragt: zuerst Dr. Alphonse Maeder, einen Psychoanalytiker aus der Frühzeit, der mit C. G. Jung zusammen Freud in Wien ihren denkwürdigen ersten Besuch abstattete. Einige Jahre später fragte ich Dr. Theodor Bovet, der selbst eine Freudsche und Jungsche Analyse gemacht hatte.

Nun, beide haben mir auf meine Frage eine negative Antwort gegeben; und beide sagten wörtlich dasselbe, ohne sich verständigt zu haben: „Es fehlt uns nicht an guten Psychoanalytikern; es gibt deren viele, aber wir haben nur einen Paul Tournier." Was offensichtlich bedeutete, ich solle, ihrer Meinung nach, meine persönliche Berufung fortsetzen und eine Synthese zwischen Psychologie, klassischer Medizin und sogar dem Glauben versuchen. Die Gefahr für den Spezialisten besteht darin, daß er alles nach der von seinem Lehrer erhaltenen Theorie interpretiert. Um ein Werk der Synthese auszuführen, darf man an kein doktrinäres Vorurteil gebunden sein. Nun bin ich also nicht Psychoanalytiker geworden. Ich habe mich für die Medizin der Person entschieden, eine nicht spezialisierte Haltung par excellence, die versucht, den Menschen als Ganzes zu verstehen, die Bedeutung des Körpers, den die Psychologen zu verkennen Gefahr laufen; die Bedeutung der Gesamtheit der psychischen Phänomene, welche die Organmedizin oft vergißt, und diejenige des Glaubens, welche den Ärzten entgehen kann, die sich ausschließlich an die Wissenschaft halten.

Folglich überschreite ich seit vierzig Jahren auf naive Weise in jedem meiner Bücher alle Grenzen, die der analytische Geist unserer Zivilisation zwischen allen Disziplinen sorgfältig aufgerichtet hat. Nicht nur zwischen der sich mit dem Körper befassenden Medizin, der Genetik und der Psychologie, sondern auch zwischen der Soziologie, der Pädagogik, den Wirtschaftswissenschaften, der Geschichte, der Literatur, der Theologie und der Philosophie. Natürlich fehlt es mir auf jedem dieser Gebiete an Fachkenntnis, und die Experten haben leichtes Spiel, meine Irrtümer als ständiger Ketzer anzuprangern.

Aber bedeutet für unsere Kultur dieser Überfluß an hervorragenden Spezialisten, die sich so schwer untereinander verständigen können, nicht ein Unglück? Ich sehe das deutlich an den Ärztetagungen, die ich veranstalte: Beim Hinausgehen nach einem guten Vortrag von einem Psychoanalytiker begegne ich einem Chirurgen und sage zu ihm: „Es war bemerkenswert, nicht wahr?" und er antwortet mir: „Ich habe nicht ein Wort verstanden."

Aber das ist auch auf anderen Gebieten der Fall. Ich lese gerade die Berichterstattung von Maurice Guernier im berühmten „Club of Rome": Er zeigt, daß das Problem der Dritten Welt, wahre Ursache aller wirtschaftlichen Probleme unserer Zeit, absolut unlösbar ist, solange es in zahllosen Konferenzen nur von Wirtschaftsexperten behandelt wird, die vom Bruttosozialprodukt besessen sind und sich keinen andern Entwicklungsmaßstab vorstellen können. „Was am meisten erstaunt bei der ganzen Politik der Dritten Welt", schreibt er, „das ist die Abwesenheit von Kreativität, die Abwesenheit von schöpferischer Phantasie. Alles wird der alten Welt nachgemacht. Nichts ist originell, nichts ist echt, nichts ist ursprünglich." Wie Sie sehen, finden wir hier unser Problem der Kreativität wieder. Wird sie anläßlich der gegenwärtigen Krise erwachen?

Ja, wir finden auf der Ebene der Welt das wieder, was mich als Arzt so tief bewegt, einem jeden gegenüber, der mich aufsucht und um Rat frägt. Das Leiden ist, wie wir gesehen haben, niemals wohltuend und muß immer bekämpft werden. Entscheidend ist, wie der Mensch auf seine Leidensprüfung reagiert. Und das ist eine persönliche Frage par excellence, die Frage, wie wir uns dem Leben und seinen Schicksalsschlägen gegenüber verhalten. Nehmen wir einen Menschen, der krank oder sonst leidgeprüft ist und der sich mir anvertraut: Was wird er aus diesem harten Schlag, der ihn getroffen hat, machen? Welches wird seine persönliche Reaktion sein? Eine positive, aktive, schöpferische Reaktion, wodurch sich seine Person entfalten wird, oder eine negative Reaktion, die seine Entwicklung hemmen wird? Wir haben es deutlich anläßlich des Problems der Waisenkinder gesehen: Das eine wird später eine hervorragende Rolle in der Geschichte spielen, ein anderes wird sein ganzes Leben lang ein Erdrückter bleiben. Eine wirksame Hilfe im richtigen Augenblick kann eine ganze Existenz bestimmen.

Es ist wie beim Schachspiel, wo ein einziger falscher Zug die ganze Partie gefährden kann. Um so mehr, da das Phänomen des Schneeballs hier in Erscheinung tritt: Jede mutige Reaktion wirkt stärkend, sie belebt die Hoffnung und erleichtert neue Siege; und jede Niederlage bereitet neue Rückschritte vor. Es ist wie bei einer Wasserscheide. Man stellt sie sich auf dem Grat der Berge vor, aber sie befindet sich manchmal auch in der Ebene. Im Schweizerischen Mittelland gibt es einen Ort, den man scherzend „die Mitte der Welt" nennt, weil von zwei Regentropfen, die dort nebeneinander herunterfallen, der eine mit dem Rhein in die Nordsee, der andere mit der Rhone ins Mittelmeer fließt.

Ein anderes Bild, das meine Patienten oft gebrauchen,

ist das des Tunnels: Man kann aus ihm herauskommen, indem man vorwärts oder rückwärts geht. Und André Haynal sagt, wenn er vom Künstler spricht, der von einem Unglück heimgesucht wurde, er „müsse es in etwas Schöpferisches umwandeln, oder er werde zugrunde gehen". Und das erinnert an Goethe, der eines seiner Meisterwerke im größten Liebeskummer geschrieben hat.

Gewiß, jeder Augenblick des Lebens ist eine Herausforderung, aber es gibt Momente, wo sie sich plötzlich mit machtvoller Dringlichkeit abzeichnet, und das sind jene der großen Prüfungen. Ich beteiligte mich während mehrerer Jahre an einer anthropologischen Forschungsgruppe in Straßburg, die von einem holländischen Kollegen, Dr. de Moll van Otterloo, organisiert wurde. Abgesehen von andern Projekten hatte man Dr. Ricoeur und mich gebeten, zusammen ein Buch über den „Menschen in Grenzsituationen" zu schreiben; denn dann zeigt der Mensch, was er ist. Aber der Weggang Paul Ricoeurs an die Sorbonne, wo ihn andere Aufgaben erwarteten, hat unsern Plan vereitelt.

Aber nun stehe ich hier wieder vor der Aufgabe, die entscheidende Bedeutung der Antwort eines jeden Menschen auf irgendeine ihm auferlegte, schwere Prüfung hervorzuheben. Keine Prüfung geht spurlos an einem Menschen vorüber. Jedoch hängt vieles von jenen ab, die ihm helfen werden, Mut zu fassen. Die technische Medizin, diese gewaltige Maschine, hat eher die Tendenz, aus dem Menschen ein passives Wesen zu machen, das eine Behandlung erleidet, ohne dabei mitzuwirken. Er erwartet von ihr die Heilung und es scheint, daß er erst nachher wieder verantwortlich für sich selbst wird. Und auch der Arzt denkt gern, daß seine ganze Aufgabe darin bestehe, für die Heilung besorgt zu sein und beim Patienten das Vertrauen in sie aufrecht zu erhalten.

Was tun, um nicht in der Routine des Lebens zu versinken?

Die Kreativität, das ist die wirklich neue, einzigartige, unvorhergesehene Tat. Sogleich wird sie von der Routine wiederholt, aber dann ist sie, gerade deshalb, schon nicht mehr Kreativität. Das Leben ist unbegreiflich ohne diesen unerwarteten Aufbruch. Die Frage nach dem Ursprung des Lebens, sagt Atlan, ist nur verschoben worden auf die des Erscheinens der ersten Programmierung, da ja diese von nun an das Leben reproduzieren wird, außer wenn ein Übertragungsirrtum einen neuen Aufbruch anzeigt. So ist die Routine das Ergebnis des Lebens. Aber sie ist gleichzeitig auch das, was dem Leben seinen besonderen Charakter nimmt, es erstarren läßt. Albert Delaunay erzählte, daß ein schöpferisch begabter Student wissenschaftliche Forschungen auf dem Gebiet der Physik betreiben wollte und sich darüber mit einem Professor besprach. Dieser habe ihm geantwortet, wenn er forschen wolle, müsse er sich woanders hinwenden; denn in der Physik sei alles bekannt, es gäbe da nichts mehr zu erforschen. Nun, dieser Student ist Max Planck gewesen, der glücklicherweise trotz dieses enttäuschenden Ratschlags auf die Physik zurückgekommen ist; und er hat sie mit seiner Quantentheorie erschüttert, aus ihrer Lethargie befreit, zum Leben zurückgeführt. Diese Anekdote ist wunderbar. Die wissenschaftlichste aller Disziplinen, die Physik, hat so das Diskontinuierliche wiederentdeckt, das Ungewisse, nicht Voraussehbare, dessen Wahrscheinlichkeit man nur abschätzen kann.

Seit Planck stellt man sich das Elektron nicht mehr auf einer elliptischen Umlaufbahn kreisend vor, immer schön brav, ohne zu mogeln, sondern von einer Umlaufbahn zur andern überspringend, und das nicht auf kontinuierliche Weise, sondern mit einem plötzlichen Sprung, den ich voller Charme finde. Um so mehr, da man diesen Sprung nicht voraussehen kann, sondern nur seine Wahrscheinlichkeit. Auch ich mache Sprünge, von der Wissenschaft zum Glauben, von der Genetik zur Psychoanalyse, und ich bringe die systematischen Denker ein wenig in Verwirrung; sie erinnern mich daran, daß man die Arten nicht verwechseln darf, wie sie sich ausdrücken. Auch ich habe mein kleines Quantum an Energie. Es ist winzig klein wie alle Quanten, aber es gehört mir, und es reißt mich mit sich fort, wohin es will, trotz der dogmatischen Geister, sowohl in der Wissenschaft wie in der Religion oder der Psychoanalyse. Ich verwechsle nicht, sondern ich hüpfe, und das erhält mich jung. Denn die Neugierde schaut immer über die Mauer. Daraus habe ich einen Slogan für meine Vorträge zur Vorbereitung auf die Pensionierung gemacht: Solange Sie neugierig bleiben, werden Sie nicht zu Greisen!

Auf den ersten Blick scheint unsere technische westliche Zivilisation für die Kreativität günstig zu sein, da sie so viele Entdeckungen und wunderbare Erfindungen ermöglicht hat. Aber das ist eine Illusion. In Wirklichkeit hat sie das Abenteuer der Kreativität einer Handvoll Privilegierter vorbehalten, den Gelehrten der Forschungslaboratorien und den großen Herren der Industrie. Abgesehen davon hat sie die große Masse unserer Zeitgenossen zu Robotern und „Schafen" gemacht, deren Leben nur noch unglaublich langweilig und monoton ist. Außer arbeiten und schlafen gibt es nichts mehr, und die Arbeit selbst ist auf eine Routine von einfachen Handgriffen reduziert, ohne Interesse für all die, welche nicht das Glück haben, in der beruflichen Hierarchie ganz oben zu stehen.

Im Zeitalter der handwerklichen Berufe war man immer auf die persönliche Kreativität angewiesen. Man mußte eine Menge Sachen improvisieren, oft seine Werkzeuge selbst herstellen, geistreiche und nützliche Kunstgriffe erfinden. Der Handwerker schuf aus jedem Stück sein Werk; er sah das Ergebnis seiner Arbeit; er verkaufte es direkt an den Verbraucher, mit ein paar Worten, vielleicht sogar mit ein wenig Feilschen, wobei beide Partner von Anfang an wußten, wie es ausgehen würde, aber das gab Gelegenheit zu einem kleinen, sehr subtilen Spiel und zu persönlichem Kontakt. Und der Handwerker war sehr empfänglich für ein Lob der Qualität seiner Ware und seiner Arbeit; welche Ermutigung! Und selbst für die Kritik; sie stellt ihn vor Probleme, die er auf originelle Weise lösen mußte. Es gab lange Anproben beim Schneider, Küchenrezepte, die man sich weitergab. Jetzt findet man im Supermarkt ein Kleid von der Stange und das Gericht, welches direkt aus der Tiefkühltruhe in den Ofen kommt. Man traf Freunde auf der Straße, die man jetzt nur gerade mit einer Handbewegung vom Auto aus grüßt.

Das ist jetzt noch die Lebensweise in den sogenannten Entwicklungsländern, wo man sein Brot selbst backt, das Getreide drescht, das Huhn rupft und auf dem Marktplatz endlos palavert. Aber was bei uns entwickelt ist, das ist nur die Gesellschaft, das Kollektiv, die Organisation, die Reglementation, die Planung, die Bürokratie, die Wirtschaft, die anonyme und unpersönliche Mechanik und Technik. Was aber das Bedürfnis des Menschen betrifft, nicht als Produktionsmaschine behandelt zu werden, sondern als Person, sich zu seiner persönlichen Identität zu bekennen und zum andern eine echte Beziehung zu haben, kurz in Gemeinschaft zu leben, wie Illich sich so schön ausdrückt, da sind wir unbestreitbar unterentwickelt, sogar nicht einmal auf dem Weg zur Entwicklung, sondern in Regression befindlich.

Alles ist dem Ertrag und dem materiellen Wohlstand

geopfert worden. Wenn er wenigstens ein lebensnotwendiges Minimum für die ganze Menschheit gewährleisten könnte! Aber der Westen mit all seinen Gelehrten, seinen Experten und seinen Maschinen ist dazu nicht imstande; er hätte die ganze dritte Welt für sich, wenn er es ihr zusichern könnte. Es zeigt sich im Gegenteil, daß unser Reichtum durch die niedrigen Preise der Rohstoffe bedingt ist, folglich durch die Armut der andern. Wenn wenigstens dieser materielle Wohlstand der Kultur zugute käme! Aber diese ist aus der Stille der zu persönlichem Nachdenken so geeigneten Bibliotheken in die geräuschvollen Medien übergegangen. Selbst die Muße wird zur Massenbewegung, ferngesteuert durch die Werbung und ausgenützt durch kaufmännische Unternehmungen.

Gefangen in dieser universellen Beeinflussung, kapituliert der Mensch zu oft. Er läßt sich dann in ein Netz von Routinen einschließen und verliert seine natürliche Kreativität, die so lebendig gewesen ist, als er noch klein war, bevor er in die Schule ging, in der Illich eine Maschine zur Ausbildung von Robotern für die Konsumgesellschaft sieht. Ich erkenne das deutlich bei den Pensionierten, mit denen ich mich jetzt befasse. Nicht bei allen, glücklicherweise. Gerade Arthur Jores hat aufgezeigt, daß die manchmal tödliche Krise der Pensionierung die Routinemenschen bedroht, die am meisten verbürokratisierten Beamten, die auf jedes persönliche Leben außerhalb ihrer beruflichen Tätigkeit verzichtet haben, die nun plötzlich aufhört.

Aber dieses monotone Leben, über das sich so viele Leute beklagen, an dem hängen sie viel mehr, als sie denken, so sehr haben sie sich daran gewöhnt: Welche Katastrophe, wenn das Fernsehen eines Tages ausfallen würde! Das geht so weit, daß man beim Staat durchgesetzt hat, daß er das Streikrecht beim Personal des Fernsehens eingeschränkt hat. Und die Television ist immerhin eine neuere Erfindung! Ich habe mehr als ein halbes Jahrhundert ohne sie gelebt! Welches Beispiel von Routine, all diese Leute, die täglich so viele Stunden vor ihrem kleinen Bildschirm verbringen, oft ohne ihm große Aufmerksamkeit zu schenken, oder viel nachzudenken, manchmal vor sich hindösend, trotz der Anstrengungen der Programmgestalter, um ihnen wertvolle Programme anzubieten. Sie enthalten sich übrigens trotzdem nicht der ständigen Kritik an diesen Programmen, ohne auf den Gedanken zu kommen, daß sie sich sehr gut mit etwas anderem, das sie interessiert, befassen könnten, anstatt hier in passiver Haltung zu sitzen, als ob sie nur danach trachteten, die Leere ihres Lebens auszufüllen. Einige könnten auch sehr gut selbst Fußball spielen, anstatt die Matchs von ihrem Fauteuil aus anzusehen und sich für sportlich zu erklären.

Wie man sieht, ist die Routine ambivalent. Man beklagt sich oft darüber, aber man sucht sie auch, als eine Bequemlichkeitslösung, die einem vor Problemen des persönlichen Einsatzes bewahrt. Sie ist ein Gefängnis, aber auch ein Zufluchtsort.

Das gibt mir die Anregung zu einem Vergleich, in dem ich eine Antwort auf die in diesem Buch gestellte Frage sehe. Ich denke da an einen Nußknacker. Die Nußschale stellt diesen Zufluchtsort dar; sie hat sich allmählich verhärtet, wie die Routine uns heimtückisch in ihren engen Raum eingeschlossen hat. Die Schale umschließt und schützt die schmackhafte und zarte Frucht, die unserer schöpferischen Empfindsamkeit entspricht. Brechen Sie die Nuß auf, und Sie werden die Frucht finden.

Man kann folglich mit dem Nußknacker alle Mängel (oder die Übertragungsirrtümer von Atlan) vergleichen, die den normalen Lauf des Lebens stören, das zur Routine geworden, aber auch erstarrt ist. Die Nuß aufbrechen, bedeutet eine Katastrophe, die so brutal ist wie die fatalen Ereignisse, die uns unversehens treffen. Wer hat sich nicht schon zerbrochen gefühlt wie eine kleine Nußschale, bei einer besonders schmerzlichen Prüfung? Oh, ich bin Arzt und kenne die Leiden der Menschen und habe sie selbst erfahren. Ich will sie nicht verkleinern auf die Handhabung eines Nußknackers. Es gibt den Kummer, den man niemals mit etwas vergleichen oder messen kann. Ich kenne die Bedeutung des Gefühlslebens und wie es reagiert und in der Prüfung immer verletzt wird, besonders bei einem Trauerfall oder in der Angst, ein geliebtes Wesen leiden zu sehen. Aber man muß sich bewußt sein, daß es auch immer etwas anderes gibt, eine gewisse Verwirrung vor einer neuen Situation, der man ins Auge sehen muß, wo die alten Routinen nichts mehr nützen. Die harte Nußschale, das ist das ganze steife und erstarrte Netz des genetischen Codes, psychologische Komplexe, angelernte Reflexe, Gewohnheiten, Vorurteile und sich wiederholende Verhaltensweisen, in denen wir gefangen sind.

Etwas ist zerbrochen, das nie wiederkommen wird. Und dann stellt man sich Fragen, die man im täglichen Einerlei des normalen Lebens ein wenig vergessen hatte, Fragen über den Sinn des Lebens, des Leidens, der Krankheit und des Todes. Denn in unserer so gelehrten Welt kann uns niemand weder erklären, noch lehren, wie man die Widerwärtigkeiten auf sich nimmt. Man muß von Null ausgehen, tastend wie die kleinen Kinder, die Jean Piaget studierte. Geschah es nicht tastend, wie die Menschen langsam Gott gesucht haben? Und ist es nicht das, was die Widersprüche der Bibel erklärt? Man sieht sich allein sich selbst oder diesem *unbekannten Gott* gegenüber, von dem Petru Dumitriu spricht, und der sich nicht definieren läßt. Man versteht dann besser, daß die Kreativität infolge von Prüfungen und Mängeln wieder hervorbrechen kann; nicht daß diese selbst sie hervorrufen, aber weil sie es möglich machen, indem sie die bequemen alten Routinen zerbrechen. Denn die Kreativität ist da, wenn auch verborgen, blockiert, erstickt vom Konformismus, aber tief in der Seele gegenwärtig, eine Gabe Gottes, ein wesentlicher Bestandteil der menschlichen Natur. Der biblische Schriftsteller drückt das so aus: „Gott schuf den Menschen nach seinem Bilde (1. Moses 1, 27). Gott, das ist der Schöpfer. Nach seinem Bild geschaffen sein, heißt, mit Kreativität begabt sein.

Daher kommt dieses Bedürfnis zu kreieren, das jedem Menschen innewohnt, sein Bedürfnis nach Abenteuern. Ich erinnere mich immer noch an den Ausspruch eines meiner Söhne, als er sich beim Skifahren das Bein gebrochen hatte. Er hatte uns gegen Abend gesagt, daß er schnell noch einmal hinaufsteigen wolle, um eine letzte Abfahrt zu machen. Die Skilifte (schöne Routine) existierten damals noch nicht. Als er aber nicht wiederkam, begann man, ihn zu suchen. Ich habe ihn gefunden, und als ich mich über ihn neigte, sagte er in etwas feierlichem Ton zu mir: „Endlich erlebe ich etwas!" Ich war sehr erstaunt. Er hatte sich also zu beschützt gefühlt, ohne daß ich mir darüber Rechenschaft gab; sein Leben erschien ihm zu banal, um sein Bedürfnis nach schöpferischem Abenteuer befriedigen zu können.

„Ja, wenn alles zum besten gehen würde in der besten aller Welten", schreibt Jacques Sarano, „würde der Mensch wahrscheinlich nichts erfinden." Und ich kann noch Atlan zitieren: „Das Rauschen dient nur dazu, daß die potentielle Gebundenheit, die in den Anziehungskräften enthalten ist, sich verwirklichen kann." Aber dieses Rauschen, von dem er spricht und das so winzig klein ist, daß man es als unwichtig betrachten konnte in einem im Determinismus erstarrten Universum, kann ungeheure Folgen haben, und Atlan selbst zitiert Edgar Morin: „Die Geschichte ist nur eine Folge von nicht wieder gut zu machenden Katastrophen." Das heißt die Nuß knacken. Sie kann sich übrigens ohne unser Zutun öffnen: Wenn meine Nuß auf die Erde gefallen wäre, so würden die Fäulnisprozesse mit der harten Schale fertig werden; Prozesse des Absterbens, die den Keim des Lebens befreien, damit er wachsen kann. Es kann keine neue Zivilisation zum Blühen kommen, wenn die vorhergehende nicht zugrunde gegangen ist. Jetzt sind es die Gelehrten des „Club of Rome", die das Unglück ankündigen, wie es Jeremia früher den Israeliten angekündigt hat. Aber man hört ebensowenig auf sie, wie jene dem Propheten der Nacht (Neher) Gehör schenkten.

Das ist nun die Lehre, die wir aus unseren Überlegungen ziehen: Was unser Dasein trübt, was uns stört, uns reizt, uns erzürnt, was uns weh tut, uns Leiden verursacht, manchmal grausame, das ist all das – nicht was uns wachsen läßt und Entfaltung bringt –, sondern was dies möglich macht, vorausgesetzt natürlich, daß wir nicht vernichtet worden sind, wie das vorkommt, wenn man den Nußknacker zu stark zusammendrückt, so daß die Frucht mit der Schale zerstört wird. Und selbst ohne daß dies geschieht, wird die Frucht immer verletzt. Bevor sie Veranlassung zur Kreativität werden, bedeuten alle Prüfungen für den Menschen Kummer, Schmerz, Verstümmelung. Deshalb hat Gott uns dazu berufen, sie zu behandeln und zu pflegen, uns Ärzte, Krankenschwestern, Sozialhelfer, Ergotherapeuten, Heilgymnastikerinnen; wir sollen die Natur studieren, um sie in ihrer Arbeit zu unterstützen, wenn wir besser wissen, wie sie es macht. Denn es ist die Natur, die heilt; das ist schon seit Hippokrat bekannt.

Ich werde immer in größtes Erstaunen versetzt durch diese Regenerationsphänomene. Wenn der Chirurg Nägel und Schrauben anbringt, sowie allerhand Maschinen, bereitet er nur die Dinge vor, indem er die Teile des gebrochenen Knochens zusammenfügt. Die wirkliche Arbeit machen die Millionen von Zellen, nach einer bestimmten Ordnung, nicht auf die grobe Art mit einer Naht, sondern auf die feine Art des Kunststopfens, Fädchen um Fädchen, Masche um Masche. Und wenn eine fremde Invasion von Bakterien stattfindet, welcher Kampfalarm entfesselt sich da im ganzen Organismus, angekündigt durch einen starken Schüttelfrost. Es ist eine wahre Explosion von Kreativität! Ein ganzes Netz von Fernverbindungen ist bereit; Informationen werden nach allen Richtungen gesandt.

Jede Zelle weiß von vornherein, was sie in diesem Fall zu tun hat, wie wenn ein General seinen Plan jedem seiner Soldaten mitteilen würde. Jede Zelle hat ihren kleinen Taschencode, und einen sehr ausführlichen, in Milliarden von Exemplaren angefertigt. Sie weiß, wie Antikörper zu bilden sind. Sie kann sehr gut zwischen den verschiedenen Proteinen unterscheiden, um im Kampf nicht einen feindlichen mit einem verbündeten Soldaten zu verwechseln. Sie kennt ihren Code und sein Alphabet genau; man hat sie es schon gelehrt, noch bevor sie geboren wurde. Viel besser noch: Es ist ihr Fleiß, die lebendige Materie, aus der ihr Kern gemacht ist, angefüllt mit Nukleinsäuren, die sich alle voneinander unterscheiden. Und es gibt so wenig Druckfehler in diesem Code, daß die Gelehrten lange Zeit glaubten, es seien keine vorhanden. Und jetzt sagen sie uns, daß, wenn es Fehler habe, diese nicht zufällig seien, sondern eine noch fruchtbarere Information brächten.

Und so geschieht es, daß Katastrophen und Kreativität im Leben der Völker und in dem der Individuen miteinander abwechseln, daß jeder Mangel Veranlassung zu einem Wiederaufleben der Kreativität werden kann. Man muß immer etwas loslassen, um wieder etwas anderes zu finden. Ich habe einmal dieses Lebensgesetz durch ein Bild veranschaulicht, an das mich viele Leute erinnert haben, weil es ihnen Eindruck gemacht hat. Es handelt sich um das Bild der Trapezkünstler im Zirkus, die ihr Trapez rechtzeitig loslassen müssen, um das andere fassen zu können. Und jede Katastrophe lehrt uns etwas: Der Diagnoseirrtum, an den zu denken, der Arzt nie vergißt, um sich vor einer Wiederholung zu hüten, er hat ihn unglücklicherweise einmal gemacht.

Aber es gibt nicht nur Mängel, die widerwillig ertragen

und als Katastrophe empfunden werden; es gibt auch solche, die gewollt sind und entschlossen gewählt wurden. Ein Mangel, den der Mensch sich freiwillig auferlegt, das ist der Verzicht. Man denke an die Seligpreisungen, an den heiligen Franz von Assisi, an die Armutsgelübde der Mönche und Nonnen. Es gibt einen hübschen Ausspruch in der *Chassidischen Feier* von Elie Wiesel über die so wertvolle Armut, „die nichts kostet". Man denke auch an die Hingabe seines eigenen Willens, zu der jeder Gläubige aufgerufen ist. Und es wird ihm sogar eine neue Kreativität verheißen: „Und wer verläßt Häuser oder Brüder oder Schwestern oder Vater oder Mutter oder Kinder oder Äkker um meines Namens willen, der wird's vielfältig empfangen ..." (Matthäus 19,29). Die Kreativität, Jesus spricht viel davon in seinen Gleichnissen, wo die Rede ist von Bäumen und Früchten, von Reben, die man schneidet, um eine reichere Ernte zu erzielen (Johannes 15,2). Aber das wenigste, was man sagen kann, ist, daß der Verzicht in unserem durch seinen Wohlstand verdorbenen Westen nicht mehr in Mode ist.

Man versteht von nun an, daß alle Religionen Verzichte eingeführt haben, beispielsweise Einschränkungen im sexuellen Leben, wie das Freud teure Verbot des Inzests, die Ehelosigkeit der Priester und für jedermann Zeiten der Enthaltsamkeit und des Fastens. Eine Religion, die keinerlei Verzicht verlangt, wird nicht ernstgenommen, und bringt keinerlei Neubelebung der Kreativität. Außer dem gesundheitlichen Wert des Fastens führt es auf milde Art, wenn ich so sagen darf, diesen Bruch mit der Routine herbei, wovon ich im Zusammenhang mit dem Nußknacker sprach.

Mir ist nicht so viel am Fleisch gelegen, als daß ich mich dessen enthalten müßte. Jeder hat für irgend etwas eine Vorliebe, wovon er abhängig zu werden droht. So sah ich fromme Leute, die sich vieler Dinge enthielten, aber auf die Schokolade nicht verzichten konnten. Ich selbst rauche sehr gern meine Pfeife. Für viele Christen hat der Verzicht auf das Rauchen Zeugniswert. Ihrem Beispiel folgend, habe ich früher natürlich auch darauf verzichtet, bis zu dem Tag, an welchem ich erkannte, daß ich dabei einen etwas heuchlerischen Stolz empfand, vor dem mein Glaube und meine berufliche Laufbahn mich auf der Hut sein ließen. Die Erfahrung hat mich gelehrt, daß nicht das die Hauptsache ist, was man tut oder nicht tut, sondern daß es auf die Motivation unserer Taten ankommt. Ein spontaner, meine Liebe zu Gott ausdrückender Entschluß, war zu einer Identifikation mit einem konventionellen Vorbild geworden.

Viel später habe ich eines Tages einem mir lieben Patienten vorgeschlagen, mit ihm zusammen auf das Rauchen zu verzichten, um ihn zu ermutigen, es zu tun. Mehrere Jahre später bin ich ihm auf der Straße begegnet; er hatte eine Zigarette zwischen den Lippen:

„So, Sie rauchen jetzt?"

„Ich habe nie aufgehört, es zu tun; denn ich habe rasch einen Arzt gefunden, der es mir erlaubt hat."

„Sie hätten es mir sagen dürfen; denn ich enthalte mich seit damals des Rauchens."

Aber als ich ihn verließ, hatte ich ein seltsames Gefühl von Euphorie, das ich der Tatsache zuschrieb, daß ich hier ein wirklich kostenloses, kleines Abenteuer erlebt hatte, da es zwecklos war.

Vor wenigen Jahren habe ich mich dazu entschlossen, während eines Monats im Jahr nicht zu rauchen, weil ich den Sinn des Fastens besser verstanden habe. Das kostet mich kaum eine Anstrengung; denn ich tue es freiwillig; niemand zwingt mich dazu. Es ist nur ein ganz kleiner Verzicht, der aber für mich einen symbolischen Wert hat, den, weder von einer Gewohnheit, noch von einem Vorurteil abhängig zu sein. Ich habe natürlich auch weit schwierigere Verzichte geleistet. So, als ich mich berufen fühlte, die Orientierung meiner beruflichen Laufbahn zu ändern, um den Einfluß des moralischen und geistigen Lebens auf die Gesundheit zu studieren; da hat mich niemand verstanden, nicht einmal meine besten Freunde, und ich habe meine Patienten verloren, bevor ich einige Jahre später wieder andere fand. Die Schale meiner beruflichen Routine war zerbrochen worden, aber die Frucht konnte nur langsam keimen.

Niemand verzichtet auf ein Vorrecht, ohne dazu gezwungen zu sein, es sei denn, es geschehe durch einen geistigen Appell. Als Freud untersuchte, wodurch die Menschen sich leiten lassen, was der Antrieb ihres Verhaltens sei, sah er zunächst nur das Lustprinzip. Und jedermann hat die bedeutende Rolle erkannt, die dieses Prinzip bei allen menschlichen Handlungen, von den egoistischsten bis zu den großmütigsten, spielt. Aber in dieser Welt kann man nicht alle seine Wünsche befriedigen, und Freud selbst hat ein zweites Prinzip erkannt und beschrieben, das der Realität. Es ist die Vernunft, die mit ihrem Erfassen der Realität den Verzicht auf unerreichbare Wünsche aufdrängt. Was Freud entgangen ist, das ist die Tatsache, daß es noch ein drittes Prinzip gibt, den Ruf Gottes, der zu ganz anderen Verzichten führt.

Es war nicht das Prinzip der Realität, das den heiligen Franz von Assisi dazu getrieben hat, auf seine Vorrechte der Abstammung aus einer reichen und mächtigen Familie zu verzichten, und ebensowenig hat Buddha aus diesem Grund den Palast, in dem er eine so beschützte Kindheit verbracht hatte, verlassen, und auch alle Mönche und Nonnen, Christen, Juden, Buddhisten, Mohammedaner und andere Gläubige haben nicht deshalb das Armutsgelübde ausgesprochen, sondern es war der Ruf Gottes, der sie dazu veranlaßt hat. Und wie viele Gläubige sprechen von ihrer Bekehrung als der Stunde, in der sie sich wie eine Nußschale zerbrochen fühlten, in ihrem Stolz und ihrer Härte, durch die mächtige Hand Gottes.

Aber der Ruf Gottes ist etwas ganz Persönliches, so

daß es kaum einen kollektiven Verzicht auf irgendein ungerechtes Privileg geben kann, ohne den Druck der Realität, das heißt der Gewalt. Als der französische Adel am 4. August 1789 auf seine Privilegien verzichtete, geschah es wegen der Volkswut, aber es war schon zu spät, um sie zu bannen. Weder die Befreiung der Arbeiter, noch die der Sklaven, der Frauen oder der Kolonien sind erreicht worden, ohne harte Kämpfe. Das ist tragisch: Auf der Ebene der Geschichte ist kein Fortschritt möglich, ohne daß viele Nußschalen zerbrochen werden müssen. Immerhin können außergewöhnliche Staatsmänner durch ihren Mut eine entscheidende Rolle spielen, wie Abraham Lincoln für die Abschaffung der Sklaverei oder General de Gaulle für die Aufhebung der französischen Herrschaft in Algerien, obwohl er von jenen an die Macht gerufen worden war, die gerade auf ihn zählten, um diese Herrschaft zu bewahren, und die ihn nachher als Verräter betrachteten.

Die Parlamente aller Länder verabschieden einen Gesetzesvorschlag nach dem andern, und setzen fast nie ein Gesetz außer Kraft. Manchmal tun sie es sicher zum Schutz der Schwachen, aber öfter noch, um die Privilegien der Mächtigen zu bewahren, so daß das ganze System zu einem undurchdringlichen Block erstarrt. Jede schöpferische Initiative stößt auf ein dichtes Netz von Routine. Die Gesellschaft gleicht einem Schachbrett, auf dem man nicht spielen kann, weil alle Felder besetzt sind. In Deutschland ist die Geldreform, die einen neuen wirtschaftlichen Aufschwung gewährleistet hat, nur möglich gewesen, weil das ganze Land zusammengebrochen war. Jeder Einwohner ging wieder von Null aus mit einer Summe von 40 DM und büßte alle seine Ersparnisse ein, eine Art Armutsgelübde, das dem ganzen Volk auferlegt wurde. Es ist die Tragik des gegenwärtigen Nord-Süd-Dialogs, daß die privilegierten Länder wohl aufrichtig nach einer Lösung suchen wollen, vorausgesetzt, daß diese keinen Verzicht erfordert, was utopisch ist. Auch da wird es vielleicht schon zu spät sein, wenn man sich zu Opfern einverstanden erklären wird.

Folglich ist die Schlußfolgerung unserer Überlegungen, daß es immer, sowohl in unserem persönlichen Schicksal wie in dem der Völker, Leid, Prüfungen, Mängel und „Störgeräusche" geben wird. Es ist immer ein Übel da, welches man bekämpfen muß und welches nicht von sich aus eine wohltuende Wirkung besitzt. Aber gerade weil man es bekämpfen, weil man reagieren muß, und auch weil die Verzahnung der alten Routinen zerbrochen wurde und die gewohnten Verhaltensvorbilder zu nichts mehr nütze sind, müssen wir auf unsere angeborene Kreativität zurückgreifen. Und diese wird unserem Leben einen neuen Impuls geben können, der freier, durchdachter, origineller und fruchtbarer sein wird.

O gewiß, das ist nicht sicher, und man zweifelt sehr daran, im Augenblick der Prüfung. Aber es ist möglich, und diese Möglichkeit selbst kann uns wieder neuen Mut und neue Hoffnung geben. Dafür schreibe ich: Denn wenn Ihr Mut und Ihre Hoffnung sich wieder beleben, bei der Aussicht, durch diese Prüfung zu wachsen, nimmt die Wahrscheinlichkeit dieses günstigen Ausgangs noch zu, und Sie haben um so mehr Ursache zu kämpfen und zu hoffen. Es ist die Wirkung des Schneeballsystems.

Ja, es ist ganz klar, daß es sich nicht um Gewißheit, sondern um Wahrscheinlichkeit handelt. Bekanntlich spricht die moderne Physik nur noch von Wahrscheinlichkeit. Sie hat den strengen Determinismus, auf dem die klassische Physik aufgebaut war, durch diesen bescheideneren Begriff ersetzt. Um so mehr Ursache hat man, in den Humanwissenschaften nur von Wahrscheinlichkeit zu sprechen. Es ist nicht sicher, daß Ihr Leben nach der gegenwärtigen Prüfung kreativer wird, aber das ist um so wahrscheinlicher, als Ihre Hoffnung darauf durch so viele Beispiele erweckt wurde, die zeigen, daß es möglich ist.

Wie Sie bemerkt haben, gibt es immer ein „Wenn". Wenn das Waisenkind genügend Reserven hat, sagt Dr. Rentchnick; wenn der von einem Mangel Betroffene mit einem schöpferischen Geist begabt ist, sagt Dr. Haynal; wenn ihm genügend geholfen wird, sage ich; wenn der Übertragungsirrtum, anstatt Unordnung und eine Zunahme der Entropie zu erzeugen, Ordnung herstellt und die Negentropie vermehrt ..., sagt Henri Atlan. Ja, die „Wenn" führen eine Ungewißheit ein, aber gleichzeitig weisen sie auf eine mehr oder weniger wahrscheinliche Möglichkeit hin, die um so wahrscheinlicher wird, je mehr sich Ihr Mut festigt. Im Grund wissen Sie es sehr gut, daß es hauptsächlich von Ihnen abhängt, von ihrer persönlichen Haltung.

Sicher ist, daß jede Prüfung, nur schon deswegen, weil sie die verhärtete Kruste der körperlichen und geistigen Gewohnheiten aufbricht, so etwas wie einen leeren Raum schafft – wie bei der Bearbeitung eines Feldes –, der für die Aufnahme der Saat geeignet ist. In diesem leeren Raum, der durch einen Todesfall entstanden sein kann, oder durch eine Krankheit mit der Möglichkeit des Todes, die eine solche immer heraufbeschwört, durch eine Niederlage nach langen Bemühungen, durch eine erneute Einsamkeit nach einer enttäuschten Hoffnung aus ihr herauszukommen, in diesem leeren Raum tauchen wesentliche Gedanken auf, die man im turbulenten Lebenskampf ganz vergessen hatte.

Oft ist es die Banalität unseres Lebens, die uns erstaunt, wenn wir so plötzlich angehalten werden. Wir alle protestierten gegen die Hetze des modernen Lebens. Aber wir haben uns selbst von ihr gefangen nehmen lassen! Nun erscheinen uns plötzlich so viele Dinge unwichtig, die uns vorher dringend schienen. Wir sind in der Routine versunken gewesen. Wir haben kapituliert vor diesem so mächtigen gesellschaftlichen Spiel, und uns ganz dem Tun und nicht dem Sein gewidmet, dem Erfolg und dem Gewinn, dem Wissen und dem Besitz. Es war kein Platz mehr für die Inspiration vorhanden in diesem hektischen Getriebe, und die Kreativität ist Inspiration. Um wirklich kreativ zu sein, muß man anhalten, sich sammeln, das Ziel überdenken, das man persönlich für sein Leben wählt; denn das Werk eines Menschen ist sein Leben.

Es hat mich beeindruckt, zu sehen, wie Menschen solche Überlegungen machten, selbst mitten im Erfolg, wenn eine Prüfung ihr Leben in Frage stellte. Wohin kann dieses stürmische Streben nach Macht führen, selbst wenn es in der besten Absicht geschieht? Solche Menschen haben mich an den Propheten Elia erinnert. Auch ihm gelangen Wunder und das gerade für die Sache Gottes. Auf dem Karmel hat er ein Wunder vollbracht, das Volk aufgewiegelt und eigenhändig 450 Baalspropheten ermordet. Aber er stieß auf die Macht Isebels, die weit davon entfernt war, sich zu beugen; sie wollte sich rächen und ihn töten. Angesichts dieses Mißerfolgs mußte er fliehen. Er fiel in eine Depression und wünschte sich nur noch den Tod.

Dann kam es zu diesem berühmten Erlebnis. Aus dem Hintergrund einer Höhle in den Bergen hörte Elia Gott vorüberziehen, oder besser gesagt, die gleichnishaften Bilder Gottes: Zuerst kam ein gewaltiger Sturm, dann ein Erdbeben, dann ein Feuer, aber Gott selbst war nicht darin, während Elia seine Gegenwart „in einem stillen sanften Sausen" erkannte (1. Könige 19, 12). So verändert sich bei der inneren Sammlung das Bild, das wir uns von Gott gemacht haben. Bis dahin sah Elia ihn nur als den Allmächtigen, der seine Feinde erdrückt. Man könnte sagen, daß er wie Jesaja die Offenbarung Jesu vorausahnt, diesen in einem „Knecht" verkörperten Gott … „sanftmütig und von Herzen demütig" (Matthäus 11, 29), der „das zerstoßene Rohr nicht zerbrechen und den glimmenden Docht nicht auslöschen wird" (Jesaja 42, 2).

Auch wir, die wir solidarisch mit dieser technischen Zivilisation sind, haben geopfert, selbst in der Kirche, auf der Suche nach Macht, in dieser kartesischen Illusion, einzig durch objektive Vernunft zu einer Fülle von Wissen gelangen zu können, durch Anhäufung von untrüglichen und sicheren Dingen. Wir haben die Härte der Dinge der Zärtlichkeit von Personen vorgezogen. Und es ist uns gelungen, eine Welt der Dinge von höchster Vollkommenheit zu konstruieren, aber zum Nachteil der Person. Es ist eine machtvolle, mechanische Welt, in der der Mensch selbst entpersönlicht wird. Die Mechanik, die Objektivität, die Routine sind Dinge; es ist die Person, die mit Kreativität, mit Phantasie, mit Poesie, mit Gefühl begabt ist. Wir haben unsere Hoffnung in den technischen Fortschritt, in den Fortschritt der Dinge gesetzt.

Die christliche Hoffnung, von der ich beseelt bin, ist keine Sache, sondern eine Person – nicht dieses kleine Etwas, „das als armseliger Trost auf die Menschheit verteilt werden sollte", wie die Griechen sich das vorstellten, und das am Boden der Büchse der Pandora zurückblieb und so bei der Verteilung ihres Inhalts vergessen wurde, als Pandora aus Neugier die Büchse öffnete; die christliche Hoffnung ist auch nicht diese großartige Sache, die Renan nahe glaubte, eine letzte Entdeckung der Wissenschaft, die der ganzen Ungewißheit über das Geheimnis des Universums ein Ende setzen würde – nein, es ist eine Person. Die Person Jesu Christi, der, obwohl er Sohn des himmlischen Vaters ist, seinen Willen tastend gesucht hat, der aber lebt, während wir dem Tod entgegengehen, und der uns im Jenseits erwartet, wo er uns eine Stätte bereitet, wie er es verheißen hat (Johannes 14, 2).

„Was werden Sie im Alter tun?"

Herr Doktor Tournier, wie oft macht der Mensch Ihrer Meinung nach eine Wende in seinem Leben durch?

Es ist immer gefährlich zu schematisieren, aber Sie nötigen mich ein wenig dazu ... In Wirklichkeit gibt es drei große Lebensabschnitte, nämlich die Kindheit, das Berufsleben und das Rentenalter. Zwischen diesen drei Zeitabschnitten kommt es zweimal zu einer Wende. Wir haben die Wende zwischen der Kindheit und dem Erwachsenenalter, welche von den Psychologen ausführlich studiert wurde, besonders von der Schule von Freud. Man muß aufhören, Kind zu sein, um erwachsen werden zu können, und das ist nicht so leicht. Viele Leute zögern diese Wende hinaus und bleiben ihr Leben lang Kind. Eine zweite Wende tritt ein zwischen dem Berufsleben und dem, was Jung den Lebensabend nennt. Ich erwähne Jung, weil besonders er diese zweite Wende studiert hat. Je interessanter das Berufsleben gewesen ist, um so schwerer ist es, plötzlich sein Leben wieder nach rückwärts umzuwandeln. Folglich ist diese Wende vom Berufsleben zum nachberuflichen Leben, das man jetzt das dritte Alter nennt, schwierig und gibt Anlaß zu Krisen, die manchmal tödlich sein können.

Beginnt also, anders gesagt, das Alter mit der Pensionierung?

Ja, aber es beginnt schon vorher, wie Sie wissen. In den Augen eines Arztes altert man vom ersten Tag an. Man altert sein Leben lang. Und das ganze Leben ist eine Art Lebenskapital, das langsam aufgebraucht wird. Allmählich muß eine folgende Etappe in der vorhergehenden vorbereitet werden. Das Berufsleben wird zum Beispiel in der Kindheit vorbereitet. Und das Alter sollte während der Berufszeit vorbereitet werden. Aber zu dieser Zeit sind die Menschen so durch ihre Arbeit in Anspruch genommen, manchmal auch so abgestumpft, daß sie von der Pensionierung überrascht werden. Sie haben ihr Leben nicht mit dauerhaften Dingen bereichert, mit Dingen, die Bestand haben, wenn das Berufsleben aufhört. Das nennt man, die Pensionierung vorbereiten, wenn man so lebt, daß es im Alter zu einer Entfaltung des Lebens kommt, zu einer Apotheose des Lebens – der Ausdruck stammt von Karlfried Graf Dürckheim –, und nicht zu einer Regression.

Wird der Mensch im Grund vor seiner Pensionierung durch die Arbeit entscheidend beeinflußt? Ist es die Arbeit, die seinem Leben einen Sinn gibt?

Und wie! Und wie! Man muß sich der zahllosen Massen bewußt sein, die vollständig beherrscht werden durch die Arbeit, durch eine Art Routine. Jeden Tag nimmt man zur selben Zeit die Straßenbahn oder den Bus, man sieht dieselben Leute, man macht die gleichen Gesten, während vierzig oder fünfzig Jahren, man liest dieselbe Zeitung, sogar die Ferien sind manchmal kollektiv organisiert, kurz, alles trägt dazu bei, die persönliche Initiative, die persönliche Phantasie zu ersticken. Und in einem Unternehmen darf man vor allem nicht zu viel Phantasie haben, sonst wird man ein wenig zum schwarzen Schaf. Es gibt eine Beeinflussung, die den Menschen abstumpft, die ihn zum Roboter werden läßt. Und dann, in dem Augenblick, da er sich der Freiheit erfreuen könnte, die im Grunde das Ziel menschlichen Lebens ist, weiß er nicht, was anfangen mit dieser Freiheit.

Empfindet er nicht sogar wegen dieser Freiheit ein gewisses Schuldgefühl?

Ja, er empfindet sogar ein gewisses Schuldgefühl wegen dieser Freiheit. Nicht arbeiten, wenn die andern arbeiten, gibt uns das Gefühl, Pensionär zu sein, Schuldner jenen gegenüber, die arbeiten, und diese alte Idee, Schuldner einem anderen gegenüber zu sein, findet man immer wieder. Ruhig in einem Buch zu lesen, während das Dienstmädchen putzt und fegt, erweckt Schuldgefühle in der Hausfrau. Es sieht so aus, als ob sie nichts täte, während das Buch, das sie liest, wahrscheinlich einen großen kulturellen Wert für sie hat. Denken wir diesbezüglich auch an die Ferien. Ferien machen ist etwas relativ Neues. Während langer Zeit war es das Privileg eines ganz kleinen Teils der Bevölkerung. Jetzt ist es allgemein üblich geworden. Es gibt das Recht auf Ferien. Es gibt institutionelle Ferien, und trotzdem haben die Leute das Bedürfnis, sich zu rechtfertigen, wenn sie in die Ferien gehen. Sie sagen: „Oh, ich bin so müde gewesen in letzter Zeit", wie um anzudeuten: „Ich habe die Ferien wirklich nötig." Es ist, als ob sie sich entschuldigen wollten, dem Gesetz der Arbeit gegenüber ungehorsam gewesen zu sein. Man hat die Arbeit zum Ziel des Menschen gemacht.

Das ist vielleicht auch eine Art zu existieren. Denken Sie nicht, daß man durch seine Arbeit, durch seine Tätigkeit existiert?

Sie rühren hier an ein Problem, das mich sehr beschäftigt hat, und das sehr tiefgründig ist. Es ist das Bedürfnis des Menschen, einen Sinn für sein Leben zu finden, und sogar, sich als existent zu fühlen. Ich will keine Abschweifungen machen, die nicht zu unserem Thema gehören; kürzlich jedoch sprach ich mit einer Frau, die zu mir sagte: „Es ist das Leiden, das mir das Gefühl zu existieren gibt." Wahrscheinlich kommt das weniger selten vor, als man denkt. Man sucht sogar gewisse Leiden, weil man hier fühlt, daß man existiert. Dieses Gefühl zu existieren oder nicht, das berührt das ganze Problem der existentiellen Philosophen. Wir werden nicht näher darauf eingehen, aber es berührt dieses Problem unmittelbar; denn wenn der Mensch durch seine Arbeit existiert, so hat er im Augenblick, da man ihm seine Arbeit nimmt, ein Gefühl der Leere, ein Gefühl des Nicht-Existierens, und er glaubt sogar, seine Existenz rechtfertigen zu müssen, vielleicht durch seine schlechte Laune, durch ein ständiges Gemurre.

In den Augen der Gesellschaft existiert der Mensch also durch seine Arbeit?
Aber sicher! Aber sicher! Das war beispielsweise im antiken Griechenland nicht der Fall. Natürlich gab es damals das Problem der Sklaverei. Mitten in der Stadt jedoch diskutierten die Männer auf der Agora, und sie hatten das Gefühl zu existieren, weil sie sich den Lebensproblemen stellten, und keineswegs, weil sie zum wirtschaftlichen Aufschwung beitrugen.

Wenn man also, sagen wir, während vierzig Jahren vom Berufslebens beherrscht worden ist, muß es immerhin sehr schwierig sein, in den Ruhestand überzutreten, nicht wahr?
Es ist sehr schwierig, und dann gibt es sehr unterschiedliche Arbeiten. Da ist beispielsweise die Arbeit eines Arztes: sie ist ein immerwährendes Abenteuer. Sie ist etwas, das uns zum Überlegen nötigt, zur Weiterbildung. Man muß sich auf dem laufenden halten, man entwickelt sich ständig. Aber die Arbeit am Fließband einer Fabrik, wo man nichts anderes tut, als immer die gleichen Schrauben anzieht, am selben Gegenstand, der an einem vorbeifährt, ich versichere Ihnen, daß das den Menschen abstumpft und ihn schließlich zum Roboter werden läßt. Jetzt wird man aus wirtschaftlichen Gründen und der Rentabilität wegen dazu geführt, den Menschen zum blo-

ßen Diener der Maschine zu machen. Und es ist absolut notwendig, daß die Gesellschaft ihre Auffassung von der Arbeit ändert und begreift, daß der wahre Sinn der Arbeit in der persönlichen Entwicklung liegt, in der persönlichen Aktivität, wodurch sich der Mensch verwirklicht und nützlich macht.

Von welchem Alter an, denken Sie, soll man sich mit Fragen über die Gestaltung des Lebensabends befassen?
Sagen wir im Alter von vierzig oder fünfzig Jahren.

Manche sagen, daß man schon in der Jugend daran denken soll.
Ja, ich setze eine Grenze, um nicht ins Paradoxe zu verfallen. Ein Soziologe befragte einmal ein junges Mädchen von 18 Jahren: „Was werden Sie tun, wenn Sie alt sind?" Sie antwortete: „Ich hoffe, daß ich vorher sterben werde." Es ist ganz natürlich, so etwas mit 18 Jahren zu sagen. Man kann keine Kinder befragen ... Sie müssen sich auf das aktive Leben vorbereiten und nicht auf das Alter, und dennoch bereiten sie sich schon darauf vor durch die Art, wie sie das Leben auffassen. Wenn sie es als Abenteuer auffassen, als etwas, worin man sich engagiert, nun, dann bereiten sie sich auf einen erfüllten Lebensabend vor; denn das Alter ist die Frucht des Lebens. Es ist wie eine Art Stunde der Wahrheit, in der einem Menschen die Fülle oder die Leere seines Inneren offenbart wird, wenn er plötzlich bemerkt, daß die treibende Kraft seines Lebens außerhalb von ihm lag, in der beruflichen Routine oder in familiären Zielen, die im Augenblick der Pensionierung verschwinden. Für die Frau ist beispielsweise der Augenblick, da ihr letztes Kind sich verheiratet und ihre berufliche Aufgabe als Mutter aufhört, eine Art Pensionierung. Das bedeutet für eine Frau oft eine schlimme Krise; sie klammert sich an ihre Enkelkinder und gerät mit ihren Schwiegertöchtern in Konflikt ...

Wenn ich Sie recht verstanden habe, muß man zuerst seinem Leben einen Sinn geben, wenn man sein Alter vorbereiten will und versuchen möchte, es erfolgreich zu gestalten?

Oder einen Sinn für sein Leben *finden*. Die Nuance ist wichtig. Denn nicht wir sind es im Grunde, die den Sinn geben. Nehmen wir zwei Betagte. Einem gelingt es offensichtlich, sein Alter glücklich zu gestalten, dem andern gelingt es nicht. Nun, keiner von ihnen hat ein Verdienst oder ein Verschulden dabei. Jene, welche erfolgreich sind im Leben, sind es nicht deshalb, weil sie sich darauf vorbereitet haben; und wer ein glückliches Alter erlebt, ist nicht deshalb glücklich, weil er sich darauf vorbereitet hat, sondern weil er mit einem Sinn für sein Leben gelebt hat, der sich ins Alter fortsetzt. Was die andern betrifft, ist es nicht ihr Fehler, wenn sie durch die Gesellschaft geprägt wurden, die ihnen jede schöpferische Phantasie genommen hat. Und nicht, indem man ihnen Reden hält, wird man sie davon überzeugen, daß etwas anderes nötig ist. Es braucht eine Änderung der Gesellschaft, eine Änderung der Auffassung der beruflichen Arbeit und sogar der Auffassung vom Menschen. Eine Gesellschaft, die dem Leben der Menschen einen Sinn gibt, ist besser als eine Gesellschaft, die jeden Sinn wegnimmt und deshalb unmenschlich ist. Wir erhalten die besten Dinge, ohne sie fabriziert zu haben. Sie wissen das wohl. Und wäre es nur ein am Wegrand gepflücktes Gänseblümchen.

Und sind Sie nicht der Meinung, Herr Doktor Tournier, daß an der Basis der Vorbereitung auf das Alter die Bildung stehen muß? In unserem System, nennen wir es kapitalistisch, in unserer gesellschaftlichen Struktur ist die Bildung ein Klassenprivileg, das muß man wohl zugeben. Denken Sie nicht auch, daß die Bildung unerläßlich ist, um den Lebensabend glücklich zu gestalten, wovon Sie sprachen?

Ich bin sehr einverstanden mit Ihnen, wenn Sie sagen, es sei ein Klassenprivilegium. Ein Arzt, der der Vertraute der Menschen gewesen ist, weiß das wohl. Aber dennoch gibt es Menschen der nicht privilegierten Klasse, die so viel Sinn für Bildung haben, daß sie sich ihr Leben lang weiterbilden. Und diese sind wirklich vorbildlich. Sich gegen eine unmenschliche Gesellschaft stellend, haben sie ein Entwicklungsbedürfnis, eine Neugierde für die Welt, ein Bedürfnis, ihre Persönlichkeit zu bereichern gehabt. Das nennt man Kultur, eine Bereicherung der Persönlichkeit, eine Bereicherung der Beziehung zur Welt. Den dafür begabten, selbst wenn sie aus einem nichtprivilegierten Milieu kommen, gelingt es, die Unmenschlichkeit unserer Gesellschaft zu überwinden und einen schönen Lebensabend zu verwirklichen, der ein Fortschritt und nicht eine Regression ist. Aber es braucht eine gewisse Übung. Ein Mann, der so stark von seinem Beruf in Anspruch genommen war, daß er nicht einmal mehr Zeit hatte, ein Buch zu lesen, der nur immer rasch einen Blick in Zeitschriften geworfen hat, der wird, wenn er in den Ruhestand kommt, beschäftigungslos sein. Wenn man zu ihm sagt: „Aber nehmen Sie doch ein Buch zur Hand; es ist wie ein wunderbarer Freund", wird er ein Buch nehmen, eine Seite darin lesen und es nachher wieder weglegen; denn er hat das Lesen ganz verlernt. Er wird zu seiner Langeweile zurückkehren, wie er früher in sein Büro zurückging.

Vielleicht hat er nicht gelesen, hat sich während seines Berufslebens nicht weitergebildet, weil seine Arbeit zu anstrengend gewesen ist. Wenn man acht Stunden pro Tag in einem Bergwerk oder in einer Fabrik arbeitet, ist man vielleicht am Abend zu müde, um noch etwas zu lernen.

Ja gewiß ... Das hängt von den Verhältnissen ab, in denen wir uns befinden, das hängt auch ein klein wenig von unserer eigenen Disposition ab. Es gibt Menschen, die die Gabe haben, selbst bei scheinbar uninteressanten Dingen immer noch etwas zu lernen. Andere lernen nichts, selbst wenn sie eine Weltreise machen. Sie haben Geld genug, um überall Ferien machen zu können, und sie kommen geistig und seelisch gleich arm zurück. Sie haben nichts gelernt, während ein anderer, selbst in kleinen Bruchstücken aus einer Fernsehübertragung oder was es auch sonst sei, immer etwas Neues aufnimmt. Es gibt also einen Geist der Neugierde, einen Abenteuergeist, der eine ungeheure Rolle für das Gelingen des Lebensabends spielt.

Glauben Sie, daß Bildung im weitesten Sinn des Begriffs, absolut notwendig ist für den Ruhestand, oder sagen wir für einen glücklichen Lebensabend, und daß sie es ermöglicht, den Graben auszufüllen, der im Alter von 65 Jahren zwischen dem Berufsleben und der Pensionierung entsteht?

Man beginnt, die Bedeutung der Weiterbildung zu verstehen, und ich denke, daß diese sich in Zukunft immer mehr entwickeln wird. Es gibt offensichtlich immer mehr Klubschulen für Erwachsenenbildung; man ist nicht mehr der Auffassung, daß nur die Kindheit zum Lernen bestimmt ist, sondern daß man sein Leben lang studieren kann, und dieses Studieren ist nicht nur eine Anhäufung von Kenntnissen, sondern es bedeutet die Entdeckung einer Beziehung zur Welt, auf manuelle wie auf intellektuelle Weise. Der Pensionierte, der eine kleine Werkstatt hat, der bastelt, er hat eine Beziehung zur Welt, indem er seine Apparate in Betrieb setzt, indem er sich manuell betätigt. Das ist auch Kultur, ebenso wie die Arbeit eines Philosophen, der Sokrates oder Descartes studiert.

Und Sie selbst, Herr Doktor Tournier? Sie sind 75 Jahre alt. Haben Sie das Gefühl, daß das Alter, wenn man es, sagen wir, bei 65 Jahren beginnen läßt, noch ein Fortschreiten bedeutet?

Für mich muß das Alter ein Fortschreiten bedeuten, und ich anerkenne, daß ich sehr privilegiert bin. Einerseits, weil ich Arzt bin, und weil die Ärzte ihre Arbeit fortsetzen können; sie haben keine bestimmte Zeit für den

Beginn des Ruhestands wie die Büroangestellten. Es gibt jedoch nicht viele von diesen Privilegierten. Andererseits, weil ich mehrere Eisen im Feuer habe: Ich bin nicht nur Arzt, sondern auch Schriftsteller, Sozialarbeiter, und ich stehe jetzt mitten in einem neuen Abenteuer. Es genügt, ein Buch über das Alter zu schreiben, um mit allen möglichen sozialen Tätigkeiten bombardiert zu werden. Ich habe den Eindruck, dadurch in ein neues Abenteuer einzutreten. Aber wenn es nicht dieses wäre, könnte es auch ein anderes sein. Anders gesagt, der Mensch muß vielseitig bleiben. Er muß die Fähigkeit der Anpassung an neue Dinge bewahren, damit andere Talente, andere Eigenschaften sich entwickeln können, in einem Zeitpunkt, wo er weniger absorbiert ist, damit er die Freiheit, welche die Pensionierung bringt, für andere Dinge nützt, als für rein berufliche und gewinnbringende Arbeit.

Haben Sie den Eindruck, noch ganz in unsere Gesellschaft integriert zu sein?

Ja, o ja! Nur bin ich eine Ausnahme. Ich muß das wohl anerkennen. Ich bin privilegiert. Man bittet mich, ein Buch über die Pensionierung zu schreiben. Ich habe das Alter dazu, aber die äußeren Umstände stimmen nicht. Niemand hat mir meine Funktionen beschnitten. Ich kann mein Leben organisieren, wie ich will, und diese Organisation ist trotzdem immer schwierig. Ich habe immer mehr Anfragen, als mir Zeit zur Verwirklichung zur Verfügung steht. Aber das ist zu allen Zeiten so gewesen.

Haben Sie bei den Gesprächen mit Ihren Patienten das Gefühl, daß das Alter ein wenig verachtet wird, oder daß sich die Betagten verachtet fühlen?

Das beruht auf den Vorurteilen der Gesellschaft, die den Menschen an seiner Produktivität mißt. Es besteht eine Art herabsetzendes Vorurteil dem Alter gegenüber, das wir unbedingt bekämpfen müssen; denn der Mensch wird nicht durch die Arbeit aufgewertet, sondern die Arbeit ist wertvoll, weil sie vom Menschen kommt. Es gibt Leute, die sich nach der Pensionierung plötzlich entfalten können, die neue Betätigungen finden. Ich habe zahlreiche Beispiele dafür unter meinen Patienten. Einige hatten Angst vor der Pensionierung und merkten dann plötzlich, daß diese eine Möglichkeit zu menschlicher Entfaltung bietet, natürlich in gewissen Grenzen. Aber was hat keine Grenzen in dieser Welt? Der Ruhestand kann ein viel erfüllteres Leben darstellen als das Berufsleben, das oft ein Sklavendasein ist.

Denken Sie nicht, daß der Begriff der Unproduktivität ein hauptsächlich westlicher Begriff ist? In Japan beispielsweise existiert er nicht. Der Betagte wird dort bewundert und geachtet.

Bei den Schwarzen in Afrika auch und ebenso im Altertum. Folglich ist es ein reines Vorurteil, das durch die industrielle Revolution entstanden ist. Auf beiden Seiten, sowohl auf marxistischer wie auf kapitalistischer Seite. Man hat die Arbeit verherrlicht und aus ihr eine Art modernen Gott gemacht; und dieser Gott ist ein Moloch, der die Menschen auffrißt.

Man müßte jetzt den Traum oder die Faulenzerei verherrlichen.

Erinnern Sie sich, wie im Mai 1968 die Studenten schrieben: Die Phantasie an die Macht! Es zeigte sich da immerhin ein Bedürfnis, gegen diese Gesellschaft der Vernunft zu reagieren, die nichts anderes im Auge hatte als die Produktivität. Ich lehne sie nicht ab; denn sie hat uns den Wohlstand gebracht, und ohne ihn gäbe es keine Pensionierung. Es ist noch nicht so lange her, seit wir sie haben. Das Ziel ist also nicht, etwas aufzugeben, sondern den Menschen zu befreien. Es ist ein Amerikaner, David Riesman, der die Frage aufgeworfen hat: Wohlstand, ja, aber wozu? Anders gesagt, hat diese so gut organisierte, so gut funktionierende Gesellschaft, die die Menschen auffrißt, ein Ziel? Das Ziel kann nur eine Entwicklung des Menschen sein, und diese Entwicklung betrifft nicht die Arbeit, sondern die Seele des Menschen, seine innere Persönlichkeit.

QUELLENNACHWEIS

Die Beiträge dieses Buches wurden zuerst veröffentlicht in folgenden Herderbücherei-Bänden:

Paul Tournier
Die Starken und die Schwachen
Herderbücherei Band 787, Freiburg/Br. 1980
S. 21–45; 46–54; 55–74; 75–95; 118–134.

Paul Tournier
Rückkehr zum Weiblichen
Werden Frauen unsere Welt wieder menschlicher
machen?
Herderbücherei Band 838, Freiburg/Br. 1981
S. 11–20; 96–105; 106–117; 135–147; 148–159;
160–171; 172–182; 183–195

Paul Tournier
Im Angesicht des Leidens
Sinnerfahrung in dunkler Stunde
Herderbücherei Band 1003, Freiburg/Br. 1983
S. 248–258; 259–273; 274–291; 292–308.

Paul Tournier
Zuhören können
gesammelt und herausgegeben von Charles Piguet
Herderbücherei Band 1253, Freiburg/Br. 1986
S. 196–208; 209–217; 218–229; 230–247; 309–319.